기독교문서선교회(Christian Literature Center: 약칭 CLC)는 1941년 영국 콜체스터에서 켄 아담스에 의해 시작되었으며 국제 본부는 미국 필라델피아에 있습니다. 국제 CLC는 59개 나라에서 180개의 본부를 두고, 약 650여 명의 선교사들이 이동 도서차량 40대를 이용하여 문서 보급에 힘쓰고 있으며 이메일 주문을 통해 130여 국으로 책을 공급하고 있습니다. 한국 CLC는 청교도적 복음주의 신학과 신앙 서적을 출판하는 문서선교기관으로서, 한 영혼이라도 구원되길 소망하면서 주님이 오시는 그날까지 최선을 다할 것입니다.

추천사

최 정 기 박사
성서침례대학원대학교 역사신학 교수

한국 교회에는 세대주의를 이단 취급하는 사람이 많습니다. 그렇지만 그런 분들의 글을 읽다 보면 과연 세대주의를 제대로 알고 비판하는 것인지 의구심이 듭니다. 세대주의 신학을 바르게 소개해 주는 책이 시급하다고 느끼고 있던 차에 R. 토드 맹굼의 책이 나와서 기쁘게 생각합니다.

저자의 박사 논문이기도 한 이 책은 평화롭게 공존하던 세대주의와 언약주의가 어떻게 2차 대전 직후 갈라서게 되었는지 소개해 줍니다. 저자는 1930년대 중반까지 세대주의가 언약신학과 잘 구별되지 않았고 루이스 체이퍼를 포함한 많은 장로교 목사들이 세대주의자이기도 했음을 보여 줍니다.

'세대주의'라는 이름이 붙여지고 장로교 신학에서 배제되게 된 계기는 1936-43년 남장로교 임시위원회가 스코필드(스코필드 주석성경의 저자)와 체이퍼의 신학이 웨스트민스터 신앙고백과 일치하지 않음을 총회에 보고했을 때라고 합니다. 장로교도로서 세대주의를 따랐던 사람들은 이때 장로교를 떠나거나 이 신학 체계를 부인해야 하는 뼈아픈 선택을 하게 되었고, 그런 적대적인 분위기가 지금까지 이어져 왔습니다.

세대주의 비판자들이 종종 예전 세대주의 주장을 들어 비판하는 것도 그런 영향이 아닌가 합니다. 스코필드-체이퍼의 고전적 세대주의는 그 이후 많은 변화를 거치게 됩니다. 맹굼은 남장로교임시위원회가 제기했던 문제점들이 이후 세대주의가 수정, 발전하는 과정에서 거의 해소되었음을 강조합니다.

세대주의는 그 뒤로도 언약신학자들과의 대화를 통해 '점진적 세대주의'(progressive dispensationalism)로까지 발전되었는데, 그 결과 두 체계 간의 거리가 가까워졌습니다. 예를 들면 세대주의자들은 하나님 나라와 구원에 있어서 '이미-아직'의 해석을 받아들이면서 교회 시대를 구원사의 삽입 기간(parenthesis)으로 보던 관점을 수정했고, 언약신학자 중에도 이스라엘의 회복에 관심을 보이는 분들이 많아지고 있는 것을 봅니다.

세대주의와 언약신학은 성경을 무오한 하나님의 말씀으로 믿는 복음주의 신학을 대표하는 두 흐름입니다. 성경을 해석하고 체계화하는 면에서 분명히 차이가 나지만, 서로를 이단시하기보다 차이점을 이해하고 대화를 나눌 때 복음주의 신학이 더 풍성해지고 발전할 것이라고 믿습니다.

이 책은 세대주의와 언약신학이 갈라섰던 불운한 과거를 넘어 화합과 협력에 대한 희망도 품게 합니다. 이 번역이 한국 교회에서 두 진영을 이어주는 가교 역할을 해 주기를 기대해 봅니다.

언약신학과 세대주의 이해

1936~1944년 사이에 일어난 복음주의 두 신학의 분열

The Dispensational - Covenantal Rift
The Fissuring of American Evangelical Theology from 1936-1944
Written by R. Todd Mangum
Translated by Jonathan Kim

Copyright 2009 by R. Todd Mangum
Originally published in English under the title
The Dispensational - Covenantal Rift
by R. Todd Mangum
published by Authentic Media Limited, P.O. Box 6326,
Bletchley, Milton Keynes, United Kingdom, MK1 9GG. All rights reserved.

License arranged through rMaeng2, Seoul, Korea.
This Korean Edition Copyright © 2021 by Christian Literature Center, Seoul, Korea.

언약신학과 세대주의 이해
1936~1944년 사이에 일어난 복음주의 두 신학의 분열

2021년 9월 05일 초판 발행

지 은 이	R. 토드 맹굼 지음
옮 김 이	김장복
편　　 집	구부회, 정희연
디 자 인	박성준, 박성숙
펴 낸 곳	기독교문서선교회
등　　 록	제16 - 25호(1980.1.18.)
주　　 소	서울특별시 서초구 방배로 68
전　　 화	02-586-8761~3(본사) 031-942-8761(영업부)
팩　　 스	02-523-0131(본사) 031-942-8763(영업부)
이 메 일	clckor@gmail.com
홈페이지	www.clcbook.com
송금계좌	기업은행 073-000308-04-020 (사)기독교문서선교회
일련번호	2021-84

ISBN 978-89-341-2324-8 (93230)

이 한국어판 저작권은 알맹2 에이전시를 통해 Authentic Media Limited와 독점 계약한 (사)기독교문서선교회가 소유합니다. 신저작권법에 의하여 한국 내에서 보호를 받는 저작물이므로 무단 전재와 무단 복제를 금합니다.

The Dispensational - Covenantal Rift

언약신학과 세대주의 이해

R. 토드 맹굼 지음
김 장 복 옮김

1936~1944년 사이에 일어난
복음주의 두 신학의 분열

CLC

목차

추천사	1
최정기 박사 | 성서침례대학원대학교 역사신학 교수	
약어표	8
감사의 글	10
저자 서문	11
역자 서문	15
머리말	18
제1장 20세기 복음주의의 단층선 그리기	23
1. 본 연구의 필요성	24
2. 본 연구의 논지와 접근법	38
제2장 근본주의자 연맹의 균열	44
1. 현대주의자:근본주의자 논쟁에서 떠오른 두 가지 "근본주의"	45
2. 정통장로교회 내에서 일어난 전천년주의를 둘러싼 분열	51
제3장 1930년대 말 미국 복음주의의 지진도	92
1. 정통에 대한 엇갈린 이해들	93
2. 전천년주의와 세대주의에 대한 엇갈린 이해들	102
3. 세대주의적 전천년주의 논쟁에 대한 J. 올리버 버스웰의 분석의 중요성	116

제4장 남쪽으로 향하는 진동 1:
　　미국 남장로교(PCUS) 내에서 벌어진 세대주의에 대한 논쟁 맥락　130
　1. 남장로교 "보수주의"와 "자유주의" 십자포화 내의 세대주의　133
　2. 북알라배마노회의 조사　155

제5장 남쪽으로 향하는 진동 2:
　　신앙고백서와 교리문답에서 발생한 변화를 기점으로 미국 장로교
　　임시 위원회가 세대주의에 대해 벌인 조사　163
　1. 신앙고백서와 교리문답에서 발생한 변화에 대한 임시 위원회　163
　2. 세대주의에 대한 위원회의 첫 보고서와 재구성 위원회에 의뢰한 위탁　167
　3. 위원회의 최종 보고서에 대한 만장일치 소견서와 총회의 채택　199
　4. 세대주의에 반대하는 미국 장로교 결정에 담긴 중요한 의미들　210

**제6장 1930~1940년대에 벌어진 세대주의와 언약신학에 대한 논쟁의
　　결론적 분석　216
　1. 쟁점이 되는 내용　216
　2. 심각한 오해와 실수들　217

약어표

ADTS	Archives of Dallas Theological Seminary
AIC	Ad Interim Committee on Changes in the Confession of Faith and Catechisms of the Presbyterian Church, U.S.
AUTS	Archives of Union Theological Seminary (Richmond, VA)
BibSac	*Bibliotheca Sacra*
CBeac	*Christian Beacon*
CH	*Church History*
CSRev	*Christian Scholar's Review*
CT	*Christianity Today*
EvQ	*Evangelical Quarterly*
GA	General Assembly of the PCUS
GTJ	*Grace Theological Journal*
JETS	*ournal of the Evangelical Theological Society*
OPC	Orthodox Presbyterian Church (formerly [from 1937 to 1939] the Presbyterian Church of America – not to be confused with today's Presbyterian Church in America)
PCUS	Presbyterian Church in the United States (i.e., Southern Presbyterian Church)
PCUSA	Presbyterian Church in the United States of America (i.e., Northern Presbyterian Church)
PrGuard	*Presbyterian Guardian*
PrOut	*Presbyterian Outlook* (until April 1944, *The Presbyterian of the South*)
PrQ	*Presbyterian Quarterly*

PrSouth	*Presbyterian of the South* (became the *resbyterian Outlook* in April 1944)
PrStand	*Presbyterian Standard*
PThRev	*Princeton Theological Review*
SPresJ	*Southern Presbyterian Journal*
SSTimes	*Sunday School Times*
TSF Bulletin	*Tyndale Student Fellowship Bulletin*
UnSemRev	*Union Seminary Review*
WTJ	*Westminster Theological Journal*

감사의 말

R. 토드 맹굼 박사

비블리컬신학교 신학과 교수

내 아내, 린다 P. 맹굼에게 이 책을 바친다.

"린다, 당신의 이해와 지원과 일관된 격려가 있었기에, 나는 이 프로젝트를 완성할 수 있었을 뿐만 아니라, 즐기면서 할 수 있었음을 고백해요. 린다, 참으로 고마워요. 당신으로 인해, 나는 집 밖에 있을 때 집이 그리웠고, 그리고 집에 있을 때는 심지어 연구실에 가지 않았으면 하는 생각도 했어요."

나는 또한 이 책을 나의 사랑하는 세 아들, 갈렙과 셋과 제시에게 바친다. 내가 이 프로젝트를 시작했을 때, 갈렙은 네 살이었었는데, 이제는 어느덧 의젓한 대학생이 되었다. 셋과 제시는 아빠가 이 프로젝트를 못한다고 생각해 본 적은 한 번도 없다. 인식하든, 인식하지 못하든, 이 아이들이 한 희생에 나는 참으로 많은 것을 빚졌다. 이 책 덕분에 무엇을 얻든지, 나는 내가 이 세 아이의 아빠라는 사실보다 절대로 이 책을 더 자랑스러워하지는 않을 것이다.

저자 서문

R. 토드 맹굼 박사
비블리컬신학교 신학과 교수

우리는 문자적으로든, 비유적으로든, 다른 사람들에게 많은 빚을 지지 않고서는 이와 같은 프로젝트를 완수할 수 없다!

나는 이 프로젝트를 십년 전부터 시작했기 때문에, 여러 사람이 내게 보인 수많은 친절함에 대해, 한두 페이지 정도의 짧은 감사의 말씀으로는 다 표현하기에 충분하지 않다. 하지만 나는 여기에서, 그동안 내게 큰 도움을 주신 몇몇 사람에게만큼은 감사의 뜻을 표하고자 한다.

무엇보다도, 내 학위 논문 감수자들에게 감사를 드린다. 이 감수자들 각각은 이 작품의 질 향상에 상당한 공헌을 했다. 내가 이 주제에 대해 맨 처음 관심을 두게 된 계기는 나의 지도 교수인 존 데이비드 한나(John David Hannah)가 쓴 탁월한 학위 논문이었다("복음주의 신학대학의 기원에 대한 사회적인, 그리고 지적인 역사," 1988년 달라스 소재 텍사스대학교의 철학 박사학위 논문). 그의 전문지식은 내가 이 프로젝트를 진행하는 과정 내내 매우 유용함이 입증되었고, 그의 제안들은 지속해서 유익함이 입증되었다. 또한, 그는 나의 논지를 예리하게 하는 데 상당히 큰 도움을 주었다.

한나 박사가 안식년으로 자리를 비웠을 때, 스테픈 R. 스펜서(Stephen R. Spencer)가 내 두 번째 논문 감수자로 기꺼이 수고해 주었다. 스펜서 박사는 내 논문 초고를 철저히 읽고 수정할 부분을 점검해준 것 외에도, 내가 "한계에 달했다"고 느낄 때마다, 도덕적인 지원과 격려를 아끼지 않았다. 그는 기꺼이 나를 안내하고, 지도하고, 수정하면서도, 언제나 "부드러운 터치"로 했다. 스펜서 박사는 박학다식, 예리한 지성, 엄격한 학자적 마인드, 목회자의 마음, 그리고 형제의 애정 등을 복합적으로 소유하고 있는 보기 드문 인물이다.

데릴 하트(Darryl Hart) 박사의 신망은 아주 높다. 그의 여러 책과 아티클은 국가적 명성을 얻었다. 그가 내 세 번째 논문 감수자로 기꺼이 섬겨준 것이 아주 기뻤다. 그의 통찰력은 내 생각을 도전하고 자극했다. 그가 내 작품을 매우 철저히 읽고 분석해 준 것에 큰 감사를 표한다.

몇몇 도서관 사서에게도 감사의 말씀을 드린다. 그들의 협조는 내 리서치에 큰 도움이 되었다. 달라스신학교의 로버트 이바크(Robert Ibach)는 특별히 언급할 가치가 있다. 터핀도서관과 모쉐르도서관에 대한 그의 능숙한 지도가 없었다면, 본 프로젝트는 불가능했을 것이다. 또한, 그가 필라델피아에 있는 나에게 여러 중요한 아티클을 메일과 팩스로 기꺼이 보내준 것에 대해서도 깊이 감사를 드린다.

내가 현재 재직 중인 비블리컬신학교의 조안나 하우스(Joanna Hause)는 리서치 최종 단계에서 내가 여러 아티클과 책을 찾을 때 상당히 큰 도움을 주었다. 노스 캐롤라이나주 몬트리트에 있는 장로교 역사학회에서 특별 문서 보관 담당자로 일하는 다이아니 루비 샌더슨(Diana Ruby Sanderson)은 내가 거기에 머물면서 진행한 리서치에 특별한 도움을 주었다.

몬트리트의 도서관 서기인 짐 워커(Jim Walker)는 아직 몬트리트도서관에 등재되지 않은 여러 파일을 내게 찾아 주기 위해 몸을 사리지 않았다. 그의 놀라운 섬김의 정신은 강렬한 인상을 남겼다. 필라델피아의 장로교(USA) 역사 분과에서 참고도서 사서로 일하는 케네트 J. 로스(Kenneth J. Ross)에게도 큰 감사를 드린다. 그는 내가 본 프로젝트에 필요한 여러 자료를 찾을 때 기꺼이 개인적인 지도를 아끼지 않았고, 이는 매우 유용한 리서치 방침임이 확인되었다.

또한, 존 부스 트로티(John Booth Trotti)에게도 감사를 드린다. 그는 내가 리치몬드에 있는 유니온신학교의 기록 보관서를 사용할 수 있도록 아낌없는 지원을 했고, 거기에서 수많은 "보석"을 발견할 수 있었다.

또한, 내가 부탁한 인터뷰를 위해 자신들의 시간을 기꺼이 희생하고 "공식적인 입장을 표명한" 분들에게도 특별한 감사를 표하고 싶다. 이들은 앨런 A. 맥래, 존 F. 월부어드, S. 루이스 존슨, 존 위트머, J. 드와이트 펜티코스트, 그리고 도널드 K. 캠벨 등이다. 이 학자들 각각은 자신의 시간을 너그러이 할애해 주었을 뿐만 아니라, 그들이 기꺼이 나누고 싶어 하는 "내부 사정"을 말함에도 관대했다. 나는 그들 각각을 통해 무슨 일이 일어났는지에 대해서 뿐만 아니라, 사람들이 어떻게 느끼고 자신들이 하는 일을 어떤 동기로 하는지에 관해서도 많은 것을 배웠다. 맥래(MacRae) 박사가 본 프로젝트 완성을 보지 못한 것이 안타깝다.

마찬가지로 나의 박사학위 논문 완성 후, 월부어드(Walvoord) 박사와 존슨(Johnson) 박사도 주님 곁으로 떠났다. 이런 점에서, 또한 달라스신학교의 기록 팀장 데이비드 에드워즈(David Edwards)가 본 논문이 완성되기 전에 심장마비에 무릎을 꿇은 것이 몹시 슬프다. 그는 두 번에 걸쳐, 달라스신학교 학생들과 교수진의 교단 가입에 관련된 차트를 만드는 데 사용된 통계를 내게 제공하기 위해, 아카데믹 사무실의 몹시 바쁜 업무 와중에도 열일을 제쳐 두고 나를 도와주었다. "인간 스토리"는 역사를 매우 흥미롭게 만드는 것이다. 그리고 역사 글쓰기를 매우 재미있게 만든다. 이 점에 관해서는 이 모든 사람의 관대함 때문에 나는 보기 드문 기회를 얻었다고 말할 수 있다.

또한, 내 조교인 마이크 콘식스(Mike Konscics)와 데이비드 피터스(David Peters)에게도 감사의 뜻을 표하고 싶다. 이들은 본 학위 논문을 교정하고, 본 논문에 필요한 자료들을 복사하고 파일 작업을 해 주었다. 특히 피터스 군은 본 논문 작업 마지막 해에 나의 조교로 일하는 불운을 겪었다. 참고문헌 자료들을 수정하고, 심지어 논문 전체의 워드 프로세싱 포맷을 원래의 워드퍼펙트(WordPerfect)에서 마이크로소프트 워드(Microsoft Word)로 바꾸는 일에 엄청난 고생을 한 장본인이 바로 그 피터스 군이다. 컴퓨터 소프트웨어 복잡성을 익히 아는 사람들은 그가 제공한 공헌이 얼마나 엄청난 공헌인지 잘 알 것이다!

비블리컬신학교의 구약학 교수인 나의 동료 프레데릭 클라크 풋남(Frederic Clarke Putnam)은 초고를 비지땀을 흘리면서, 기술적으로 또한 무료로 교정해 주었다. 그가 보여 준 이 우정 표현에 감사를 표한다. 내 부친인 글린 D. 맹굼(Glyn D. Mangum)과 장인어른인 오스틴 H. 팟츠(Austin H. Potts)는 각각 초기 몇 가지 초고를 의무감에서 읽어주었다. 장인어른은 작년에 심장마비 합병증으로 별세했다. 비록 그는 본서의 출판을 보고자 했던 소원을 다 이룰 때까지 살지 못했지만, 지금이라도 출판되어 언제나 그랬던 것처럼 현재 그가 있는 곳에서 그의 얼굴에 미소가 생길 것으로 확신한다.

본서를 쓴 아주 힘든 과정에 나를 위해 기도하고, 나를 격려하고 지원해 준 모든 친구와 가족과 동료들 모두에게 내 가슴 깊은 곳에서 나오는 감사의 마음을 전한다.

역자 서문

김 장 복 목사

　본서를 빈틈없이 읽고 번역한 역자는 세대주의의 뿌리가 무엇인지를 알기 원하는 독자들이 본서를 꼭 한 번 필독할 것을 권한다. 오늘날 많은 신학생과 목회자가 세대주의를 기본적으로 '성경 역사를 일곱 세대로 구분한 신학,' '구약성경의 예언을 문자적으로 이해하는 신학,' 또는 현대 이스라엘과 관련해 '정치적으로 회복된 이스라엘을 지지하는 신학' 정도로 이해하고 있다고 해도 과언이 아니다.

　이런 측면에서 세대주의는 개혁주의 신학이나 정통 복음주의 신학에서 너무나 멀리 벗어난 신학으로 비춰진다. 그래서 세대주의 신학자, 또는 세대주의 전통의 신학교에서 공부한 신학생이나 목회자들이 정통 신학에서 일탈한 사람들로 인식되는 것 같다.

　하지만 이런 현상은 세대주의의 뿌리나 본질을 깊이 고려하지 않은 데서 나오는 오해들일 것이다. 이런 오해들은 어쩌면 본서를 읽어가면서 부분적으로 풀릴 수 있으리라 본다. 이는 여러분이 지금부터 책장을 하나하나 넘기면서 읽게 될 본서의 저자가 세대주의와 언약주의(혹은 개혁주의) 신학의 본질을 양쪽 모두의 편에서 속속들이 들여다 본 신학자이고, 그런 신학의 바탕에서 세대주의와 언약주의의 차이점 및 분열 과정과 그 이후의 모습을 비교적 객관적으로 서술했기 때문이다.

본서의 저자 토드 맹굼 교수는 매우 보수적인 신앙 전통에서 성장해, 세대주의 신학으로 유명한 달라스 신학교에서 박사 학위를 받았다. 따라서 그는 어느 한쪽을 무조건 완전히 배격하고 나머지 하나만을 맹목적으로 추종하는 신학자가 아니다. 언약주의, 혹은 개혁주의 토대에 견고히 서 있는 가운데, 세대주의를 그 뿌리부터 철저히 조사하고, 세대주의 본질을 최대한 객관적으로 연구한 보기 드문 신학자다. 그는 본서를 통해, 오늘날 우리가 인식하고 있는 세대주의와 언약주의가 어떤 과정을 통해 서로 엇나가게 되었고, 현격한 차이점을 드러내게 되었는지 역사적으로 분석하고, 양자가 서로에 대해 오해하고 있는 부분이 어떤 것인지도 조사해 우리에게 보여준다.

세대주의는 근본주의 대 자유주의 논쟁의 맥락에서 출발한 신학이라고 할 수 있으며, 1930-40년대를 거치면서 본격적으로 그 고유의 신학 색깔을 드러낸다. 그 과정에서 정통 개혁주의 신학으로 칭해지는 언약주의 신학에서 신학적 이탈을 하면서, 세대주의 신학이라는 꼬리표를 얻게 된다. 그 신학의 대표적인 열매는 스코필드 주석 성경인데, 사실 이 성경은 세대주의 신학적 열매일 뿐 아니라, 그 신학에 대한 성경/신학적인 근거를 제공하는 원천이기도 하다.

1930-40년대 논쟁 과정에서 언약주의 신학자들은 스코필드 성경의 주석 내용이 개혁주의, 혹은 정통 복음주의 신학과 상당한 차이점을 보인다는 사실을 지적했고, 이를 통해 언약주의와 세대주의의 갈등이 첨예화되었다. 본서의 저자는 이런 갈등 과정과 그 이후의 양측 신학적 입장을 역사적, 신학적으로 세밀하게 지적해 준다.

본서는 세대주의의 모든 것을 한 눈에 보여 주는 '세대주의 백과사전'과 같은 책이 아니다. 따라서 본서를 세대주의에 대한 참고서로 활용하기 위해 본서를 읽고자 하는 독자라면, 다른 책을 펼쳐 드는 편이 나을 것이다. 그러나 본서를 통해 세대주의의 뿌리가 무엇이며, 왜 세대주의는 오늘날 개혁주의, 혹은 정통 복음주의와 그 신학적 맥락을 달리 하는지를 알기 위해, 또한 두 신학적 차이 가운데서도 함께 수용할 수 있는 부분을 알기 위해 본서를 집어 드는 독자라면, 탁월한 선택을 한 것이라고 말하고 싶다. 부디 본서를 펼쳐 든 독자에게 세대주의와 언약주의를 보는 안목이 깊어지고 넓어지기를 기도한다.

필라델피아에서

머리말

J. 레이니어 번스 박사
달라스신학교 신학과 교수

나는 R. 토드 맹굼 교수를 약 15년 전에 만났는데, 그때 그는 박사학위 공부를 할 곳에 대해 생각하고 있었다. 그 당시 나는 달라스신학교의 신학 분과와 박사학위 과정의 학장이었다. 그와 나는 20세기에 있었던 언약주의 신학과 세대주의 신학 논쟁에 공통의 관심이 있었고, 우리의 우정은 그런 논쟁들 가운데 있었던 사람들과 이슈에 대해 논의하는 과정 가운데서 더욱 활짝 피어났다.

맹굼이 그의 각주에서 인용한 사람들 가운데 많은 사람이 나의 가까운 친구들이었음을 알게 되었다. 그가 연구할 때 우리는 이 책의 주제에 대해 논의하기 위해 달라스신학교에서 여러 번 만났다. 그가 나에게 그의 책에 이 머리말을 써 달라고 부탁한 것이 나에게는 대단한 특권이라는 사실을 말할 수 있을 뿐이다. 그는 수년 동안 나의 특별한 친구로 지냈다.

나는 기품 있는 장로교 전통(과거에는 "남부 US"였고, 지금은 "USA") 출신으로서, 내 가문에는 많은 교수와 사역자가 있다. 나는 "그 신앙에서 이탈한" 유일한 사역자라는 애매모호한 차이를 가지고 있고, 지금도 여전히 그 분리의 흉터를 지니고 있다. 나는 장로교 기숙 학교인 맥컬리스쿨에 다녔고, 최근에 장로교 전통을 부인한 데이비슨대학을 졸업했다. 나는 신학교 3학년

(1970년) 때까지 장로교 교단 산하 녹스빌노회의 지도를 받았다.

그 후 나는 달라스신학교를 졸업했다. 인간론 분야에서 박사학위를 받았고, 20년 이상 그 신학 분과의 학장을 지냈으며, 현재는 연구 교수로 섬기고 있다. 따라서 맹굼과 나는 신학 스펙트럼의 정 반대 양 끝에서 볼 때 "중간 지대"인 공통 지점에 이르게 되었다. 그는 "보수" 성향 출신인 반면, 나는 "진보" 배경 출신이다.

그의 글을 읽으면서, 나는 그가 프린스턴과 웨스트민스터가 "정통"이라는 이름으로 갈라진 "북부의" 분열에 초점을 맞춘 것에 큰 호기심을 갖게 되었다. 이와 관련해 남쪽에 있었던 이슈들은 독특하기는 했지만 동일하게 적대적이라는 사실을 깨달았다. 이런 강조점들은 요즘에는 다소 희귀한 것 같지만, 과거에는 아주 큰 문제로 인식되었다.

그의 연구는 문화 전쟁과 신학 분열의 견지에서 볼 수 있는 갈등의 특징을 지닌, 미국 역사의 한 세기(a century)를 포함한다. 나의 사역은 마치 물을 끓이는 주전자 속의 거품과 동일시할 수 있는 사역이었음을 기억한다. 여러 옵션 가운데 하나와 동일시할 수 있었고, 다만 그것은 열과 권리 포기와 변화였음을 알게 된다. 우리는 이런 책을 읽을 때, "미국의" 길이 열린 사회에서 일어나는 논쟁이라는 사실을 기억해야 한다.

그렇지 않으면, 우리는 사소한 이슈들을 심각하게 보는 "의견 불일치"에 대한 "의견 불일치" 때문에 방향감각을 상실하게 될 것이다. 예컨대, J. 올리버 버스웰(J. Oliver Buswell)의 "흔히 불리는 세대주의"(commonlycalled Dispensationalism)가 그것으로 이는 그 전천년적 세대주의의 사상이 담긴 "그의 세대주의"가 아니다.

맹굼이 다룬 주제는 지난 20세기에 있었던 신학적 분열의 한 측면을 포함하는데, 좀 더 구체적으로 말하자면, 1936년부터 1944년까지 있었던 언약신학과 세대주의 신학의 분열과 관련된다. 그는 자신의 "서론"에서, 이 두 신학이 오직 성경만 믿는 옵션들로 인식되었다는 생각으로 이 분열의 중요성을 암시한다. 물론, 그 신학들은 그렇지 않았지만, 그 두 신학의 전투 때문에 많은 사람의 정신이 번쩍 들게 되었다. 그가 주장한 정확한 논증은 이 옵션들 사이에 존재하는 "선들"(lines)이 그 십여 년 사이에 그어졌다는 것이다.

맹굼이 이 책에서 명확히 진술한 목표는 이 경계선들이 어떻게, 그리고 왜 형성되었는지를 정확히 찾는 것이다. 그는 세대주의와 언약신학 역사의 유일한 논쟁에서 세대주의자들과 언약신학자들 사이에 있었던 "오리지널 이슈들"을 분석하는데, 그 논쟁은 권위적인 평결이 의문시되는 논쟁이었다.

그는 마스든(Marsden)이 수정한 샌딘(Sandeen)의 저작에 따라, 다음과 같이 주장한다. 즉, 소위 "세대주의자 - 프린스턴 학파 연맹"의 해체는 1940년대 말까지 아직 완전히 표면화되지 않았던 개혁주의자들 내의 잠재적이고 오래간 분열의 절정으로 간주하여야 한다는 것이다. 분열을 설명하는 그의 은유는 단층선을 따라 일어난 지각을 뒤흔든 진동이 결국에는 신학적 "판"(theological "plates")의 중대한 분열로 이어졌다는 것이다. 그것은 사납게 일렁이는 격랑의 다른 바다에서 일어난 상당히 큰 파도였다.

맹굼은 그 분열을 가족 구성원 사이에 일어난 "틀어진 관계"로 묘사하는데, 그 틀어진 관계는 공식적인 개혁주의 판단에서 볼 때, "세대주의"를 스코필드주의가 웨스트민스터 신앙고백서에 따른 신학 기준을 충족시키지 못한 하나의 꼬리표(label)로 받아들인 체이퍼(Chafer)의 인식(1936)에서 발전한 것이다.

중대한 이슈에 대한 맹굼의 상세한 분석은 신앙고백서와 소요리문답 내용변경에 대한 미국 남장로교(PCUS)의 임시위원회와 버스웰 등과 같은 중요한 학자들을 포괄한다. 그 위원회에서 섬긴 많은 학자는 개인적으로 나와 친분이 있는 분들이었다. 솔직히 말해, 나는 그들과 내가 나눈 대화를 토대로 볼 때, 그들의 "공식적인" 논평들이 조금 이상한 것 같다고 느낀다.

나는 맹굼이 그 분열의 광범위한 함축성들을 대강 다룬 것이 기쁘다. 즉, 그는 재산 소유권(그리고 관련된 경제적 관심사들), 정치(교단들의 합의와 통제에 관련된 정치), 그리고 사회학(북장로교회들과 남장로교회들 사이의 서로 다른 관심사들에 관련된 사회학) 등을 포함한 이슈들을 다룬다.

이와 같은 이슈들에 대한 느낌은 일반적인 교단들과 특수한 장로교단 내부에 존재하는 차이들을 이해하는 데에 매우 중요하다. 다른 긴장들 역시 표면화된다. 흔히 묻지 않는 중요한 질문 하나이다.

"만약 성경 말씀이 교회에서 강해 해야 하고 존중된다면, 왜 체이퍼 세대의 많은 학자는 대안적인 입장들을 탐구했는가?"

교회들과 신학교들에서 더 채워야 할 필요가 있는 어떤 텅 빈 곳이라도 있었던 것인가?

저자 맹굼은 확실한 차이점에 관한 분명한 이해를 하게 되면, 과거 분열들의 참혹함을 치유할 수 있는 평화로운 분위기가 조성될 수 있다고 희망한다. 저자의 매력적이고 탁월한 성품은 심지어 그의 학위 논문에서도, 아카데믹한 연구조사의 무미건조함을 밝게 한다. 나는 한 세대를 위해 그의 목표와 동일한 목표를 달성하려고 무척 애를 써왔기 때문에, 여러분에게 그의 작품을 추천하고, 그의 책이 잘 되기를 바란다. 인쇄된 책으로는 개인적인 고투들과 깨진 관계들의 그 심각성이나 복잡성의 정도를 다 포착할 수 없다.

저자는 "명료성의 부족"이 이러한 갈등들, 특히 언약주의자들과 세대주의자들의 입장 내에 존재하는 혼란뿐 아니라, 그들의 입장 사이에 존재하는 혼란을 특징적으로 잘 보여 주는 것임을 인식한다. 샘은 여전히 "진흙투성이"일지라도, 우리는 토드 맹굼의 작품이 신자들의 공통적이고 통합적인 헌신의 정도를 정확히 인지할 수 있는 우리의 능력을 증진할 것으로 믿는다.

2006년 달라스에서.

제1장

20세기 복음주의의 단층선 그리기

어느 청명한 봄날, 미국 북서부 지역의 산에서 대부분 야영객은 막 아침 식사를 마치고 있었다. 등산하기에 여느 날이나 다름없는 날처럼 보였다. 새들은 지저귀고 있었다. 바람은 차갑고 상쾌했다. 경치는 숨이 멎을 듯이 아름다웠다. 때는 1980년 5월 18일 오전 8시 30분이었다.

갑자기, 아무런 경고도 없이, 산이 폭발하기 시작했다!

폭발과 더불어 바위와 나무와 얼음덩어리들이 시간당 650마일의 속도로 튕겨져 나왔으며, 역사상 가장 큰 산사태를 유발했다. 녹은 용암과 화산재가 75제곱마일 지역에 걸쳐 분출되었다. 단 하루 발생한 이 대재앙 때문에, 세인트헬렌스산은 워싱턴주의 고도 순위에서 9위에서 30위로 내려앉고 말았다.

무려 57명이 목숨을 잃었으며, 수천 마리의 엘크 사슴도 죽고 수백만 그루의 나무도 불에 타버렸다. 존스톤 산마루와 호프스테드 절벽과 스피릿 호수의 모습은 이전과 결코 같을 수 없을 것이다. 깊은 지하에서 형성된 단층선 주변으로 오랫동안 축적된 압력이 방출되면서, 지각 변동이 표면으로 갑자기 나타나기 시작할 때 이런 일이 발생한다.

사회학은 이런 면에서 지리학과 유사성을 띤다. 사회학적 "단층선" 역시 비슷하게 모든 역사 운동을 변경할 수 있는 "지각 활동"을 일으킨다. 때로 땅속 깊이 축적되어 있던 압력이 상당 기간의 휴지기가 끝난 후 표면으로 갑자기 분출할 수 있다.

  본서에서 다루는 것은 이와 같은 단층선에 관한 연구다. 1940년대 중반에 세대주의자들과 언약신학자들 사이에 일어난 사회학적 분열은 수십 년 동안 축적되어왔던 긴장에서 말미암았다. 지진학에서 가끔 볼 수 있는 것처럼, 세대주의 - 언약주의 분열은 사실 더 큰 진동, 즉 19세기 후반에서 20세기 초반 사이에 있었던 현대주의자 - 근본주의자 논쟁의 여러 하위 진동들(sub - tremors)에서 말미암은 것 같다.

  일단 근본주의자들이 개신교의 주력인 모더니스트 "자유주의"(the modernist "liberalism")에서 분리되자, 마찰과 균열 역시 그들 사이에서 분명해지기 시작했다. 이런 마찰과 균열 가운데 세대주의와 언약신학 사이의 분열이 가장 중요한 것이다. 1930 - 40년대에 일어난 세대주의 - 언약주의 폭발은 미국 복음주의의 전체 경관을 완전히 바꾸었으며, 그 영향은 오늘날까지 미치고 있다.

  본 연구의 잠정적 의미는 상당하다고 할 수 있다. 즉, 본 연구는 현대의 세대주의자들과 언약신학자들이 그들 사이의 갈등의 원인을 재조사해 보고 오해를 밝힐 수 있도록 그들에게 신선한 기회를 제공해 줄 것이다. 또 어떤 면에서는, 본 연구에 함축된 것들이 심지어 전통적인 적대감을 끝장낼 수도 있을 것이다.

1. 본 연구의 필요성

  오늘날 복음주의 그리스도인들은 그 어느 때보다 자신들의 과거에 대한 책임을 지려고 한다. 새로 생겨난 이런 관심 일부는 의심할 여지 없이 포스트모더니즘의 발흥 때문이다. 포스트모더니즘은 우리 자신의 "위치"와 역사적 맥락과 전통이 [일반적으로] 지식 획득과 [특별히] 교리적 확신에 얼마나 많은 영향을 미쳤는지에 대한 자각을 불러일으켰다. 아마 교리적 정통성에 대한 복음주의자들의 널리 알려진 관심은 사회 - 역사적인 영향력을 특별히 더 조사하게 하는 추가적인 동기가 되었을 것이다. 어쨌든, 이런 영향력이 얼마나 막대한지는 부정할 수 없을 정도다.

"복음주의"의 현상을 이해하려는 사람은 역사적, 사회학적, 그리고 신학적 요인들의 난국에 부딪힌다. 사실이 이러하므로 복음주의 자체는 오늘날 "본질에서 이견이 많은 개념"이다. 다시 말해 복음주의의 정의와 척도는 심지어 복음주의의 열렬한 추종자들 사이에서도 논쟁이 되고 있다.

미국 복음주의의 "본질"을 구성하는 것이 무엇인지에 대해 표현되는 엄청난 실망 중 일부는 그 혼란하고 무질서한 시작에서 기인한다. 모더니즘 불신자들과의 갈등에서 태어나고 동료 신자들과의 긴장 가운데서 성장한 근본주의자의 자녀인 현대의 복음주의 운동은 세상에서 그 정체성과 위치를 찾아 나서고 있다. 본 연구는 이런 탐색을 도울 수 있는 잠재성을 지닌다.

복음주의 역사가들에게 악명 높은 수많은 이념적이고 사회학적인 요인들이 본 연구의 논쟁에서 다뤄질 것이다. 남과 북 사이의 관점의 차이, 서약주의(Subscriptionism)와 고백주의(Confessionalism)에 대한 상충 된 견해들, 개혁주의 신학과 장로교 정치 형태에 나타나는 뉘앙스 차이, 세대주의적 전천년주의가 대중적 상상에 미친 영향, 현대주의자 - 근본주의자 전쟁 등 이 모든 것은 본 연구에서 분석할 1930 - 40년대의 논쟁에 기여하는 요인들이다. 우리는 이 불안한 기간을 평가하면서, 오늘날의 복음주의 모습의 중요한 특징들이 어떻게 생겨났는지를 알 수 있는 탁월한 시각을 얻게 된다.

복음주의 내의 정체성 위기가 오늘날까지 지속하는 것처럼, 세대주의 - 언약신학 논쟁을 통해서도 많은 오해가 생겨났다. 아마 혼란의 이 두 가지

원천은 서로 관계된 것 같다. 따라서 우리는 세대주의자들과 언약신학자들 사이에 존재하는 논쟁거리의 차이를 다시 확인해 보는 것이 현명할 것이다. 특히 이런 문제점들이 먼저 제기되고 그 정의가 주어졌기 때문이다.

이전에 행해졌던 몇몇 연구는 미국 근본주의의 뿌리, 세대주의와의 관계, 그리고 후기 복음주의에 미친 영향 등을 다뤘다. 1930 - 40년대의 논쟁에 관여한 학자들을 다룬 연구는 그리 많지 않다. 달라스신학교의 설립을 다룬 연구는 두 개다. 또한, 정통장로교(OPC)의 기원과 초기 역사, 웨스트민스터신학교, 성경장로교(Bible Presbyterian Church) 그리고 이 기관들 각각의 설립을 둘러싼 논쟁을 다룬 연구는 대여섯 개 정도 된다.

그러나 1930년대 후반에서 1940년대 초반까지 진행된 세대주의와 언약신학 사이의 논쟁과 관련해 사회학적이고 역사적 - 신학적인 분석을 다룬 것은 본 연구가 처음이다. 유사하게, 1941 - 1944년에 미국 남장로교(PCUS)의 신앙고백서와 소요리문답의 내용 변경에 관해 임시위원회가 세대주의에 대해 한 조사에 상세한 관심을 기울인 것 역시 본 연구가 유일하다. 그 위원회의 조사는 그 소견서를 세대주의에 반대하는 개혁주의 - 언약신학의 공식적 판결문으로 논쟁의 양 당사자 모두가 취급하게 되었다는 점을 고려할 때, 아마 조사 당시보다 역사적으로 돌이켜 생각할 때 훨씬 더 중요한 것 같다.

본 연구를 위한 출발점은 1936년이다. 이때는 세대주의자들이 자신들에 대해 붙여진 "세대주의자"라는 꼬리표를 사실상 받아들인 첫해였다. "세대주의자들"은 그 꼬리표를 단지 마지못해, 또한 대체로 북장로교인들이 그들에 대해 불리하게 쓴 몇몇 아티클에 대한 반응의 차원에서 받아들였던 것 같다. 이 논쟁이 남쪽으로 이동해 마침내 루이스 스페리 체이퍼(Lewis Sperry Chafer)의 남장로교 교단에 이르게 되면서, 그 논쟁은 구체적으로 세대주의 - 언약주의 전선에서 맨 처음 활발해지기 시작했다. 1930년대 말 이전에 "세대주의"와 "언약신학"이라는 용어를 서로 반대되는 신학적 개념으로 생각했다고 연구하는 것은 부질없다.

사실 1930년 전에는 후기의 복음주의자들이 상호 배타적이라고 생각하는, 또는 적어도 분명히 서로 경쟁적인 신학 체계라고 생각하는 여러 신학 교리를 결합한 복음주의자들이 매우 많았다. 이런 결합을 현저하게 보여 주는 단적인 예는 남침례교도인 제임스 로빈슨 그레이브스(James Robinson Graves)의 저서다. 전천년주의자 종말론에 대한 그의 옹호는 1883년에 출판한 그의 책, 『일곱 세대에 완성된 구속 언약 속에 나타난 그리스도의 사역』(The Work of Christ in the Covenant of Redemption Consummated in Seven Dispensations)에 나타났다. 정확히 보이는 바와 같다. 즉 이 작품은 언약 시스템(구속언약, 행위언약, 은혜언약을 지닌 시스템)과 세대주의적 전천년주의(일곱 개의 개별적인 세대라는 말이 있고, 또한 일관되게 "문자적 해석"을 채택하라는 권유가 있는 전천년주의)의 매끈한 결합이다.

물론 "랜드마크주의"(Landmarkism,: 침례교도가 아닌 그리스도인들은 제대로 된 성도가 아니라는 교회론 - 역주)의 아버지인 그레이브스는 이념적 기이함을 상당히 많이 만들어낸 사람으로 유명하다. 그럼에도, 그는 쉽게 무시할 수 없다. 일반적으로 그는 "세대주의적 전천년주의를 남 침례교도의 생활로 이끌어 들이는 데 도움을 준" 사람으로 인정받고 있다. 초기 세대주의를 그렇게 널리 보급한 사람이 언약신학자(그리고 "칼빈의 5대 교리를 옹호하는 칼빈주의자")였다는 사실은 주목할 만하다. 또한, 오늘날까지 남침례교도들이 장로교와 독립성경교단(Presbyterian and Independent Bible) 형제들이 하는 것처럼 세대주의와 언약신학을 격리하지 않는다는 것도 흥미롭다.

더욱이 그레이브스는 나중에 많은 사람이 이상한 조합이라고 생각할 것을 기꺼이 받아들인 면에 있어 절대로 혼자가 아니다. 다음과 같은 인물을 생각해 보라. C. I. 스코필드(C. I. Scofield)가 "하나님의 신탁에 관련해 자신의 최고의 교사"라고 부른 제임스 홀 브룩스(James Hall Brookes)는 제임스 헨리 톤웰(James Henley Thornwell)의 "교회의 영적 본질"을 포함해 남장로교 교회론을 다비파 플리머스 형제주의(Darbytie - Plymouth Brethrenism)와 미국 전천년주의의 어떤 특징들에 통합시켰다.

달라스신학교 설립을 도운 옥스퍼드 신학자 W. H. 그리피스 토마스(W. H. Griffith Thomas)는 다비파 세대주의와 성화에 대한 "승리의 삶"의 견해(케직 파의 견해)를 개혁주의 구원론과 주의 만찬에 대한 성찬주의자(앵글리칸) 견해와 결합했다. 아마 자신의 세대주의 도표로 가장 유명한 클라렌스 라킨(Clarence Larkin)은 모세 율법과 신약 신자와의 관계를 다룸에 있어 자기 뜻이 전통적인 개혁주의 신학에 매우 가깝다는 사실을 분명히 밝혔다. 이 저명한 학자들(그레이브스, 그리피스 토마스, 브룩스, 라킨)보다 훨씬 덜 알려진 학자들을 생각해 보면, 우리는 이보다 훨씬 더 놀라운 조합들을 발견할 수 있다.

단순히 말해 1930년대 이전에는 세대주의와 언약신학 사이에 분명한 경계선을 찾아보기 어렵다. 좀 더 자세히 말하자면, 그런 선을 그으려고 시도하는 사람조차 없었다. 본 연구에서는 이런 경계선이 어떻게, 그리고 왜 형성되었는지를 정확히 밝혀내고자 한다. 1930 - 40년대 논쟁의 개별적 이슈들 가운데 일부는 앞서 제기했지만, 1936 - 1944년에 있었던 논쟁은 그 방식에 있어서 독특하다.

1936 - 1944년에 있었던 논쟁에서 쟁점들은 더 이상 개별적인 방식으로 주장되지 않는다. 맨 처음으로, 논쟁의 개별적 논점들이 합쳐져 양쪽 진영이 주장하는 것이 그들 사이의 타협할 수 없는 크나큰 차이가 된다. 이 기간에 나온 글들에 대해 간략한 조사를 해 보면, 이 점을 알 수 있다.

체이퍼는 1936년 앨리스(Allis)와 머레이(Murray)에게 한 자신의 첫 반응에서, 그의 신학적 입장이 웨스트민스터 신앙고백서의 "언약신학"과 충돌한다는 비난을 듣고 충격을 받은 것 같다. 비록 체이퍼는 앨리스와 머레이가 신학적 권위로 오직 성경보다는 인간이 만든 신앙고백을 사용한다고 책망하지만, 장로교에서 안수받은 목사로서 본인이 공개적으로 서약한 신조 진술에 대놓고 반대하기를 주저하는 것 같다.

그는 자신이 성경을 "믿음과 행위의 유일 무오한 규칙"으로 받아들인다는 목사 안수 서약에 충실하며, 웨스트민스터 신앙고백서(그가 선언하기로, 고백이 요구하는 모든 것)에 "일반적 동의"를 하고 있으며, 앨리스와 머레이가 신조 표준으로 수용할 수 없다고 판단하는 세대주의자 핵심 교리들은 단순히 "그런 신조들 범위 밖에 있는 것"이라고 주장한다.

1936년에, 체이퍼는 은혜언약, 행위언약, 구속언약의 잠정적 타당성을 기꺼이 인정하지만, 모세 시대가 은혜언약에 포함되는 기간으로 간주할 수 없다는 주장에는 요지부동하다. 체이퍼는 구약과 신약 사이에 날카로운 대조가 유지되어야 한다고 일관되게 주장했으며, 이 점에 대한 그의 견해는 또한 끊임없는 논쟁점으로 남을 것이다.

앨리스와 머레이와 한 토론에서 당한 이 아픈 상처는 1940년대 초 임시 위원회(AIC)가 체이퍼의 견해를 조사할 때 즈음 곪아 터져서 덧나고 말았다. 구약에 하나의 구원의 길이 있고, 신약에 또 다른 구원의 길이 있다는 두 가지 구원 방법에 대한 체이퍼의 분명한 옹호는 그런 "세대주의자" 구조물이 하나의 "은혜언약"을 위반한다고 주장한 개혁주의 신학자들에게 계속해서 비판을 받았다.

체이퍼의 견해는 1943년까지 거의 변하지 않은 것 같지만, 그즈음 언약신학에 대한 그의 어조는 상당히 적대적인 어조를 띠게 되었다. 체이퍼는 설령 미묘한 차이가 어떤 특정 방향에 존재한다 하더라도, 언약주의자의 어구와 개념이 수용될 것이라는 가능성에 대해서는 더 이상 생각조차 하지 않는다. 오히려 그는 "언약주의"(Covenantism, 그의 용어)를 "창세기부터 요한계시록까지 나타나는 하나님의 전체 프로그램을 소위 하나의 은혜언약 아래에서 통합하려고 시도하는 신학적 추정의 형태"로 묘사한 후, 그 공식적 표현을 절대로 지지할 수 없는 것으로 치부한다.

"그런 언약은 성경에 이름이 있거나 분명히 존재하지도 않고, 성경에 제시된 언약들은 너무 다양해서 하나의 언약 개념을 배제하기 때문에, 신실한 많은 사람이 하나의 언약 이론에 충실하지 못하게 만드는 것이 분명하다."

우리는 또한 체이퍼가 "언약주의"와 "세대주의" 사이에 한 상세한 비교에서 점증하는 동반자 관계를 느낄 수 있다. 그는 "여러 세대가 성경의 핵심적 특징이라"는 점에서 성경의 가르침은 "세대주의"를 지지한다고 말한다. 반대로 그는 "언약주의"가 왜곡된 "이상론"을 대표하기 때문에, 특히 은혜언약이 "신성한 본문에 추가되어야!" 한다고 말한다.

1936년에서 1943년까지 그런 태도 변화를 초래한 것은 무엇인가?

체이퍼 자신은 서론적 말에서 그 이유를 다음과 같이 밝힌다. 즉 자신의 견해("세대주의")에 대한 AIC의 조사는 여러 논쟁거리에 대한 보다 원만한 틀 짜기를 금지했으며, 전천년주의자들과 비전천년주의자들(non-premillennialists; 역주: 참고로, '무천년주의자'는 'amillenialist'로 표기됨)의 관계를 통탄할 정도로 어긋나게 해버렸기 때문이라는 것이다.

"현재까지도, 전천년주의자들은 해석에 관해 자신들에게 동의하지는 않지만, 신학적으로 건전한 사람들과 계속해서 기꺼이 교제해 왔다."

놀랍게도, 이런 말은 겨우 3년 전, 언약-무천년주의자인 제임스 베어

(James Bear)가 상황에 대한 자신의 평가에서 사용했던 바로 그 말이다. 제임스 베어가 볼 때도, 전천년주의자들과 비전천년주의자들은 안타깝게도 엇갈리는 교차로에 와 있었다. 그가 생각할 때, 비난당해야 하는 사람들은 오직 전천년주의자들 뿐이었다. 그는 다음과 같이 말한다.

"과거에는 만약 그리스도인들이 다른 근본적인 교리들에 동의할 수 있다면, 종말론에 대한 견해 차이를 인정할 수 있으며, 함께 조화롭게 일할 수 있다고 했다. 그러나 세대주의와 러셀주의(Russellism,: 19세기 후반에 생겨난 기독교 이단으로서, 여호와 증인의 원조, 역주)와 재림주의(Adventism, 역주: 그리스도의 재림이 임박하다고 믿는 신앙)의 발흥 이후, 그런 조화로운 협력은 불가능한 것 같다. 왜냐하면, 이런 견해를 지지하는 사람들은 종말론에 대한 자신들의 견해로 채색된 그들 자신의 성경적이고 종교적인 관점을 가지고 있기 때문이며, 그들에게 동의하지 않는 모든 사람에 대해 관용하지 않기 때문이다."

세대주의자들과 언약신학자들 모두에게는 궁극적으로 AIC 조사가 벌어지게 되기까지의 상황들이 그들의 결별을 나타냈던 것 같다. 의미심장하게도, 베어는 세대주의를 조사하는 위원회에 있었고, 체이퍼의 글들은 AIC가 세대주의의 가르침이 무엇인지를 알아내기 위해 사용한 주된 자료였다.

AIC가 "세대주의"를 웨스트민스터 신앙고백과 어긋난다고 선언하면서 총회에 만장일치의 보고서를 제출한 1944년은 본 연구에서 목표지점으로 기능할 것이다. 1944년의 AIC 보고서는 그 당시 수십 년 동안 쌓인 적대감의 절정을 대표했을 뿐 아니라, 오늘날까지도 개혁주의 - 언약주의자 측에서 세대주의에 관해 어느 때보다 강하게 퍼붓고 있는 공식적인 비난의 근거로 남아 있다.

 이 시점에서 AIC의 본질과 그 중요성을 신학적이고 교회적인 측면에서 밝히는 것이 타당할 것 같다. AIC는 그 자체로 교회 - 정치적인 권력 수단이 아니고, PCUS 총회의 참모 역할을 한 위원회였다. 이 위원회는 어떤 공식적인 조처할 수도 없고, 어떤 공식적인 승인이나 견책도 할 수 없었다. 이런 일은 오직 총회에서만 처리할 수 있거나, 남장로교(Southern Presbyterian Church) 내의 총회에서 제공된 가이드라인 아래에서 일하는 개별적인 노회만 할 수 있었다.

 그러나 체이퍼가 잘 관찰했듯이, AIC 조사는 "그 자체의 취지가 나타내는 것보다 훨씬 더 중요"했다. AIC는 공식적으로 주어진 권한보다도 그것이 나타내는(또는 심지어 자아내는) 이념적, 교회론적, 사회학적 역학에서 더 중요했다. 심지어 AIC가 만장일치 결정에 도달하기 전에도, 체이퍼는 그 위원회가 판결하는 것은 무엇이든지 PCUS에서 뿐 아니라, 다른 교단들에서도 큰 중요성을 띨 수 있다고 깨달았다. 체이퍼가 추측한 것처럼, AIC의 결정은 세대주의자들과 언약신학자들이 발견되는 곳마다 그들 사이에 존재하는 의견의 불일치에 영향을 미칠 수 있었다.

 더욱이 AIC는 단지 참모 역할을 하는 위원회에 불과했지만, 세대주의에 맞서 만든 조사 결과로 나온 소견서는 교회 신문들과 개별적인 팸플릿 출판물 형태로 교회 직분 자의 공식적인 판결로서 알려졌고, PCUS의 종교 교육과 출판 집행 위원회를 통해 배포되었다. AIC의 결정은 비록 기술적으로는 그 구성원들에게 법적인 명령이 아니었지만, 그런데도 사실로 취급되었다. 아래에 제시된 어니스트 트라이스 톰슨(Ernest Trice Thompson)의 요약은 그 뉘앙스를 잘 살렸다.

총회는 세대주의의 가르침에 불리한 어떤 조처를 하라는 권면을 하지 않았지만, 총회의 진술로 무장한 몇몇 당회는 교회 부속 학교에서 그런 가르침을 금지했고, 적어도 한 노회는 달라스의 복음주의 신학대학[즉, 달라스 신학교] 졸업생들을 노회 회원으로 받지 말 것을 적시했다. 몇 년이 채 되지 않아, 세대주의는 교회에서 불안감을 주는 요인이 되지 못했다.

우리의 연구에 도움이 되는 AIC 보고서 역시 세대주의자들과 언약신학자들 사이의 신학적 이슈들이 이 중대한 순간에 그들의 논쟁에서 어떻게 형성되고 이해되었는지에 대한 가치 있는 통찰력을 제공한다. 세대주의에 대한 그 보고서의 비평이 그때부터 언약신학자들에 의해 계속 유지됐다는 사실을 볼 때, 그 보고서의 신빙성은 더욱 확인된다.

AIC 보고서에 의해 세밀히 조사를 받은 세대주의자들, 특히 스코필드와 루이스 스페리 체이퍼는 오늘날까지도 세대주의 신학의 대부들로 널리 인정되고 있다. 비록 체이퍼는 자신의 견해가 곡해되었고, AIC 보고서가 자신에 대한 명예훼손이었다고 끝까지 주장했지만(우리가 나중에 조사할 비난), AIC의 동기는 개인적인 것이 아니었던 것 같다. 오히려, AIC는 체이퍼를 세대주의자 입장의 실질적 대표자로 인식했기 때문에 그의 견해에 관심을 집중했다.

우리에게는 AIC가 체이퍼의 견해를 제대로 분별하는 일에 성공했는지 성공하지 못했는지 아닌지를 결정하는 것이 중요하겠지만, 스코필드와 더불어 체이퍼를 세대주의 원형(prototype)으로 택한 AIC의 선택은 옳은 것 같다.

AIC에서 일한 언약신학자들은 오늘날 우리에게 스코필드나 체이퍼보다 덜 익숙하겠지만, 그 당시 그들의 명성을 인식하지 못해서는 안 된다.

AIC에서 일한 아홉 명 모두 한 사람도 빠짐없이 참으로 남장로교에서 위엄 있는 인물이었다. 네 사람은 PCUS 총회의 과거나 미래의 총회장이었고, 세 사람은 대회의 과거나 미래의 총회장이었고, 두 사람은 PCUS 소속 신학교들의 총장이었고, 다른 사람은 남부에서 가장 명망 높은 남자 예비학교 중 하나의 설립자와 교장이었고, 세 사람은 각각 다른 PCUS 소속 신학교 교수였다.

이 위원회 구성원들의 걸출함은 우연이 아니었다. 원래 이 위원회는 교회의 교리 표준을 개정하도록 임명되었다. 특히, 바로 그 당시 활발히 일어났던 근본주의자 - 현대주의자 논쟁을 고려할 때, 이보다 더 예민한 신학 작업은 거의 상상할 수 없을 것이다. 남장로교인들은 이 위원회의 일을 교회의 본질을 장악하는 것으로 생각했을 것이다. '장로교회표준'(Presbyterian Church Standards)과 체이퍼의 견해의 양립 가능성과 불가능성과 관련된 그 위원회의 결정은 결정적이고 역사적인 중요성을 갖지 않을 수 없었다.

의미심장하게도 AIC는 "세대주의"를 일탈적인 신학적 시스템으로 선포했는데, 이는 그것이 전천년주의적 종말론을 나타냈기 때문이 아니라, 웨스트민스터 표준에 나타나는 언약신학에서 탈선했기 때문이다. 사실상, AIC는 전천년주의가 그 자체로는 문제가 아니라는 점을 명확히 하고자 애썼다. 비록 체이퍼는 세대주의와 전천년주의 사이의 차이를 절대로 받아들이지 않았지만, 세대주의와 언약신학 사이의 차이는 받아들였다. 일단 "세대주의"와 "언약신학" 사이의 이 차이가 양 진영에서 확실해지자, 두 신학 시스템 사이의 간극은 확고해졌다.

그러나 처음부터, 두 진영은 같은 용어를 다른 방식으로 사용했고, 구체적인 교리적 핵심들에 서로 다른 중요성을 부과했으며, 그들이 동의하지 않는 점에서 다른 진영이 뽑아낸 상호연관성과 함축성을 각각 반박했다. 본 연구의 목표 가운데 하나는 이 모든 것을 분류하는 것이며, 세대주의자들과 언약신학자들 사이의 대화가 와전과 혼란으로 어떻게 영향을 받았는지를 알아내는 것이다.

우리가 좀 더 상세한 분석을 시작하기 전에, 분명히 해야 할 것이 있다. 비록 AIC는 우리가 언급한 바와 같이, 스코필드와 체이퍼를 세대주의의 대표자로 사용한 것이 당연했지만, 오늘날 우리는 세대주의의 스코필드 - 체이퍼 버전이 오직 세대주의 지지층의 한 가닥만을, 그리고 오직 세대주의 신학 발전의 한 단계만을 대표했다는 점을 볼 수 있을 만큼 역사적으로 충분한 거리를 두고 있다. 크레이그 블레이싱(Craig Blaising)과 데럴 복(Darrell Bock)은 세대주의자 운동에 대한 그들의 역사적 분석에서 다음과 같이 주장했다.

> 세대주의 전통의 식별 가능한 네 가지 국면을 알 수 있는데, 각각은 어떤 특징들을 강조하고, 그 자체 특유의 강조점들을 추가한다. 그 네 가지 국면이다.
>
> (1) 나이아가라 전천년주의(스코필드 이전의 세대주의),
> (2) 스코필드주의,
> (3) 본질주의자 - 세대주의,
> (4) 후기 본질주의자, 또는 진보적인 세대주의 등이다.

스코필드주의에서 본질주의자 - 세대주의로 바뀐 세대주의 내의 변화들 가운데 일부는 1940년대 AIC 논쟁에서 쟁점이 됐던 이슈들에 관심을 두는데, 이 사실은 아주 흥미롭다. 사실상, AIC가 혹독하게 비난했던 스코필드 세대주의의 핵심 교리는 세대주의자들이 본질주의자 - 세대주의 시대에 조용히 철회한 바로 그 교리들이었다. 이는 세대주의 발전에서 AIC 논쟁이 하나의 신학 시스템으로서 강력한 요인이었다는 추가적인 증거다.

세대주의 신학에서 발생한 이런 수정들이 본질주의자 - 세대주의자 시대에 두 시스템을 더 가까워지게 했을 것으로 생각할 수도 있겠지만, 이는 사실이 아니다. 이것은 부분적으로 본질주의자 - 세대주의자들이 양 진영 사이의 간극을 메우려고 시도하기보다, 언약신학에 대해 새로운 비난을 하고 세대주의 시스템과 언약주의 시스템 사이의 새로운 차이점들을 제시했기 때문이었다. 이는 양 진영 사이의 사회학적 양극화가 그들의 실제적인 신학적 차이만큼이나 클 수 있다는 사실을 추가적으로 제안한다.

스테픈 R. 스펜서는 세대주의와 언약신학의 양극화가 20세기 후반 복음주의 신학적 연구를 너무 많이 지배해서 복음주의자들은 자기들이 오직 성경만을 믿는 조직신학적 옵션이라고 공통적으로 추정하게 되었다고 주장했다. 결과적으로, 많은 사람은 언약신학을 반박하는 것이 세대주의를 세우는 것이고, 또 역으로 세대주의를 반박하는 것이 언약신학을 세우는 것으로 추정한다. 스펜서가 오류라고 제대로 지적하듯이, 이 추정은 "세대주의 글에서 더 흔히 발견되었다"고 하지만, 사실 그것은 언약주의 작품에서도 나타난다.

그런데도, 이렇게 만연된 추정은 왜 관계 개선이 더 일찍 추구되지 않았는지, 또한 세대주의자들과 언약신학자들의 신학적 입장이 사실 점점 더 가까워지고 있던 때조차 왜 그들 사이의 양극화가 심화한 지에 대한 설명이 될 수 있을 것이다. 이 점은 우리가 뒤에서 대강이라도 좀 더 상세히 살피겠지만, 우리가 본 연구에서 떠맡을 수 있는 것보다 더 충분한 조사가 필요하다.

이에 따라, 비록 다른 사람들은 전에 그 이슈들을 최종적으로 규정하고 설명했다고 주장했지만, 오늘 세대주의자들과 언약신학자들 사이에 존재하는 논쟁점들은 여전히 불분명하다. 복음주의의 어떤 진영에서는, 세대주의자들과 언약신학자들 사이에 협조적인 평화의 정신이 지배하며, 이는 (새로 발견된) 의견 일치점과 (잠정적인) 관계 개선 영역들을 강조한다. 그런가 하면 다른 진영에서는 구태의연한 전투 경계선들이 다시 활력을 얻어 그어지고 있다. 따라서 오늘날 세대주의 입장에서 세대주의를 구성하는 것이 무엇인지에 대해, 또한 세대주의와 언약신학을 분리하는 핵심 이슈들이 무엇인지에 대해, 일반적인 합의나 명확한 설명은 부족하다.

여기에서 하는 연구는 세대주의자들과 언약신학자들 사이에 그들 역사상 문제시 된 점들에 대한 권위적인 평결이 나타나는 유일한 논쟁에서 원래 쟁점이 되었던 것이 무엇인지를 분석한다. 우리는 그런 점들이 그 당시 어떻게 주장되었는지의 문제와 더불어 그때 이후로 어떻게 다루어졌는지를 비교해, 세대주의와 언약신학 사이의 이슈들을 더 명확히 할 수 있을 것이며, 그들의 역사적 대화에서 생긴 핵심적인 오해들을 바로잡을 수 있을 것이다. 이와 동시에, 우리는 복음주의 운동 내에 일반적으로 존재하고 집요하게 지속하는 긴장들의 중요한 원인에 대한 이해를 증진할 수 있다.

두 진영 사이의 완전한 화해는 지나치게 낙관적인 목표일지 모르겠지만, 본 연구는 세대주의자들과 언약신학자들 사이의 토론을 더 낳은 면에 둘 수 있을 것으로 믿을 만한 충분한 이유가 있다. 명확성을 유지하면 관계된 모든 사람이 지엽적인 점들을 옆으로 제쳐놓을 수 있고, 이에 따라 주의를 산만하게 하여 복음주의 에너지를 너무 자주 고갈시키는 방해 거리를 최소화할 수 있다.

처음부터 두 입장의 옹호자들을 좌절시킨 허위 진술들을 떨쳐냄을 통해, 양 진영 사이의 대화를 촉진하고자 하는 사람들의 노력은 진정한 관심과 중요한 문제들로 향할 수 있을 것이다. 우리의 희망은 세대주의 - 언약주의 논쟁이 향후 어떤 관심을 두든 그런 관심은 진짜 이슈가 되는 점들, 혹은 최소한 이해하기 위해 노력할 가치가 있는 점들에 초점이 맞춰질 수 있을 것이라는 점이다.

2. 본 연구의 논지와 접근법

내가 제안하는 것은, 1936 - 1944년이 세대주의와 언약신학 사이에 존재한 이슈들의 틀을 짜는 데 중대한 기간이라는 사실, 그리고 그 당시의 논쟁들은 미국 복음주의 내의 독특한 "진영들"인 이 두 이념을 만들어냈다는 사실이다. 내 논지는 (그중에서도) 초기 "근본주의자 연맹" 내의 "세대주의자"와 "프린스턴파"의 표준 성격이 된 것에서 어느 정도의 조정이 필요하다는 것, 즉 "세대주의자들"과 "프린스턴파"는 비록 양립 불가능한 신학 시스템을 주장했지만, 그들의 공통적인 원수인 모더니즘과 싸우기 위해 일시적으로 연맹을 결성했다는 점이다.

어니스트 R. 샌딘(Ernest R. Sandeen)이 처음 제안한 이 의견은 조지 마스든(George Marsden)이 약간 수정했다. 마스든은 부흥주의, 반지성주의, 경건주의 등을 근본주의자 공동 참전파 연맹에 가입한 파로 추가해 근본주의자 연맹에 더 많은 파가 있다고 규정함으로써 샌딘의 환원주의의 일정 부분을 완화했다. 그럼에도, 마스든(그리고 그 이후의 다른 사람들)은 "세대주의자들"과 "프린스턴파" 사이의 연맹의 본질에 대한 샌딘의 구체적인 평가에 동의했다.

이와 대조적으로 내 논지는 "세대주의자"와 "프린스턴파" 사이의 관계가 모더니즘에 맞서는 동일한 싸움에 일시적으로 함께 참가한 이질적인 이념 그룹 "연맹"이 아니었다는 것이다. 비록 이 기간에 형성된 그런 연명들이 있긴 했지만(예, 침례교도들과 장로교도들 사이의 연맹), 구체적으로 "세대주의자/프린스턴파 연맹"은 이 점에서 달랐다. 즉, 그들은 어색한 정략결혼(당연히 이혼으로 끝나는 결혼)을 하기 위해 서로 분리된 독립체로 시작하지 않았다. 오히려 "세대주의자들"과 "프린스턴파"는 동일한 사회학적 그룹, 동일한 이념 그룹(그리고 사실상, 심지어 동일한 교단 그룹)으로 출발했다.

이 경우에, 미국 기독교의 사회학적 양상을 바꾼 것은 두 개의 상이한 그룹의 (일시적인) 합병(그런 다음 재분열)이 아니었다. 오히려, 그것은 이전에 혼합물이었던 것에서 구별 가능한 두 개의 실체로 분리된 것이었다. 다시 말해 전에는 그런 날카로운 구별 가능성이 거의 없었다. 내 논지는 복음주의의 이념적 구조가 오늘날 신학자들, 역사가들, 사회학자들이 분명한 두 그룹으로 (오직 귀납적 추론으로) 식별할 수 있을 정도로 1930-40년대에 매우 중요하게 발전했다는 것이다.

내가 지금 주장하고 있는 것은 소위 "세대주의자/프린스턴파 연맹"의 파기가 세대주의와 언약신학 사이의 더욱더 큰 이념적 분열(이 분열은 1940년대 후반까지는 아직 충분히 일어나지 않았음)의 맥락에서 더욱 적절히 고찰되어야 한다는 것이다. 우리는 이념적 블록들(ideological blocs)이 논쟁의 초기 단계에 형성되고 있었다는 것(이미 형성된 것은 아님)을 인식함으로써, 시대착오를 피할 수 있고 소위 "세대주의자/프린스턴파 연맹"을 고통스럽게 한 불특정의 여러 마찰에서 기원한(최고조에 달한 것이 아니라) 후기의 세대주의자-언약신학 분열에 어떤 혼란과 모호함이 있는지를 더욱더 명확히 볼 수 있다.

내가 제안하고 있는 관점을 갖게 되면 또한 왜 억압된 불일치가 1930-40년대에 동료 "근본주의자들" 사이에 공개적으로 일어났던 갈등으로 확대되었는지, 그리고 왜 그런 갈등이 더 일찍 분출되지 않았는지에 대한 보다 통찰력 있는(그리고 생색을 덜 내는) 설명을 얻을 수 있다.

내가 하고자 하는 설명은 초기 근본주의자 - 복음주의 운동이 이념적, 사회학적으로 "유기적인 복합체"였다는 것이다. 유기적인 복합체의 모든 구체적인 신조들과 가치들이 다 분명히 표현되는 것은 아니며, 또한, 항상 의식적으로 포용 되는 것도 아니다. 오히려 심지어 가장 중요한 신조들과 가치 중 일부도 직관적으로 감지되고, 공동체와 그 세계관에 동화되는 것으로 부지불식간에 가정된다. 초기 근본주의자 - 복음주의 공동체의 유기적인 복합체에서 개별적인 교리 신조들과 실제적인 신학 가치들은 그 운동의 다양한 구성원들 사이에서 다르게 강조되었다.

이런 차이는 애초에 수용되거나, 무시되거나, 심지어 주목받지도 못했을 것이다. 그 이유는 그 운동의 기본적인 신념들과 목표들이 아직 시작 단계에 있었기 때문이며 아직 완전히 논리적 방식으로 연결되지 않았기 때문이다.

그렇다고 해서 그 이념에 반드시 확연한 모순이 존재한다는 의미는 아니다. 이는 공유된 가치들에 대한 잠재 의식적인 인식이 그 운동의 최초의 응집력을 제공한 것이라는 사실을 의미한다. 다시 말하면, 이는 비록 그 가치들의 교리적 선언이 때로 효과적인 "사회적 문화적 경계선"으로 기능한다 할지라도 그 인식은 그 가치들의 교리적 선언은 아니라는 점이다. 우리는 돌이켜 생각해 보면, 다양한 "근본주의자들"이 일관되게 공유한 하나의 공통적인 요소가 모더니즘에 대한 반대라는 것을 볼 수 있지만, 그들은 자신들이 더욱 긍정적인 아젠다들을 추구하는 사람이라고 믿었을 것이다(이는 수많은 교리적 선언을 하는 그들의 발표가 지적하는 바와도 같다).

그 운동의 다양한 가닥이 옹호하게 된 그들의 개별적 아젠다들은 때로 양립 불가능한 것으로 판명되었다. 역사적 회고를 통해 알 수 있듯이, 그것은 반론의 여지가 없다. 그런데도 내가 여기에서 주장하는 바는, 이 이질적인 아젠다들이, 그리고 이것들이 발전하는 단계에서, 시간이 지남에 따라 보다 더 양립할 수 있게 변했다는 것이다. 바로 이런 이유로 관계된 진영은 그들의 양립 불가능성을 다만 시간이 지나서야 "인식"하게 되었으며, 또한 이런 이유로, 우리는 양립 불가능성을 지금은 매우 분명하게 볼 수 있다.

다만, 역사적 회고를 통해 뒤늦게 깨달은 것이긴 하지만 말이다. 구체적으로, 나는 "성경 진리"에 대한 근본주의자 가치가 "교리적 순결"에 대해 이에 상응하는 관심을 불러일으켰다고 주장할 것이다. 교리적 순결에 대한 이 고조된 관심은 결국 잠재적인 불화를 표면으로 드러나게 했고, 근본주의자 운동의 구성원들 사이에 교리적인 차이를 두드러지게 했다. 일단 이런 일이 일어나자, 근본주의자 구성원들 사이에 분열이 발생했으며, 그 근본주의자들 가운데 세대주의와 언약신학 사이의 분열이 발생했다.

그러므로 근본주의자 - 복음주의의 "유기적인 복합체"의 해체는 단지 오직 일시적으로만 연맹을 맺었던 이질적인 진영들로 회귀한 것이 아니었다. 오히려 이 해체는 보수주의적이고 성경을 믿는 그리스도인들 사이에 새로운 경계선이 형성되었음을 나타냈다. 이는 특히 세대주의와 언약신학의 이론적 지도자들 사이에 일어난 분열에서 사실이다. 그들의 분열은 이전의 방식으로 회귀한 것을 나타내는 것이 아니라, 과거의 친구들 사이가 "틀어진 것"을 나타냈다.

이에 따라, 개인의 관계가 "틀어질" 때, 비통함이 커지고 종종 인간관계에서 "항상 옳은" 것에 투사되는 것처럼("뭐, 너도 알겠지만, 난 항상 그녀의 그 점이 싫었어!"), 그런 현상도 마찬가지로 상당 부분 사회학적 양극화에서 감지될 수 있다. 이런 현상은 그런 사회학적 분열에 따라 만들어진 새로운 기관들과 조직들이 구성원들과 자원을 두고 서로 경쟁해야 하는 때에 커지고 심해진다.

이 모든 것은 세대주의 - 언약주의 분열에서뿐 아니라 그들의 신학적 불일치와 함께 관찰할 수 있다. 그러므로 본 연구에서 내가 채택한 접근법은 사회적 - 역사적인 고려사항과 조직적 - 신학적인 고려사항을 분석에 통합시킬 것이다.

본 연구의 제2장에서는 현대주의자 - 근본주의자 논쟁의 여파를 조사하고, 어떻게 보수주의 내부의 긴장이 처음에는 인식되지 않고 억눌린 채로 있다가 점차 두 개의 경쟁적인 보수주의 과제로 현실화되었는지를 설명한다. 제2장은 어떻게 이 경쟁적인 아젠다들이 전통적인 종말론적 불일치를 일으키고 심화시켰는지, 또한 1930년대 후반에 북장로교 전천년주의자들과 무천년주의자들 사이의 보수진영의 분열을 초래했는지를 탐구한다. 이 역사적인 분석은 어떻게 이런 사건들이 그 직후 발생한 세대주의와 언약신학의 매우 예리한 분열을 위한 길을 예비했는지에 대한 초기의 설명을 제공한다.

제3장에서는 북부에서 막 생겨나고 있던 보수주의 장로교회들에 속한 무천년주의자들과 전천년주의자들 사이에서 1930년대 후반에 발생한 분열에 기여한 다양한 사회학적 요소들과 신학적 요소들을 자세히 조사할 것이다. 또한, 그들의 분열에서 날카로운 이론을 보인 점들을 분석할 것이다.

논쟁의 이 초기 단계에서(1936 - 38년) 다소 혼란스럽거나 모호해 보이는 요점들에서도 또한 어떤 함축성을 끌어낼 수 있으며, 특히 나중에 그 인지된 중요성에서 상당히 자라난 요점들에서 몇몇 함축성을 끌어낼 것이다. 그런 다음, 이 북부 논쟁의 요소들이 그 후 몇 년 만에 어떻게 남부의 세대주의자들과 언약신학자들 사이에 폭발적인 논쟁을 촉발했는지를 더욱 충분히 설명할 것이다.

제4장과 제5장에서는 세대주의와 언약신학이 서로 양립할 수 없는 신학 시스템이라고 최종적으로 결정한 남장로교회의 세대주의에 대한 조사를 탐구할 것이다.

제4장에서 나는 남장로교 신학 내에 이미 일어났던 보수주의/자유주의 전투의 십자포화 한복판에 어떻게 해서 세대주의가 들어왔는지를 조사할 것이다.

제5장에서는 세대주의가 웨스트민스터 표준과 일치하지 않는다는 AIC의 결정의 방법론과 이유를 탐구할 것이다. 논쟁의 교리적 요점들과 아울러 사회학적인 요인들을 관찰하고 분석할 것이다. 또한, AIC 조사와 보고서의 중요한 역사적 함축성들 역시 탐구할 것이다.

제6장에서는 1936 - 44년 사이에 전개되었던 세대주의자 - 언약주의자 논쟁의 핵심적인 포인트들에 대한 결론적인 요약과 분석을 할 것이다. 나는 1930 - 40년대의 논쟁을 훗날 명백히 보여 주는 것과 비교해, 그 당시 논쟁의 중요한 독특성과 이례적인 면들을 조망함으로써, 1930 - 40년대의 세대주의자 - 언약신학자 논쟁이 훗날 복음주의에 미친 영향을 결정할 것이다.

결론에서는 현대 복음주의를 위해 1930 - 40년대 논쟁의 함축적 의미를 반영할 것이다. 특히 본 연구의 결과로 나온 소견서가 오늘날 세대주의자들과 언약신학자들 사이의 대화에 기여할 수 있는 지점을 찾을 것이다. 나는 지속적인 오해를 밝히고 관계 개선의 잠정적인 영역을 추구하는 전략을 제안한다. 또한, 양 진영에 어려운 질문들이 남아 있다는 점도 말한다. 몇몇 결론적인 생각으로 과거와 현재와 미래의 복음주의를 위해 세대주의자 - 언약주의자 논쟁의 비용 편익 분석을 제시할 것이다.

제2장

근본주의자 연맹의 균열

20세기 초에 일어난 현대주의자 - 근본주의자 논쟁은 미국 기독교에 어마어마한 사회학적 영향력을 미쳤다. 이 싸움에서 양 진영 모두 엄청난 자원과 에너지를 썼지만, 근본주의자 진영이 입은 손실이 훨씬 더 심각했다. PCUSA 전투에서 입은 손실보다 더 극적인 손실은 없었다. 근본주의자들이 이 주류 세력을 떠났을 때(또는 축출되었을 때), 그들은 엄청난 기관 자본, 자원, 그리고 심지어 그들이 비용을 지불한 교회 건물까지 희생했다.

물질적인 손실이 그렇게 크지 않았다 하더라도, 근본주의자들은 흔히 분명한 패배자들로 간주하였다. 미국 복음주의 기독교는 이 기간에 입은 상처에서 결코 온전히 회복되지 못했다. 그런데도 오늘날 역사가들과 사회학자들은 보수적인 기독교의 종말에 대한 초기의 예측들이 상당히 과장되었다고 말하고 있다.

우리의 상황에서 볼 때, 복음주의는 파괴된 것이라기보다 단지 지하로 들어갈 수밖에 없었던 것 같다. 현대주의자 자유주의와 공개적으로 벌였던 대치와 결전에서 보인 후퇴는 실제로 전략적인 후퇴였을 것이다. 미국 복음주의는 항복하기보다 개편하고 가다듬었던 것 같으며, 그 후 미국 사상과 문화와 삶에서 중요 세력으로 재등장했다.

우리의 연구는 1930 - 40년대에 막 재편성 과정을 시작하고 있었던 복음주의 하위문화를 다룰 것이다. 우리가 거기에서 발견하는 정신은 패배주의적이고 애석해하는 반지성주의와 매우 다르다. 그런데 근본주의자 운동의 초기 역사는 우리가 이런 정신을 기대하게 했다. 따라서 오히려 우리는 대의를 위해 많은 것을 희생했지만, 만약 그들이 하나님의 소명에 충실하기만 하다면, 그들의 문화를 위협하는 체제전복적인 세력과 여전히 싸울 수 있다고 확신하는 사람들을 만난다. 1930 - 40년대에 그들이 정확히 그 소명이 무엇인지를 알고자 할 때 그들 사이에 갈등이 분출된다.

1. 현대주의자 - 근본주의자 논쟁에서 떠오른 두 가지 "근본주의"

1929년에 프린스턴신학교가 재편되자 그 학교의 행정은 반근본주의자의 손에 확실히 장악되었다. 결과적으로 J. 그레샴 메이천(Gresham Machen)과 그의 몇몇 동료는 프린스턴을 떠나 웨스트민스터신학교를 설립했다. 1936년에 그들의 "반역적인" 활동(새로운 신학교 설립과 특히 '장로교 해외선교를 위한 독립위원회'[Independent Board for Presbyterian Foreign Missions] 설립)에 대해 그들에 대해 징계 조치가 시행되었다. 이에 반발한 메이천과 그의 동료들은 미국 장로교(PCUSA)를 완전히 떠나, 정통장로교(OPC)를 세웠다.

이런 모험이 전부가 아니었다. 보수주의자들(그들의 원수들이 "근본주의자들"로 치부함)은 그들 자신의 교회, 신문, 학교 그리고 다른 여러 기관을 설립하면서, 모더니즘에 대한 단순한 방어적 반대를 넘어 더 멀리까지 영향을 미치고 더욱 건설적인 비전을 추구함으로써, 그들의 비전을 확장하고 있었다. 그러나 이 비전 확장은 새로운 문제들을 발생시켰다. 특히 근본주의자 비전이 전통적인 개혁주의 목표들에 대해 갱신된 강조와 뒤섞인 곳에서, 보수주의 내의 불화가 뒤따랐다. 두 가지 이슈가 있는데, PCUSA 근본주의자 - 현대주의자 논쟁에서 핵심이었던 이 둘 모두는 근본주의자 연맹(특히 이 연맹의 장로교 블록)을 깨는 데에도 활약하게 되었다. 즉 이 두 가지 이슈다.

(1) 교리적 리트머스 테스트의 이슈이고,
(2) 고백적인 서약의 이슈다.

우선, 근본주의자 - 현대주의자 논쟁 과정에 보수주의자들이 주장한 두 세트의 "근본적인 것"을 주목하라.

첫 번째 세트는 1895년 나이아가라 성경 콘퍼런스에 참석한 전천년주의자 지도자들이 긍정했고, 두 번째 세트는 1910년경 PCUSA 총회가 긍정했다. 두 개를 아래 나란히 비교해보자.

나이아가라 근본주의	장로교 근본주의
(1) 성경 무오	(1) 성경 무오
(2) 그리스도의 신성	(2) 그리스도의 처녀 출생
(3) 그리스도의 처녀 출생	(3) 그리스도의 대속 죽음
(4) 그리스도의 대속 죽음	(4) 그리스도의 몸의 부활
(5) 그리스도의 육체 부활과 몸의 재림	(5) 그리스도의 기적의 진정성

두 세트의 "근본주의"는 유사하지만, 완전히 동일하지는 않다. 전적으로 양립 불가능하지도 않지만, 그렇다고 해서 똑같지도 않다. 그 당시 근본주의자들 스스로는 그런 구분을 하지 않았다는 것을 우리가 인식하는 한, 우리는 체험적으로 두 목록을 "나이아가라 근본주의"와 "장로교 근

본주의"로 구분할 수 있다. 사실, 그때 이후로 많은 역사가는 이런 구분을 알지 못했다.

마스든이 지적하듯이 "고전적인 다섯 가지 포인트는 … 자유주의자들이 구성한 것 같지만, 근본주의자들 자신의 목록은 숫자와 내용 면에서 서로 다르다." 이런 사실은 다음과 같은 내 주장에 대한 추가적인 증거를 제공하는 것 같다. 즉 초기 근본주의자 운동은 관심사가 겹치고 서로 섞여 있는 유기적 복합체였지만, 이 운동의 신념과 목표는 명확히 말할 수 있거나 완전히 구성할 수 없었다는 것이다.

어쨌든 근본주의자의 적대자들은 모든 "근본주의자들"이 주장한다고 생각한 교리들에 대한 간략한 스케치로 자신들이 "근본주의자들"의 정체를 규정할 수 있다고 믿었다. 반면 우리는 초기 근본주의자 연맹에 속했던 다른 구성원들이 주장한 다른 교리들을 비교하고 대조함으로써 근본주의자 내부의 변덕을 보여 주는 초기 징후들을 규정할 수 있다.

"나이아가라 근본주의자들"과 "장로교 근본주의자들"이 긍정한 두 세트의 "근본주의 신조"는 20세기 초에 근본주의가 발전하고 있을 때 서로 경쟁 관계에 있었을까?

이런 질문을 하면 일견 악의 없어 보이는 종말론에 대한 의견의 불일치가 어떻게 원한 있는 보수주의 내부의 논쟁으로 확대될 수 있었는지를 설명할 수 있게 된다.

아래의 도표는 두 세트의 "근본주의 신조" 사이의 유사성과 차이점을 구분하면서 그 결과를 보여준다.

나이아가라 근본주의	같은가, 다른가?	장로교 근본주의
(1) 성경 무오	같음	(1) 성경 무오
(2) 그리스도의 신성 [그의 기적의 진정성을 의미함], 그의 처녀 출생, 그의 대속 죽음, 그의 육체 부활	같음	(2) 그리스도의 기적의 진정성 [그의 신성을 증명하는 것], 그의 처녀 출생, 그의 대속 죽음, 그의 몸의 부활
(3) 그리스도의 처녀 출생 [전천년적] 지상 재림	다름	[(3) 웨스트민스터 표준의 다른 주요 교리들]

마스든은 다음과 같이 지적한다.

"1920년대에, '근본주의 5대 강령은'은 때로 장로교 강령을 지칭했고, 때로 강령 5번에서 기적을 대체한 그리스도의 전천년적 재림이 들어 있는 장로교 강령을 지칭했다."

장로교의 다른 "근본적인 교리들" 중 하나를 빼고 그 자리에 전천년주의를 집어넣은 이 드문 "대체"는 초기 근본주의자 운동에서 좀 색다른 모습이다.

"나이아가라 근본주의자"에게 "그리스도의 몸의 재림"은 흔히 "전천년적 재림"을 의미했다. 왜냐하면, 그런 근본주의자에게는, 전천년주의가 성경에서 명백히 가르치는 교리이기 때문이었다. 설령 그런 비슷한 종말론적 정신이 장로교 교단이나 개혁주의 교단 밖의 다른 교단에서 더 자주 발견된다 하더라도, 그런 사람은 이 종말론의 강령을 그들만큼 명확히 본 사람들에게 더 가까운 친밀감을 느끼는 것도 당연할 것이다. 반면 "장로교 근본주의자"에게는 칼빈주의적 주제들과 고백적 독특성들이 가장 중요했을 것이다. 그런 사람은 비록 종말론에 대한 논쟁을 흥미롭지만 별로 중요하지 않은 호기심 정도로 치부할 것이긴 하지만, 알미니안적 성향이나 비개혁주의적 성향의 침입에 불안을 느꼈을 것이다.

우리에게 특히 흥미로운 것은 두 성향 모두 근본주의자 - 현대주의자 논쟁에 연루된 장로교 보수주의자들 사이에서 혼합되고 분간할 수 없는 형태로, 또한 때로는 완전히 혼동된 형태로 발견될 수 있다는 점이다. 현대주의자 - 근본주의자 논쟁은 장로교회를 정체성 위기로 몰아넣었다. 지금 우리가 볼 수 있는 것은 심지어 PCUSA의 "근본주의자들"이 철수한 뒤에도, 정체성 위기는 지속하였다는 점이다. 종말론에 대한 논쟁과 이 논쟁에 뒤따라 나타난 세대주의 - 언약주의자 논쟁은 지속된 정체성 위기의 산물이자 원인이었다.

나는 이것이 왜 언약주의 - 세대주의 논쟁, 즉 보수적 장로교주의 내의 성경을 믿는 두 "근본주의자" 진영 사이에 일어난 논쟁이 결국 이보다 앞서 있었던 근본주의자 - 현대주의자 논쟁과 같은 정도를 드러냈는지를 이해할 수 있는 열쇠라고 생각한다. 그것은 두 논쟁이 정체성을 위한 싸움이었기 때문이다.

먼저 장로교회의 본질을 찾고자 하는 싸움이고, 다음에, 모더니즘과 싸우고 올바른 개혁주의적 복음주의 과제를 증진하기 위한 가장 효과적인 전략을 이행하기 위해 장로교의 어떤 독특성이 강조되어야 하는지, 그리고 장로교의 어떤 독특성이 경시되어야 하는지의 문제를 둘러싸고 하는 싸움이다.

이와 유사하게, 이것은 이 보수주의 그룹들의 교리적 일치의 수준이 실제로 증가한 바로 그 순간에도(비록 더 작은 신앙 공동체 내에서이긴 하지만), 왜 이 보수주의 그룹들이 교리적 차이에 대해 점점 더 관용하지 않게 되었는지를 설명한다. 두 유형의 "근본주의자"가 적어도 1936년 전에 더 큰 장로교 교단에서 생존하기 위해 그들과 다른 사람들의 반대를 관용하는 한에서는, 그들의 관심사를 타협해야 했다는 사실을 주목하라. "근본주자들"이 서로에 대해 더 이상 타협하지 않으려고 한 것은 그들이 옛 교회에서 완전히 떠난 후였다.

새 교회 안의 모든 사람은 옛 교회의 아킬레스건은 순진한 사람들이 모호한 교리적 강령이라고 생각한 것에 대해 단호한 조처하기를 꺼린 것이었다는 데 동의했다. 보수주의자들은 그런 필요하고 단호한 교리적 조처하기 위해 철수했다. 이와 관련해 하트(Hart)와 뮤에터(Meuther)는 다음과 같이 설명한다.

> "우리는 OPC가 생긴 원인이기도 했던 교리적 위기에 대한 충분한 이해 없이는 교리에 대한 OPC의 강조를 이해할 수 없다. 메이천과 그의 지지자들에게는, 믿음에서 타협할 수 없는 차이가 논쟁의 핵심을 차지했다. 현대주의자들과 기독교 정통의 신학적 견해는 상호 배타적이었다. 교회의 순결을 위해서는, 분리가 반드시 필요했다. 그리고 메이천이 관여한 분투는 교회의 성격을 설명하는 데까지 이른다."

"나이아가라 근본주의자들"과 "장로교 근본주의자들"은 어떤 교리들을 자유재량 없이 붙들어야 하고 어떤 교리들을 붙들지 말아야 하는가를 결정하는 문제에서 충돌했다. 그들은 모두 가장 견고한 교리적 토대 위에 새 교회를 세우고 싶었다. 그들은 모두 교회의 간증을 더 증진하길 원했고, 마음이 같은 복음주의자들 사이에서 협조를 합법적으로 얻을 수 있는 것을 이용하길 원했다. 누군가 말한 것처럼, 마귀는 디테일에 있었다.

2. 정통장로교회 내에서 일어난 전천년주의를 둘러싼 분열

"세대주의적 전천년주의"에 대한 논쟁이 터져 나온 것은 1936년 OPC가 형성된 직후였다. 그 논쟁은 모두 웨스트민스터신학교 교수들이 전통주의자 장로교 신학의 관점에서 쓴 세 개의 아티클 출판과 함께 시작되었다. 세 아티클 모두는 진정한 장로교회를 세우는 것은 "반개혁주의적" 가르침을 물리치는 것, 특히 구체적으로 일반적 복음주의 - 근본주의자 운동에서 흔히 발견할 수 있는 알미니안 가르침과 "세대주의자" 가르침의 침입을 물리치는 것을 의미한다고 주장했다. 각각의 아티클은 이 핵심적인 한 주제의 다른 측면을 가지고 하나의 공통적인 목표를 추구했다. 그것은 경계심이 부족한 사람과 다르게 "진정으로 개혁적인", "참된 장로교" 정체성을 세우는 것이었다.

이 아티클 가운데 마지막(카이퍼의 아티클)은 사실 어느 사람을 비난할 의도가 아닌, 진실하고 순결한 장로교회로 새로 만들어진 OPC 회원들을 격려하고자 하는 의도로 기록되었다. 카이퍼는 자신의 칭찬 가운데, 아래와 같이 간략한 여담을 했다.

"총회는 웨스트민스터신학교를 졸업한 몇몇 학생의 면허와 안수를 위해 그들을 조사할 특권이 있었다. 그들이 미국 근본주의자들 사이에 극히 많이 퍼져 있는 알미니안주의와 스코필드 성경의 세대주의라는 두 가지 오류에 대해 얼마나 자세히 질문을 받았는지를 들으면, 어떤 기독교 개혁주의 사역자라도 그 마음의 난로가 따뜻해졌을 것이다. 총회는 이 미래의 사역자들이 그런 반개혁적인 이단들에 오염되지 않도록 확실히 조치하기를 원했다. 그 모든 것은 대회가 '우리의 공통적인 개혁주의 신앙의 보급과 방어에 우리를 하나로 묶는 끈'에 대해 말할 때 어떤 무익한 단어도 사용하지 않았다는 사실을 보여준다. [OPC]는 단지 또 하나의 근본주의자 교회가 아니다. 그 기초는 엄격한 개혁주의다."

세 아티클 가운데, 카이퍼의 아티클이 세대주의에 대해 가장 간략한 언급을 했고, 그것도 가장 악의 없는 의도로 했다. 그러나 아이러니컬하게도, 카이퍼의 이 말은 OPC 내에 속한 전천년주의자들의 포화의 표적이 되었다. 그들에게는 분명히 카이퍼의 그 말이 속담이 되는 "최후의 결정타"로 생각되었을 것이다.

칼 매킨타이어(Carl McIntire)는 「기독교 불빛」(Christian Beacon)의 한 사설에서, 전천년주의자들의 분노의 심정을 잘 대변하는 글을 썼다. 매킨타이어는 사실에 대한 카이퍼의 말에 이의를 제기하면서, 자신의 핵심적인 불평을 해댔다.

"더욱이 이 점에서 훨씬 더 중요한 문제는 카이퍼 박사가 나쁜 것에서 좋은 것을 가려내고자 하는 노력도 하지 않은 채, '스코필드 성경의 세대주의'를 '반개혁주의 이단'(anti-reformed heresy)이라고 부른다는 사실이다. 이단은 그리 유쾌한 단어가 아니다. '스코필드 성경의 세대주의'에 관계된 표현은 전천년주의자들을 이단자로 모는 공격이다."

OPC 무천년주의자들은 자신들이 수용할 수 없다고 판단한 것은 오직 비(非)개혁주의(un-Reformed, "세대주의자") 전천년주의라고 주장하면서, 매킨타이어의 이 마지막 비난을 일관되게 반박했다. 분노가 타오르고, OPC는 처음 교단을 시작할 때처럼 분열의 위협을 받게 되자, J. 그레샴 메이천은 이 문제를 분명히 해결하려고 시도하면서 몇몇 아티클을 통해 개입했다. 그 역시 수용할 수 있고 개혁주의의 다양성을 보여 주는 전천년주의(premillennialism)와 수용할 수 없고 비개혁주의적인 스코필드 성경의 세대주의(Dispensationalism) 사이에 반드시 구분해야 한다고 다음과 같이 주장했다.

> "하지만 분명히 주의 재림에 대한 전천년적 견해를 지지하고, 스코필드 성경의 세대주의를 반박하는 사람들이 매우 많다. 우리는 이런 전천년주의자들에게 동의하고, 그런 거부를 당하는 카이퍼 교수에게도 동의한다. 우리에게 스코필드 성경의 세대주의는 웨스트민스터 표준이 가르치는 교리 시스템과 정반대인 것으로 보인다."

심지어 메이천은 일부 전천년주의자 장로교인들이 수용할 수 있는 개혁주의자이긴 하지만, 어떻게 스코필드 성경을 그 엄청난 오류에도 불구하고 사용하길 좋아할 수 있는지를 설명하려고 시도하기까지 했다. 그는 이렇게 말한다.

> "많은 사람이 스코필드 주석성경에 담겨 있는 거짓된 가르침에 동의하지 않는 채, 그 성경을 알고 사랑한다는 것은 상당히 가능하다. 그들은 스코필드 박사의 성경 각주를 유익하게 오해하거나 무시함으로써, 그런 각주들에 담긴 오류에 그들의 영혼이 빨려 들어가지 않을 수 있을 것이다."

메이천은 스코필드 각주에 있는 모든 내용이 다 잘못된 것은 아니라고 생각했다. 메이천의 견해에서, 사실 "각주에 있는 최악의 내용 중 어떤 것들은 각주 자체에 담긴 다른 내용과 모순된다. 스코필드 박사는 행복한 비일관성을 통해, 하나님이 인간을 다루신 역사에 관한 재앙과도 같은 자신의 이론 결과를 온전히 당하지 않고 피한다."

그런데 메이천의 마지막 평결은 앨리스의 평결, 머레이의 평결, 그리고 카이퍼의 평결과 동일했다. 메이천은 이렇게 말한다.

"그러나 우리가 매우 확정적으로 의미하는 바는, 만약 누군가가 그 성경 각주의 진정한 의미에 따라 그런 각주의 모든 가르침을 정말로 수용한다면, 그 사람은 개혁주의 신앙과 심각하게 어긋나 있으며, [OPC]의 사역자나 장로나 집사가 될 자격이 없다는 것이다."

전천년주의자들은 그런 구분에 아연실색해졌다. 매킨타이어는 "'세대주의'와 관련된 전천년주의자의 입장에 가한 그들의 은밀하고 지속적인 공격을 중단하라"면서 스코필드 각주의 비평가들을 책망했다.

매킨타이어는 다음과 같이 말했다.

"우리는 어떻게 무천년주의자들이 전천년주의자들에게 자유를 준다고 말한 후, 이와 같은 태도로 돌아서, 그들을 이단자로 정죄할 수 있는지 이해할 수 없다. 우리는 [OPC]에 속한 절대다수가 전천년주의자들이라고 확고히 믿으며, 웨스트민스터 신앙고백을 철저히 받아들이는 교회가 어떤 개인이 견지하는 특정 견해를 받아들이지 않는다고 믿는다."

다시 말하거니와 메이천은 이렇게 설명하려고 했다.

"많은 사람은 '전천년주의'와 '스코필드 성경의 세대주의'가 같다고 생각하며, 그래서 카이퍼 교수가 '스코필드 성경의 세대주의'는 반개혁주의 이단이라고 선언할 때, 그는 또한 전천년주의가 반개혁주의 이단이라고 선언하고 있었다."

메이천은 갈등을 해결하는 열쇠는 전천년주의와 세대주의를 구분할 줄 아는 능력에 있다고 확신하고 있었다. 그의 말을 들어보자.

"그 사실을 고려할 때, 이 시대의 절박한 필요 중 하나는 아주 슬프도록 혼동되는 이런 것들 사이를 날카롭게 분리하는 것이다. 주의 재림의 시간에 대한 전천년주의의 견해는 반개혁주의 이단이 아니다. 우리는 그 견해를 지지하면서도 동시에 진정으로 개혁주의 또는 장로교 교회에서 사역사가 될 수 있다. 그러나 우리는 스코필드 성경의 세대주의가 카이퍼 교수가 말하는 바와 같이, 반개혁주의 이단이 분명하다고 확신한다. 세대주의는 웨스트민스터 신앙고백과 교리문답에 담겨 있는 교리 시스템과 완전히 어긋난다."

전천년주의자들은 세대주의와 전천년주의 사이의 이 구분을 완전히 받아들인 적이 없으므로, 의혹과 적대감이 계속 커졌다. 전천년주의자들은 자기들에 대한 추가적인 조치가 취해지기 전에 결국 OPC를 떠나려 했다. OPC 무천년주의자들은 추가적인 조치가 계류된 것이 결코 없다고 항상 주장했지만, 전천년주의자들은 이렇게 안심시키는 말을 절대 믿지 않았다. 면밀히 조사해 보면, 이런 불신을 한 다양한 이유가 밝혀진다.

첫째, 비록 세대주의에 대한 세 명의 웨스트민스터 비평가는 자신들의 아티클을 동시에 내놓을 의도가 거의 없었을 것이지만, 그들의 세 아티클이 시간적 간격 없이 잇따라 나옴으로써, 마치 치밀한 공모 하에 세대주의를 공격하는 것처럼 보였다. 이는 전천년주의자들 사이에 무천년주의자들은 그들을 새로운 교단으로 내쫓으려고 한다는 인식을 심어주었다.

둘째, 비록 모든 비전천년주의자들은 전천년주의가 그 자체로는 수용할 수 있는 이론이라는 확신을 주었지만, 그들이 왜 전천년주의자의 견해가 OPC 내에서 수용될 수 있는지에 대해 제시한 복합적인 근거는 어색했고, 심지어 일관성이 없었다. 전천년주의자인 맥래는 신학 교수 존 머레이가 자신과 나눈 사적인 대화에서, 그가 전천년주의 견해를 받아들일 수 있다고 판단하는 유일한 이유는 그 견해가 신앙고백서 범주 내에 있다고 믿기 때문이라고 한 소리를 들었다. 머레이는 만약 자신이 전천년주의가 고백적 범주 밖에 있다고 확신하게 된다면 과연 어떻게 하길 원했을까에 대해 질문을 받았을 때, 정직하게 말해 잘 모른다고 대답했다. 그의 말을 아래에 인용하는 메이천의 견해와 비교해보라.

> "웨스트민스터 신앙고백서와 교리문답은 전천년주의 견해를 가르치지 않고, 전천년주의 견해와 반대되는 견해를 가르친다. 이런 사실은 특히 대요리문답에 분명히 나타나 있다(Q. 87번과 88번). 그러나 [OPC]의 웨스트민스터 표준에 대한 서약은 그 표준에 있는 모든 단어에 대한 것이 아니라, 오직 그 표준에 담긴 교리 시스템에 대해서 뿐이다."

머레이와 메이천이 제시한 두 근거는 완전히 상충 되는 것 같다. 그런 부조화를 고려할 때, 비록 무천년주의자들이 반복적으로 비난할지라도, 아마도 우리는 전천년주의자들이 신경이 예민하다고 비난할 수 없을 것 같다.

셋째, 전천년주의자들이 자신들의 견해에 대해 관용해 달라고 반복적으로 요청 함에도 불구하고, OPC 지도자들은 글을 통해 전천년주의에 대한 전교회적인 관용이 영속화될 것이라는 그 어떤 보장도 하지 않고 거부했다. 사실, 전천년주의자들의 요구가 거부된 것은 전천년주의 견해를 비방하려는 열망이 아닌, OPC의 고백적 온전성을 보존하고자 하는 관심 때문이었다. 사실, 이런 결단에 대해 목소리를 가장 많이 낸 적대자들 가운데 한 사람은 버스웰이었다. 그는 전천년주의자이면서, 동시에 그들 대부분을 배려한 총회의 총회장이었다. 하지만 여전히 많은 전천년주의자들은 이런 배격으로 내쫓겼다고 느꼈다.

넷째, 비록 OPC 무천년주의자들은 전천년주의자들에게 "참으로 개혁주의적이고, 참으로 장로교적인" 전천년주의 종말론이 가능하다고 계속해서 확신을 주었지만, 전천년주의자들은 실제 무천년주의자들을 충족시키는 버전을 제공하는 데 어려움을 겪었다. 버스웰의 전천년주의 견해가 받은 난폭한 취급은 여기에 딱 들어맞는 사례다.

버스웰만큼 OPC 전천년주의를 더 잘 대표하는 사람도 없을 것이다. 그는 OPC 총회의 제2대 총회장이었고, 휘튼대학의 총장이었으며, OPC의 교리적 순결과 개혁주의 독특성을 공개적으로 옹호한 저명한 학자였다. 1937년 1월, 버스웰은 "스코필드 성경의 세대주의"를 공격하는 사람들에게 수용될 수 있을 것이라고 희망하면서 전천년주의를 옹호하는 책 한권과 아티클 하나를 출판했다. 그러나 이 작품들이 출판되자마자, 존 머레이가 「프레스비테리언 가디언」(*Presbyterian Guardian*)이라는 월간 저널에서 가차 없는 응수를 또다시 해댔다. 머레이가 "버스웰 박사의 전천년주의"에 대해 한 형식적인 칭찬이 무엇이었든지 관계없이, 그 칭찬은 변함없이 비판을 동반했다. 그 비판은 너무 신랄했고, 때로는 악의적인 비난에 가까웠다. 머레이는 다음과 같이 말했다.

"버스웰 박사의 종말론적 입장은 다른 많은 천년주의자의 그것보다 훨씬 더 분별력 있고 그래서 더 잘 옹호할 수 있다. 그러나 우리는 유감스럽게도, 그가 내놓은 그 작은 책이 몹시 실망스럽다고 말할 수밖에 없다. 그것은 역겨운 편파성과 허위 진술의 특징을 보이며, 그의 주해적 논증은 종종 매우 시시하다. 우리는 산만함과 부주의함이 예외라기보다 규칙이 아닌가 하고 걱정된다."

심지어 머레이가 이따금 하는 칭찬도 마치 광범위하게 인식된 전천년주의에 대한 위장된 비평인 것처럼, 에둘러 하는 표현처럼 보였다(예, "전천년주의의 발표와 자주 연관된 많은 판타지(fantasies)도 오히려 그것이 없어서 눈에 띈다"). 머레이의 리뷰 전체를 살펴볼 때, 머레이가 버스웰의 논문에서 긍정적으로 받아들인 부분은 단 하나도 없었다. 머레이는 마치 그것이 자기 비평의 신뢰함을 덜어주는 데 도움이 될 것처럼 다음과 같이 해명했다.

"우리는 버스웰 박사가 의도적인 왜곡을 했다고 생각하지 않는다. 그러나 그는 자신이 심각할 정도로 무능하다는 사실을 보여 주고 말았다…."

머레이는 다음과 같이 결론 내렸다.

"우리는 [버스웰 박사의 작품]을 전천년주의에 대한 공정하고 합리적으로 학문적인 발표라고 추천할 수 있을 것이라는 희망을 품었어야 했다. 그러나 우리는 그렇게 할 수 있을 만큼 기쁘지 않다."

요컨대, 버스웰의 전천년주의는 머레이의 조사를 "근대적인 세대주의"보다 더 잘 버티지 못한 것 같다. 사실 머레이의 리뷰는 그 어떤 전천년주의적인 견해도 능숙하게 방어할 수 있다고 희망할 수 없는 인상을 주었다.

"버스웰 박사의 논쟁은 전천년주의를 위한 논쟁이지만, 우리의 논쟁은 그것에 반대해야 한다"라는 진술은 전천년주의자들에게는 일반적으로 OPC의 근본적인 태도를 더욱 더 크게 대표하는 것 같았다.

그래서 찰스 트럼불(Charles Trumbull)은 OPC가 "그리스도의 전천년적 재림의 성경적 진리를 중요시하며 기뻐하는 수많은 참된 그리스도인들을 향해 … 단순한 관용의 태도를" 갖고 있다고 묘사하면서, 많은 전천년주의자의 불평을 대변했다. 트럼불은 OPC 내에 이 태도를 "애석하게 생각하는 독실한 장로교인들"이 극히 적었다고 말했다. 그런데 그런 애석한 마음은 아마 트럼불 자신처럼, "[만약 그렇지 않았다면] 이 새 교단과 자연스럽게 연합하려고 했을" 사람들과도 공유된 마음이었다. 그러나 그가 느낀 인상은 OPC 지도자들의 전천년주의에 대한 일반적 태도가 불행하게도 경멸적인 태도였다는 것이다. 트럼불은 특히 "무천년주의로 알려진 필라델피아의 웨스트민스터신학교의 활발한 가르침"을 반대했고, 또한 "공식적인 기관은 아니지만, 새 교단에 있는 특정 지도자들의 비공식적인 목소리를 대변했던 필라델피아의 「프레스비테리언 가디언」이 … 세대주의와 전천년주의"에 대해 가한 반복적인 공격도 반대했다.

이것은 OPC 내의 전천년주의자들의 감정을 상당히 잘 요약했다. 설령 그들의 견해가 법률적으로는 계속해서 관용되었다 하더라도, 그들은 자신들의 견해가 실질적으로는 OPC와 웨스트민스터신학교 모두에서 의도적이면서도 방법론으로 하찮은 존재로 무시될 것이라고 확신하게 되었다.

다섯째, 점점 쌓여가던 긴장은 바로 이 당시 태동하고 있던 다른 몇몇 논쟁으로 더욱 커졌다. 비록 이 논쟁에서 특정 이슈들은 달랐지만, 주창자들은 상당히 동일하게 느꼈다. 이 논쟁들 가운데 하나는 장로교 해외 선교를 위한 독립위원회에 관심을 보였다. 구체적으로, 그 논쟁은 과거 교회(PCUSA)에서 제거되었지만, 새 장로교회(OPC)에 가입하지 않고, 단지 "독립적으로" 남아 있던 이 위원회 사람들에게 관심을 보였다. 분명히 장로교인 OPC가 그런 "독립적인" 위원회를 그 선교 에이전시(대리인)로 계속 사용해야 할 것인지의 여부를 놓고 논쟁이 뒤따랐다.

문제시되는 "독립주의자들" 모두는 과거에는 장로교인 이였지만, 한 교단에서 "탈진해" 또 다른 교단에 억지로 가입하고 싶은 마음이 전혀 없는 전천년주의자들이었다. 이 가운데 가장 저명한 두 사람은 헤롤드 S. 레어드(Harold S. Laird)와 메릴 T. 맥퍼슨(Merril T. MacPherson)이었다. 레어드 박사는 델라웨어주 윌밍턴의 제일중앙장로교회에서 성직을 박탈당한 후, 제일 독립 교회(역시 윌밍턴에 있음)를 설립했다. 비록 공식적으로는 독립 교단이지만, 이 교회의 교리적 표준은 웨스트민스터 신앙고백서와 교리문답이었다. 맥퍼슨은 필라델피아 근본주의자들의 수장이 되었으며, 열린문교회에서 목회했다. 이 교회는 PCUSA가 1936년 1월에 맥퍼슨을 강제로 축출한 후, 주로 그에게 충성한 사람들로 구성되었다. 첨언하자면, PCUSA는 그를 필라델피아 중 - 북장로교회라는 그의 교회 건물 밖에 문자적으로 내쫓아 아예 못 들어가게 조치했다.

장로교 해외 선교를 위한 독립위원회의 옹호자들은 그 구성원 일부의 소위 "독립성"에도, 그 구성원들 모두는 새 교회 형성 전에 모든 사람에 견고한 동맹으로 간주하였다고 주장했다. 그들과의 연대를 끊는 것은 이제 몹시 아이러니컬한 배은망덕이 될 것이다. 사실, 그들은 이렇게 주장했다. 즉, 옛 교회는 모든 정통장로교인이 애초에 장로교 해외 선교를 위한 독립위원회를 구성했을 때, 심지어 그들까지도 "독립적"이라고 비난하지 않았던가?

이 주장은 독립위원회 설립에 대한 처음의 논쟁적인 근거를 다시 생각나게 했고, 그 위원회는 PCUSA의 선교위원회를 대체하는 믿을 만한 대안이 될 수 있을 것으로 판단되었다. 경쟁력 있는 라이벌 선교위원회가 만들어지면서, 장로교 "근본주의자들"은 PCUSA 선교사들이 자유주의 이단에 오염되었다고 의심하게 되었다. 현대주의자 - 근본주의자 논쟁 전체에서 그것은 PCUSA 지도자들에게 가장 불쾌한 행동이었고, 또한 "근본주의자" 사역자들이 성직을 박탈당한 근거가 된 가장 흔한 이유이기도 했다.

그 위원회는 메이천의 작품이었고, 그는 1933년 그 설립 때부터 의장으로 섬겼다. 1936년 11월, 뜨거운 격론이 벌어진 후, 그 위원회 회원들은 투표를 통해 맥퍼슨을 부의장으로 세우고, 레어드를 의장으로 선임했다(비록 메이천이 그 직에서 계속 섬기고 싶다는 간절한 청을 했음에도). 이런 변화는 메이천의 지지자들 일부에게 진정한 "장로교주의"의 기반을 약화하는 것으로 생각되었고, 더 심각하게는, 가장 능력 있는 지도자에 대한 배반으로 생각되었다.

이와 동시에, 그리고 이런 논쟁에 얽혀, 수많은 개인적 라이프스타일 이슈에 대한 진정한 그리스도인이 보여야 할 마땅한 입장을 둘러싸고 또 다른 논쟁이 일어났는데, 이 이슈에는 "취하게 하는 술," 흡연, 영화 관람, 춤, 카드놀이 등이 포함되었다. 이 목록 가운데, 가장 격렬한 토론을 일으킨 이슈는 알코올음료 사용에 대한 것이었다.

OPC 내에서 완전한 금욕주의자들은 전형적으로 알코올의 사용이 본질에서 악한 것은 아니라고 생각했다(예, 그들은 예수님이 물을 알코올음료인 포도주로 변화시키신 사실을 인정했다). 그러나 그들은 우리가 사는 "제대로 만들어진 사회적 억제장치가 없는 스피드 기계 세상"을 고려할 때, "편의성 또는 현명함"이 적당한 알코올 사용조차도 허용할 수 없다고 믿었다. 적당한 알코올 사용 옹호자들은 전형적으로 유럽 배경을 가진 자들로서 왜 절제된 알코올 사용이 그런 격렬하고도 감정적인 반대를 불러일으키는지 이해하기 쉽지 않았다.

이런 감정들은 오직 미국에서 독특한 이슈의 역사를 고려할 때에만 이해될 수 있었던 것 같다. 즉 미국의 그리스도인들 사이에서, 알코올 사용은 흔히 가정을 황폐하게 하고, 가족을 파괴하고, 사회 전체의 평화와 질서를 무너뜨리는 책임이 있는 끔찍한 악덕으로 간주하였다.

미국에서 그리스도인들은 금주법 개정안(the Prohibition amendment, 1919) 통과를 얻어 내기 위해 아주 힘들게 싸워야 했다. 그런데 그 법안은 점점 더 인기가 떨어지고, 그다음에는 유명무실해지고, 마침내는 폐지되고 말았다(1933). 미국의 많은 근본주의자에게는, 알코올 사용 반대가 본능적인 것이 되었으며, 알코올 사용 옹호자들에 대해서 분개의 태도까지 보였다. 한편, 알코올의 적당한 사용을 옹호한 (대체로 유럽 출신의) OPC 그리스도인들은 또한 그 이슈를 단순하게 보았다. 비록 그들이 정반대의 견해를 취했지만 말이다. 그들은 그 이슈를 개인적 판단에 대한 자유재량이 분명히 우선되어야 하는 이슈로 보았다. 즉 그 이슈는 "그리스도인들이 '성경이 분명히 판단하지 않는 문제들'에서는 자기 양심에 자유롭게 따라야 한다는 원리"에 관계된다는 것이다. 일부 금욕주의자들은 그런 알코올 사용에 대한 그리스도인들의 옹호를 거의 언어도단에 가깝다고 판단했다. 버스웰은 메이천에게 알코올에 대한 논쟁은 "교회를 분리하는 정도에 있어서 '종말론의 문제'보다도 '훨씬 더 큰 영향을 미칠 수 있는' 것"이라고 경고했다.

이 모든 것에 더해 1937년 1월 메이천이 생각보다 빨리, 그리고 전혀 예상하지 못한 죽음을 맞았을 때, 이 모든 논쟁의 쓰라림은 더욱 격화되었다. 이 최근에 보수주의 내부에서 일어난 몇몇 언쟁에서 메이천 편에 섰던 사람 중 일부는 큰 비통에 잠겨, 메이천의 죽음의 책임을 독립적이고 전천년주의 견해를 견지한 "근본주의자들"에게 공개적으로 떠넘겼다. 조금도 과장하지 않고, 메이천의 죽음 전에 시작되었던 양극화는 그 이후에 더욱 예리해질 뿐이었다.

그래서 전천년주의자들은 OPC 내에서 전천년주의 견해를 증진하는 데 실패하고, 점점 더 권리를 박탈당한다고 느끼면서 더욱 초조해졌으며, 자기들이 명성을 누렸던 다른 기관들에서 전천년주의를 공식적인 종말론으로 인정받기 위해 그 어느 때보다 심혈을 기울였다. 필라델피아 근본주의자들은 그 회원으로 E. 스큘러 잉글리쉬(E. Schuyler English)와 맥퍼슨 등과 같은 유명한 인물을 포함했다.

1937년 2월에 전천년주의를 그들의 공식적인 교리적 입장으로 헌법적으로 채택했다. 출판된 보고서에 따르면, 그들이 이 결의문을 채택한 부분적인 이유는 좀 더 크고, 국가적으로 더 유명하고, 명백히 전천년주의 기관인 "세계 그리스도인 근본주의자 협회"와 더 강한 연대감을 확보하고자 하는 희망 때문이었다.

이런 움직임은 단지 OPC 무천년주의자들과 전천년주의자들 사이의 적대감만 고조시켰으며 "근본주의"의 전천년주의자 브랜드는 본질적으로 OPC의 "진정한 개혁주의" 아젠다와 뜻이 맞지 않다는 인상만 강화시켰다. 마지막으로 1937년 6월에는 대여섯 명의 장로교 전천년주의자들이 OPC에서 완전히 분리되어 나와, 명백히 전천년주의를 표방하는 '성경장로교회'(Bible Presbyterian Church)를 만들었다.

1) 현대주의자 - 근본주의자 지진 이후에 생긴 몇 가지 충격: 두 가지 보수주의 과제의 충돌

> "간략히 말해, [근본주의]는 호전적인 반현대주의자 개신교 복음주의다. 근본주의자들은 20세기에 모더니즘 신학과 모더니즘이 옹호한 문화적 변화 모두를 전투적으로 반대한 복음주의적인 그리스도인들로서, 19세기의 지배적인 미국 부흥주의자 확립 전통에 가까웠다. 모더니즘에 대한 전투적인 반대는 근본주의와 밀접하게 관련된 많은 전통에서 근본주의를 가장 뚜렷이 분별할 수 있게 한 특징이었다. 이런 전통에는 예컨대, 복음주의, 부흥주의, 경건주의, 성결 운동, 천년운동주의, 개혁주의적 고백주의, 침례교 전통주의, 그리고 다른 교단적 여러 정통이 있었다.
>
> 근본주의는 어떤 성향, 또는 다른 여러 운동 대표자들 일부가 모여 형성한 하나의 연합체로 점점 그 정체성을 띠게 된 기독교 사상의 발전이라는 의미에서 하나의 '운동'이었다. 비록 근본주의는 독특한 생활과 정체성, 그리고 결국에는 그 자체의 하위문화를 발전시켰지만, 그것이 태동하고 성장한 원천인 과거의 여러 운동에서 완전히 독립해서 존재한 적은 없다. 근본주의는 기독교를 근대 사상과 조화시키려 한 현대주의자의 시도에 맞서 격렬한 반대를 하면서 연합한 공동 교전 집단의 느슨하고, 다양하고, 계속 변하는 연맹체다."
>
> - 조지 마스든 -

초기 OPC의 분열에 이른 상황을 자세히 조사할 때, 우리는 근본주의의 다양한 구성원에 의해 형성된 긴장을 더욱 분명히 이해할 수 있게 되며,

방금 위에서 인용한 마스든의 고전적인 평가에 좀 더 다른 뉘앙스를 추가할 수 있을 것이다. 마스든이 주장하듯이, "개혁주의적 고백주의"와 "교단적 정통"은 근본주의자를 형성하는 "조각보"(patchwork)의 가닥들이었다. 이 가닥들이 어떻게 엮였는지, 또는 근본주의자 연맹의 다른 가닥들에서 어떻게 의도적으로 배제되었는지는 1930년대 후기 OPC 논쟁의 중요한 질문이었던 것 같다.

내가 주장하는 바는 이렇다. 즉, 보수적인 장로교의 "유기적 복합체"의 이념이 1920년대의 현대주의자/근본주의자 논쟁으로 도전받고, 그래서 명확해진 것처럼, 마찬가지로 1936 - 38년의 논쟁들 역시 보수적인 장로교인의 "기본적 신념과 목표"가 정확히 무엇이었는지에 대한 의식에 이의를 제기했다. 그 결과 그들의 기본적인 신념은 유사했지만, 그들의 목표는 상당히 달랐음이 드러났다. 이 목표들이 발전함에 따라, 차이는 결국 두 개의 보수주의 과제로 나눠질 만큼 현저해졌고, 이 두 과제는 갈라서서 그들 자체의 경로를 추구했다.

이 두 과제의 분리를 유발한 상황들은 그 당시 예외적인 시점에 서로 연결된 확신과 헌신과 개성의 집합체에 독특하고도 특별했다. 그러므로 나는 이 분열을 좀 더 초기에 있었던 논쟁으로 퇴보된 것으로 특징짓는 설명을 배척한다(지나치게 환원주의적인 것으로).

이것들 가운데, 나는 1937년의 분열을 촉발한 이슈들이 이보다 100년 전에 있었던 "구 학파"(Old School)와 "신 학파"(New School) 장로교인들을 분열시킨 이슈들과 본질에서 같은 것이라고 한 마스든의 주장에 반대한다. 마스든의 이 주장이 논쟁의 다른 측면들에 있는 역사가들의 지지를 받고 있으므로, 나는 이 주장에 대한 반대를 더욱 상세히 진술하고자 한다. 이렇게 할 때, 내 논지는 더 분명해지고 강화될 것이다.

우리는 먼저 마스든이 1936 - 38년의 분열의 틀을 "엄격하고", "객관적이고", "권위주의적인" 서약주의(구 학파) 대. "주관적이고," 개종 지향적이고, 고백적인 관용주의(신 학파)의 차원에서 짠 것으로 보고, 이를 고찰한다. 이 틀에 따르면, 메이천과 웨스트민스터의 화란 개혁주의자들은 되살아난 구 학파를 대표하고, 버스웰과 맥래 등은 신 학파를 대표했다.

그러나 보다 자세히 살펴보면, 이런 묘사는 1936년에 발생한 여러 파의 분열과 일치되지 않는다는 것을 알 수 있다. 메이천은 전천년주의가 웨스트민스터 표준의 엄격한 성경해석을 위반한다고 믿었지만, OPC 내에 전천년주의자들을 받아들이는 근거로 "신 학파"를 인정했다. 그의 견해에 따르면 "[OPC]에서 웨스트민스터 표준에 대한 서약은 그런 표준에 들어 있는 모든 단어 하나하나에 대한 것이 아니라, 그 표준이 담고 있는 교리 시스템에 대한 것뿐이다."

반면 J. 올리버 버스웰은 "구 학파" 방식에서는 엄격한 서약주의가 고백주의 범주 내에 전천년주의를 받아들이게 한 가장 강력한 근거를 제공한 것이었다고 주장했다. 그의 견해에 따르면, 일부가 전천년주의자들이었던 웨스트민스터 성직자들은 전천년주 견해를 암묵적으로 포함한 여러 견해의 스펙트럼을 허용하기 위해 종말론의 연대표 문제를 의도적으로 미결정 상태로 그냥 놔두었다(대체로 같은 방식으로, 언어의 결정적인 모호성을 통해, 타락전 선택설(supralapsarianism) 또는 타락후 선택설(infralapsarianism)의 문제는 신앙고백서에서 의도적으로 미결정 상태로 놔두었다).

이와 같은 예들은 많이 증가할 수 있으며, 이런 경우에 속한 양 당사자는 충분히 설명할 수 없거나, "구 학파/되살아난 신 학파"가 그들에게 배정한 역할을 사실 거부했다. 이와 마찬가지로, 1930년대의 논쟁을 기본적이고 근본주의적인 교리가 긍정하는 불완전한 목록에 흡족해하는 "신 학파"와 꽉 찬 만월 같은 장로교주의를 원하는 또 다른 파 사이의 경쟁으로 묘사하는 것 역시 만족스럽지 못하다.

1936년에 매킨타이어는 메이천 못지않게 OPC 설립을 "참된 장로교회"의 설립으로 축하했다. 매킨타이어는 이 교리적 순결의 비전에 무엇이 수반되어야 하는지에 대해 메이천보다 두 배나 많은 구체적인 내용을 제공했으며, 이 비전을 메이천보다 2주나 일찍 공개적으로 말했다. 성경장로교 성도들(Bible Presbyterians)은 심지어 OPC를 떠난 후에도, 교리적으로 OPC보다 더 관대한 사람들로 인식될 수 없었다. 비록 성경장로교 대회(Synod)는 웨스트민스터 표준에 전천년주의 해명을 추가했지만, (사실상 하찮은) 어구 하나 외에는 아무것도 삭제하지 않았다. 그리고 그 대회는 심지어 OPC가 제거한 1903년 PCUSA의 개정안도 보존했다.

이 외에도, 1837년과 1937년에 있었던 논쟁 이슈는 크게 달랐다.

1837년 OPC 총회의 위원 가운데 누가 노예 노동에 대한 구 학파 장로교도의 옹호로 "집에" 있게 될 것인가?

1937년 위원 가운데 누가 신 학파 장로교주의의 "신신학"으로 "집에" 있게 될 것인가?

나는 이렇게 주장한다. 즉, 1937년 분열에 관계된 양 당사자 모두 프린스턴의 교리적 타협 때문에 프린스턴과 절교했을 때, 이미 그들 자신을 "신 학파"라기보다는 "구 학파"로 규명했다고 인식하는 것이 더 도움이 된다는 사실이다. 아마 그 절교를 평가할 때 구 학파 – 신 학파의 분열을 되돌아보는 것이 어느 정도 유용하겠지만, 구 학파 – 신 학파 논쟁과의 유사성은 대부분 거기에서 끝난다.

우리는 "역사는 100년 사이클로 그 자체를 반복한다"라는 말을 보고 싶어 하는 유혹을 이해할 수 있지만, 대부분의 유혹과 마찬가지로, 거기에 오랫동안 빠지지 않는 것이 더 낫다.

마스든은 "신 학파와 모더니즘 사이에 연속성이 있다고 말하는 것은 오직 부분적으로만 옳다"고 제대로 밝히지만 불행하게도 그는 심지어 신 학파와 근본주의 사이의 훨씬 더 중요한 연속성을 제안하기까지 한다. 이렇게 하면서 그는 역사 기록학적으로 말할 때, 비유적으로 낙타를 삼키기 위해 하루살이는 걸러내는 것 같다.

> "그 상황은 그 당시에 아주 혼란스러웠고, 다른 때와 장소를 바탕으로 한 여러 사회 이론을 부분적으로 적용하게 되면 더욱 그렇게 될 것이다."

물론, 마스든의 분석에 결함이 없었더라면 그의 분석은 거장다운 역사 기록학적 작품이 되었을 텐데, 안타깝게도 그 분석에 나타나는 이 결함은 그의 작품을 상당히 손상한다. 그리고 공정하게 말해, 단순화와 일반화는 흔히 역사가에게 유용한 수단이다. 특히 이런 것을 사용해 전반적인 패턴을 발견할 수 있을 때 더욱 그렇다. 그런 것을 체험적인 도움의 차원에서 사용하는 것을 반대하는 것은 지나치게 현학적인 태도일 것이다. 그런데도 내가 지금 주장하고자 하는 것은 1937년 OPC 분열에 결부된 요인들은 특히 미묘하고 복잡하므로, 우리는 보통 때보다 더 주의해야 한다는 것이다.

유사하게 예기적 서술법(prolepsis, 미래의 사건을 미리 내다보는 서술법)은 보통 역사적 발전을 제시할 때는 유용하지만, 이 경우에 예기적 서술법은 왜곡적이고 도움이 안 되는 시대착오로 너무 쉽게 바뀔 수 있다. 그래서 나는 메이천이나 매킨타이어의 마음에서 "항상 명확한" 것이 무엇이었는지, 또는 "전혀 의심할 필요가 없는" 것이 무엇이었는지, 또는 OPC 창립자들 가운데 그 외에 어느 누가 가장 예리한 선지자로 간주되었는지 등과 관련해서 말하는 이 논쟁의 기사가 미심쩍다.

1936년에서 1938년에 일어난 이 여러 사건을 고찰해 보면, 단순하거나 명확한 것은 아무것도 없다는 사실, 심지어 사건 관계자들 마음에서도 그랬다는 사실이 드러난다. 줄곧 그들은 경쟁적인 목표, 양면가치 그리고 종종 그들이 생각하기에 무엇이 가장 가치 있는 목표인지 그 우선순위를 정하는 어려운 임무라는 복잡한 그물망에 걸려 있었던 것 같다.

맥락은 이해하기 불가능한 것이 아니다. 어떤 이슈로 격렬한 논쟁을 벌인 위원회를 섬긴 경험이 있는 사람이라면 누구든지 이 상황의 다이내믹을 알 수 있을 것이다. 우리는 보통 의견이 일치되지 않는 어떤 논쟁이 일어나는 순간 발끈하면서 그 자리를 떠나지 않는다. 결국, 그 날 자신의 견해가 이기든 이기지 못하든, 우선순위를 정하는 과정을 거치게 마련이다. 자신에게 스스로 이렇게 물을 수도 있다.

"이건 '목숨을 걸어도 좋을 만한 이슈'인가?"
또는 "이건 내가 받아들일 수 있는 것인가?"

단 하나의 이슈만으로는 유대관계가 밀접한 그룹의 회원들을 화해시킬 수 없을 정도로 분리하는 경우는 드물며, 만약 처음부터 모든 사람이 상세한 교리적 진술이나 비전 진술에 동의한다면 그런 분열의 가능성은 줄어든다. 보통, 여러 가지 이슈는 시간이 지나면서 다양한 요인과 합쳐져서(이 요인들은 그 자체적으로는 별로 중요하지 않지만, 점차 쌓이게 되면, 여러 부분의 총합보다 더 큰 힘을 발휘함), 그 결합한 힘 가운데서 어떤 개인이나 몇몇 사람이 어떤 대가를 치르더라도 반드시 이겨야 한다고 느끼거나 반대로 떠나야 한다고 느끼는 지점인 임계질량에 도달한다.

이것이 바로 우리가 1936 - 38년 OPC 논쟁에서 일어났다고 보는 누적된 요인들이다. 이 사실을 염두에 둔 가운데, 우리는 효력이 발휘된 양극화의 다이내믹을 이해하기 시작한다. 심지어 전쟁터 분석가들이 흔히 관찰하는 다이내믹도 1936 - 38년 논쟁에서 작용하게 된 것 같다. 예컨대 "이제는 되돌아갈 수 없는" 현상 또는 "비용을 올리는" 현상으로 부를 수 있는 것 등이다.

이런 현상은 비교적 단순한 원리를 지칭한다. 즉, 목표를 달성하려는 단호한 결의는 지급해야 할 비용에 비례해 커지는 원리다. 만약 지급해야 할 대가가 지나치게 크다면, 그 목표를 달성하고자 하는 헌신이나 결단의 정도 역시 비상식적으로 높아지게 마련이다("이제는 절대로 되돌아갈 수 없음"). 만약 예상하지 못한 비용이 있거나 비용이 시간이 지남에 따라 예상외로 높은 수준까지 도달한다면("비용이 올라감"), 마찬가지로 원래의 그런 비용을 소급하여 정당화하기 위해 예상하지 못한(또는 적어도 이전에 발표하지 않은) 추가적인 목표를 원래의 과제에 더할("절대로 되돌아갈 수 없음") 가능성이 증가한다.

우리는 이런 현상이 1936 - 38년에 세 단계에 걸쳐 점차 나타나는 것을 볼 수 있다(OPC 총회 모임 1, 2, 3으로 편리하게 그 경계가 정해짐). 1단계에는, 웨스트민스터 신앙고백에 대한 1903년의 PCUSA의 개정안이 OPC 고백에서 삭제되어야 하는지의 여부를 둘러싸고 비교적 가벼운 언쟁이 있었다. OPC가 만들어지기 전에는 신앙고백 개정에 대해서는 아무런 언급도 없었다.

그러나 일단 PCUSA에서 축출되는 비용을 지불하자, "비용[분담금]이 올라갔다." 1903년의 이 개정안을 삭제해야 한다는 주장 가운데서, 우리는 "이제는 절대로 되돌아갈 수 없다"는 명확한 주제를 탐지할 수 있다. "진정하고 순수한 장로교 교회"를 얻기 위해 여기까지 와서 그토록 많은 것을 희생하고, 많은 논쟁까지 한 OPC 입장에서는 어중간한 조치나 타협에 만족해서는 안 되었다(그 전에 그런 타협을 기꺼이 받아들였지만).

이 시점에서, 논쟁의 어떤 기본 방침도 명확히 알 수 없다. 마스든은 아래와 같이 말한다.

> "헌법에서 1903년의 개정안이 배제된 이슈는 궁극적으로 그 교단 분열의 주요 요인 가운데 하나가 아니었다. … 어떤 불협화음이 있든지 관계없이, 그 제1회 총회에서는 조화와 희망의 지배적인 주제가 모든 것을 삼켜버린 것 같았다. 「가디언지」는 "때로 격렬한 의견 교환이 있었다"고 논평했다. "그러나 항상 평안의 매는 줄로 성령이 하나 되게 하신 것이 있었다."
> [H. McAllister Griffiths, "Editorial: Looking Backward and Ahead," PrGuard 2 (22 June 1936): 111].
> 제1회 총회가 정회되었을 때, 그 회원 사이의 일치 외에는 오직 무엇이든 다만 넌지시 알 수 있는 것밖에 없었다."

메이천은 다음 총회 직전에 이렇게 주장했다.

> "우리는 또다시 이렇게 말하고 싶다. 즉, 우리는 PCUSA의 교리적 표준에 대한 1903년의 개정안이 우리의 표준에서 삭제되어야 한다는 것이 가장 중요한 문제라고 생각한다."

그런 다음, 그는 감사한 마음으로 이렇게 말했다.

> "비록 캘리포니아 노회가 다른 문제[즉, 전천년주의]에 대해서는 우리에게 극도로 비판적이지만, 그 노회가 이 문제에서는 우리와 의견을 같이한

다는 사실은 참으로 기쁘다."

그러나 이 "비용을 올리는 것," 즉 1903년의 개정안을 삭제하는 것이 그들 교회 재산에서 비용을 더 지불하는 한 요인이 된 것에 놀란 사람들은 다음에 있을 싸움에서는 그 싸움이 무엇이든지 반드시 이겨야 한다는 훨씬 더 큰 부담을 갖게 되었다. 제2단계는 그다음 싸움인 천년주의에 대한 싸움과 관계되었다.

이 이슈는 모든 당사자에게 가장 중요한 관심사였다. 그들 모두는 대체로 교리의 순결에 대한 관심 때문에 PCUSA에서 분리되어 나왔다. 그들 가운데 전천년주의자들 상당수는 전천년주의가 자신들이 상당히 큰 희생을 한 "교리적 순결"의 한 측면이었다고 느꼈다. 그들에게 있어서 전천년주의 견해는 단지 허용되는 견해가 아니라, 전적으로 보수적인 성경의 논의 가운데서 핵심적인 강령이었다. 반면 비전천년주의자들은 그때까지 전천년주의의 일탈을 기꺼이 간과할 수 있었지만, 많은 사람은 자신들이 위해서 힘써 싸웠던 고백적으로 견지되어 온 개혁주의 신앙과 전천년주의가 완전히 맞지 않는다고 생각했다.

그러나 1936년에는 "양측"의 분열을 명백하게 할 만큼 충분히 강하게 느낀 대표자들이 어느 측에도 충분히 없었다. 그 당시, 적어도 일부 전천년주의자들은 전천년주의가 무효가 되기를 원하지 않은 것처럼 전천년주의에 대한 추가적인 헌법적 확언도 원하지 않았다. 이와 마찬가지로 비전천년주의자들 역시 특정한 종말론적 견해를 지지하는 것보다 교회의 연합이 그들에게 훨씬 더 중요하다는 사실을 분명하게 하려고 신경 썼다.

우리는 일부에서 분열의 위협을 발견할 수 있지만, 분열에 필요한 임계질량에는 아직 도달하지 않았다. 그러나 분열의 힘은 이제 막 형성되고 있는 양측의 모습을 분명히 보이도록 할 만큼 충분히 축적되기 시작했다. 정치적인 위치 조종과 힘겨루기가 자리 잡기 시작했다. 이것은 대체로 "독립성'에 대한 싸움에 관여되는 문제인 것 같다(즉, 장로교 해외 선교를 위한 독립위원회의 "독립성"과 그 의장으로 메이천이 아닌 레어드를 선임한 논쟁의 여지가 있는 선출).

마지막으로 제3단계에서는 공공연한 전투가 시작된다. 그러나 또 다른 주요 논쟁거리가 나타나는데, 그것은 알코올음료 사용에 관한 논쟁거리다. 분열에 찬성할 만큼 전천년주의에 대해 강하게 느끼지 않은 일부 전천년주의자들은 금욕 논쟁거리에 대해서는 매우 강하게 느꼈다(또는 적어도, 금욕과 전천년주의에 대해 함께). 한편, 분열의 힘에 가속도를 더한 감지하기 힘든 다른 많은 요인이 이념적이고 전술적인 의견 불일치의 문제와 관련해 수용돌이치고 있었다.

극심한 성격 갈등이 있었다. 그리고 이에 연루된 사람들의 기질은 매우 강했다. 이 사람들은 자신들이 PCUSA를 떠나기에 충분한, 그리고 그들의 교회와 그들과 함께 떠나도록 그들이 영향력을 행사한 사람들을 엄청난 대가를 치르고 이끌기에 충분한 결단력을 이미 보여 주었다. 이런 행동을 하기 위해서는 어느 정도 위풍당당하고 완고한 구석이 있어야 한다. 물론, 이런 기질은 바람직하지 않다.

아마 논쟁에 부쳐지지 않은 것의 대조적인 예를 고찰하게 되면, 전체적인 그림은 더욱 선명해질 수 있겠지만, 만약 독특한 상황이 달랐더라면, 그런 것들도 논쟁에 부쳐질 수 있었을 것이다. 다음의 예를 생각해 보자.

십계명에 대한 존 머레이의 견해는, 특히 안식일에 대한 그의 견해는 왜 논쟁에 부쳐지지 않았는가?

그것은 머레이가 너무 자족적이어서 자신의 확신을 강하게 주장하지 않으려 했기 때문이 아니었다. 사실 그는 이런 점에 대한 자신의 견해 때문에 사랑하는 스코틀랜드 자유장로교회(Free Presbyterian Church of Scotland)에서 받을 목사 안수를 기꺼이 포기하려고 했다. 그는 언젠가 이런 견해를 분명히 변호할 책을 쓸 작정이었다. 그 이유는 또한 이런 쟁점들이 본질에서 선한 논쟁거리기 때문도 아니었다. 그런 논쟁거리들은 과거 250년 동안 스코틀랜드 장로교회 내부에 있었던 대여섯 번의 분열에 영향을 미친 한 요인이었다. OPC 구성원들은 이런 논쟁거리들에 대해 확실히 연합하지 않았다.

그러면 왜 이런 논쟁거리들은 1936 - 38년 논쟁 일부가 되지 않았는가? 다른 유사한 논쟁거리들은 논쟁이 되었는데도 말이다.

이유는 이렇다. 머레이는 웨스트민스터에서 외로운 스코틀랜드 장로교인이었다. 그래서 심지어 그의 견해가 단호하고 공격적으로 보일 때조차, 그의 고립된 소수의 지위 때문에, 그는 위협적인 인물로 인식된 적이 없었다. 하지만 상상해 보라.

만약 메이천이 프린스턴에서 "보수적인 스코틀랜드 사람"을 한 사람 이상 데려왔다면, 어땠을까?

만약 웨스트민스터의 교수진 가운데 절반이 그런 사람이었다면, 어땠을까?

만약 그런 시나리오였다면, 머레이의 독특한 스코틀랜드적인 견해는 상당히 큰 문제를 제기했을 것이다. 이제, 웨스트민스터의 원래 여덟 명의 교수진 가운데 세 명이 대표한 화란 개혁주의의 강조가 왜 어떤 사람들의 관점에서는 메이천에 대한 불길한 영향력을 행사하는 것으로, 또한 새로운 미국 장로교 교단에 비전을 만드는 데 지나친 영향력을 행사하는 것으로 인지될 수 있었는지, 우리는 이해할 수 있게 된다.

그뿐만 아니라 머레이는 말을 부드럽게 하는 사람이어서, 심지어 그의 견해에 동의하지 않은 사람들조차 그를 싫어하지 않고 좋아했다. 또한, 그의 온화한 품행은 사람들이 그의 단호한 견해를 진귀하고 때로는 비현실적이지만, 전반적으로는 상당히 악의 없는 것으로 인식해 관용하도록 만들었다. 반면 코넬리우스 반틸(Cornelius Van Til) 또는 "화란"의 다른 학자들이 옹호한 견해들은 다른 사람들을 지속해서 거슬리게 공격하는 것 같았고, 때로는 완전히 호전적으로 보였다. 화란 개혁주의 신학은 강경하고 과도한 칼빈주의자 신학으로 보여 많은 미국 장로교인들을 불안하게 했을 뿐 아니라, 웨스트민스터에서 그 신학을 대표한 신학자들도 짐짓 생색내는 듯한 태도로 그 신학을 옹호하는 것처럼 보여 이미 불편한 사람들이 그들의 견해에 더욱더 동의하지 않게 되었다.

초기 몇 번의 총회에서 출판한 보고서를 보면 이런 다이내믹을 엿볼 수 있다. 예를 들어 1936년 말, 칼 매킨타이어는 당시 20만 불(즉, 현재 가치로는 200만 불 이상) 가치가 있던 그의 교회 건물과 관련한 잔인한 법정 싸움에 휘말렸다.

매킨타이어는 제2차 총회에서 새로운 교회 교리 표준에 대한 문제를 생각하면서, 1903년의 PCUSA 총회 개정안은 "약하다"고 인정했다. 그는 그 개정안의 신학적 뉘앙스에 설레지 않았다. 그러나 그 OPC 총회에 참석한 대다수 위원이 그 개정안에 더 일찍 서약하려고 했다는 점을 고려해, 매킨타이어는 이전과 동일한 신조를 계속 유지하는 것이 "정상적인 일"인 것 같다고 주장했다. 토마스 R. 버치(Thomas R. Birch)는 매킨타이어에 대해 다음과 같이 말했다.

"매킨타이어 씨는 그런 표준 채택이 교회 건물 보유에 극히 도움이 될 것이라고 말했다. 왜냐하면, 우리는 정확히 이전과 동일한 신조를 여전히 갖고 있었다고 말할 수 있기 때문이었다. 이에 대해 코넬리우스 반틸 박사는 다음과 같은 말로 반응했다.

'내년에 칼빈주의자가 될 것이라는 기대에 가득 찬 상태로, 올해에 법정에서 알미니안주의자가 될 수 있을까?'

앞선 질문을 이동시켜 논쟁은 중단되었고, 뉴저지 서곡은 많은 사람의 만족을 위해 상실되었다."

그렇다면, 우리는 1936-38년의 논쟁에서 학자들의 성격과 사회-정치적인 다이내믹이 작용하고 있었다는 느낌을 받는다. 웨스트민스터의 원래 교수진은 메이천, 맥래, 로버트 딕 윌슨, O.T. 앨리스, 폴 울리, 반틸, 카이퍼, 그리고 스톤하우스 등으로 구성되었다. 그리고 1930년에 조직신학자인 존 머레이가 웨스트민스터 교수진에 합류했다. 또한, 같은 해에 맥래의 멘토인 윌슨이 사망했다. 앨리스는 독립위원회와 관련해 메이천과 의견이 달라 1935년에 웨스트민스터를 떠났다.

이는 1936년까지, 웨스트민스터의 교수진 가운데, 맥래, 울리, 스톤하우스 이 세 명만이 메이천과 함께 PCUSA에서 섬기고 그 미국 장로교회를 떠나 OPC를 출범시킨 학자들이었다는 의미다. 반틸은 1936년에 그리스도인 개혁주의 교회(Christian Reformed Church, 화란 개혁주의)를 떠나 OPC를 출범시켰다. 카이퍼는 그리스도인 개혁주의 교회를 떠나지 않았고, 머레이는 메이천이 사망하기 전까지 스코틀랜드 자유교회를 떠나 OPC에 합류하지 않았다.

스톤하우스 역시 화란 개혁주의 배경을 가지고 있었다. 그의 견해는 반틸과 카이퍼의 견해와 매우 유사했다. 울리는 비록 맥래처럼 전천년주의자였지만, 그럼에도 메이천에게 열렬히 충성했다. 그는 메이천에게 최선으로 생각되는 것이라면 무엇이든지 따르는 사람으로 간주할 수 있었다. 이는 메이천이 울리에게 확신을 주는 사람이었다는 것을 단정적으로 말해준다.

점점 증가하는 분열의 몇몇 원인은 이렇게 균형 있는 시각으로 바라볼 수 있다. 1930년에, 로버트 딕 윌슨(Robert Dick Wilson)의 "구 프린스턴" 실증주의자(evidentialist) 목소리는 상실되었지만, 1930년대 전 기간에 걸쳐 코넬리우스 반 틸의 매우 지역적이고 화란 개혁주의적인 "전제주의자"(presuppositionalist) 목소리는 점점 더 강해졌다.

존 머레이의 스코틀랜드 개혁주의를 공감하는 사람들 가운데 가장 단호한 몇몇 사람은 화란 개혁주의와 뜻이 상당히 맞았다. 더욱이 화란 신학자들은 그들 모두의 원로인 메이천에게 점점 더 영향력을 행사하는 것 같았다.

울리(그리고 다른 많은 사람)는 메이천과 함께 했다. 다시 말해 웨스트민스터 교수진의 초기 개편은 어느 정도, 프린스턴 스타일의 미국 장로교주의를 보다 협소한 유럽 브랜드의 개혁주의 신학으로 바꾸는 거래를 뜻했다. 그런데 맥래, 버스웰, 매킨타이어 등의 학자들은 새로운 미국 장로교 교단을 세우기 위해 그들의 교회 건물과 성직 서임과 교단 지위를 희생했지만(그러나 유럽 신학자 중 어느 누구도 이런 것을 희생하지는 않았음), 이런 유럽식 개혁주의 신학을 염두에 두지 않았다.

이런 사실은 "화란 신학자" 중 한 명인 R. B. 카이퍼가 스코필드 성경을 냉정하게 공격할 때까지 왜 OPC 전천년주의자들이 반응할 정도로 그렇게 흥분하지 않았는지를 설명하는 데 도움이 된다. 그들은 애초에 "근대의 세대주의"에 반대해 머레이가 쓴 여러 아티클을 그냥 보아 넘겼다. 그럼에도, 이 전천년주의자들의 관점에서는, 이 사람들은 심지어 그들 교회의 성도들도 아니었고, 그들이 한 그 어떤 희생도 하지 않은 사람들이었다. 단지 이들은 무엇이 그들 교회에 충분한 "개혁주의"인지, 아닌지를 판단하는 중재자로 앉아 있는 사람들일 뿐이었다.

OPC 전천년주의자들은 단지 "우둔해서" 카이퍼와 머레이가 "수용할 수 있을 만큼 개혁주의적인" 전천년주의 그리고 수용할 수 없을 만큼 "비개혁주의적인" 전천년주의 사이에서 제시한 차이점을 알아채지 못한 것은 아니었다. 오히려, OPC 전천년주의자들은 이 사람들이 우선 수용 가능성의 조건을 결정하는 사람들이라는 것을 반대했다.

메이천이 그들의 조건에 동조하려고 하지 않았던 것은 OPC 전천년주의자들 측의 상황을 더욱 악화시킬 뿐이었다. 그들은 핍박받는 소수자처럼 느끼기 시작했다. 다시 말해 옛 PCUSA에서도 그렇게 느꼈지만, 그들은 모면하기 위해 많은 것을 희생했다. 얼마 지나지 않아 이 전천년주의자들은 옛 교회의 동일한 "기계적" 사고방식이 새로운 사고방식을 밀어내고 그 자리를 차지했다고 불평하기 시작했다.

자세히 들여다보면, 진짜 불평은 지나친 영향력을 행사하는 화란 신학자들에 대한 것임을 알 수 있다. 맥래는 다음과 같이 말했다.

"8년 전, PCUSA의 목사 세 명이 다른 장로교 사역자 한 명(나 자신)과 다른 교단 사역자 네 명과 뜻을 같이해, 구 프린스턴신학교의 영적인 계승을 하기 위해 사람들을 훈련 시킬 기관을 설립했다. 오늘날, 하나님의 섭리 가운데, 세 명의 설립자 중 두 명이 죽고, 다른 사람들은 신학교를 떠났다. 교수진의 통제와 그 정책 방향은 미국 장로교 배경이 없는 작은 낯선 그룹의 손에 들어갔다. … 내가 언급한 이 낯선 그룹은 그들이 '개혁주의'가 되는 것을 본질적이라고 부르기로 선택하는 모든 것에서 그들과 동의하지 않는다면 그 어느 누구도 진정한 장로교인이라고 생각하지 않는다. 그런데 그런 신념 대부분은 그들 자신의 비장로교(non - Presbyterian) 배경에서 유래한 것이다."

마찬가지로, 매킨타이어는 다음과 같이 설명했다.

"그 문제에 대한 우리 자신의 느낌은 오늘날 가장 큰 이슈가 모더니즘과 불신이라는 것이다. 그리고 … 우리는 이 사람들과 동행할 수 없다. 왜냐하면, 그들은 장로교회가 아닌, 그리스도인 개혁 교회를 세우려 하고 있기 때문이다 ….”

메이천이 살아 있는 동안에는, 전천년주의자들이 상황을 역전시킬 수 있다는 희망을 품고 있었던 것 같다. 아마 그들은 결국 메이천을 그들 편으로 (다시) 끌어들일 수 있을 것으로 생각했다. 어쨌든, 되돌아보면, 오직 메이천의 견해와 조치와 방식만이 모든 측 사람들을 다 달랠 수 있는 잠재성을 가졌다는 것이 분명하다. 예를 들어, 메이천 자신은 술과 담배 모두 절대로 손도 대지 않았지만, 원리적으로 금주법은 반대했고, 다른 교수들에게 담배를 공급해 준 것으로 알려져 있다. 이 변덕스러운 이슈에 대해 메이천과 같은 생각을 한 사람은 아무도 없었지만, 그의 견해와 행위는 어느 누구의 콧대도 꺾지 않았다. 이런 사실은 보수적인 장로교 연맹을 함께 지탱하는 문제에 메이천이 얼마나 큰 역할을 했는지를 이해할 수 있는 전형적인 사례다.

그러므로 "세대주의" 논쟁에 대한 메이천의 반응을 설명하는 것은 대단히 가치가 있다. 세대주의적 전천년주의에 대한 메이천의 "진정한 느낌"을 설명하는 세 가지 다른 설명은 다른 전기 분석가들(biographical analysts)이 제시했다.

하트(Hart)와 뮤에터(Muether)는 메이천이 처음부터 선명하고 명백하고 배타적인 개혁주의 - 장로교의 아젠다를 가지고 있었으며, 그것은 오직 전천년주의자들이 이 아젠다를 기꺼이 긍정하려고 할 때에만 그들을 관용하는 방침이었다고 주장했다.

이 견해에서는 메이천이 특정 전천년주의자 이념의 비개혁주의적인 성향에 대해 상당한 거리낌을 가지고 있었다는 것이며, 그래서 그가 전천년적인 보수주의를 어느 정도까지나 지지할 수 있는지에 대해 경계선을 정해놓고 그 경계선을 넘어가지 않겠다고 그 마음에 늘 분명한 선을 유지하고 있었다는 것이다. 그는 자신이 세우고자 하는 아젠다에서 큰 영향력을 발휘하고 싶어 한 적이 결코 없었다. 하트와 뮤에터의 말을 들어보자.

"OPC는 탄생할 때부터 개혁주의자가 되는 것과 근본주의자가 되는 것 사이의 선택에 직면했었다. 메이천의 관점에서는, 교회가 어떠해야 할지에 대해 전혀 의구심이 없었다. 그가 프린스턴을 떠나 웨스트민스터를 설립한 목적은 구 학파 프린스턴 사역자들의 훈련을 지속하기 위함이었다. 그리고 그는 웨스트민스터 졸업생들이 사역할 수 있도록 OPC 교단을 설립하는 데 도움을 주었다. 결과적으로, 1937년 분열 이후의 OPC 개혁주의 정체성은 사실상 교회에 대한 메이천의 원래 비전과 완전히 똑같았다."

처칠(Churchill)은 약간 다른 설명을 제시한다. 그의 주장은 이렇다. 즉, 메이천은 사소한 의견차이라고 생각하는 것에도 불구하고, 처음에는 (세대주의적) 전천년주의자들을 진심으로 지지하고 그들과 전심으로 동맹했다는 것이다. 그러다 메이천은 그들이 비개혁주의 교리를 확고히 지지한다는 사실과 그들의 입장을 확고히 다지기 위해 호전적으로 책동한다는 사실을 다만 나중에서야 알았고, 그때 그들에 대한 환상이 깨지게 되었다는 것이다.

이 견해에 따르면 메이천은 이들 비개혁주의적 전천년주의자들에 대한 지지를 오직 점차로 부득이하게 철회하고, 마침내 이들 과거 동맹들과 전면적인 싸움을 하지 않을 수 없게 되었다고 느꼈다는 것이다. 처칠의 말을 직접 들어보자.

"메이천 박사, 그리고 배교에 맞서 그와 함께 앞으로 나아갔던 사람들은 그 교회의 이 보수적인 구성원에게서 그들의 지원군을 끌어모아야 했다. 그러나 그 보수적인 진영에 있는 많은 사람은 참된 장로교 교리와 삶의 넓은 폭에서 벗어나 좁은 근본주의로 이동해 갔다. … OPC가 만들어질 때까지, 모든 사람은 모더니즘에 맞서 같은 싸움을 했다. 메이천 박사는 과거 독일에서 공부한 적이 있기 때문에, 독일에서 생겨난 불신 풍조를 잘 알고 있었지만, 세대주의의 저류(낮게 흐르는 해류)에 대해서는 제대로 알지 못했다. 어쨌든, 그가 근대의 근본주의에 대해서는 잘 알았지만, 이런 그의 지식에는 세대주의와 '전천년주의' 입장을 지지한 사람들이 자유주의 불신에 대한 저항을 약화시킨다거나, 진정한 장로교 유산을 유지하고자 하는 열망을 약화할 것이라는 관념이 없었다. 사실, 이런 사태가 일어나기 시작했을 때, 나는 그것이 그에게 놀라움과 깊은 심적 고통의 원인이 되었다고 믿는다. 그가 그 위험을 더 잘 알게 되고 이번에는 그의 노선 배후에서 갈등이 점점 증가하게 됨에 따라, 그는 우리에게 '우리 교리문답을 다시 꺼내고,' 우리 성경을 펼치고, 우리 우선순위를 제대로 정하라고 촉구하면서, 그것에 담담히 맞섰다. 그는 자신이 모더니즘에 대한 싸움에서 보여 주었던 동일한 조심스러움과 정확성을 가지고, 세대주의의 방법과 결론이 비성경적이고 위험하다는 사실을 폭로했다."

맥래는 세 번째 설명을 제시한다. 맥래의 견해에서, 메이천은 웨스트민스터신학교와 OPC에 대한 비전, 즉 보수적인 장로교 운동의 구성원들 모두가 개혁주의와 장로교 운동을 긍정하지만 다른 무엇보다도 복음주의와 그리스도인 운동을 긍정할 수 있을 것이라는 비전으로 시작했다. 그러나 메이천의 지지자 중 일부는 관용이 부족하고, 그들의 칼빈주의에 더 교조적이며, 그들이 요구한 서약주의에 더 까다로웠다. 일단 새 교단이 설립되자, 메이천은 이 동료들의 영향을 더욱더 받게 되었으며, "참으로 개혁주의적이고, 참으로 장로교적인" 교회는 어떤 교회여야 하는지에 대한 그들의 더 협소한 비전에 더욱더 현혹되었다.

메이천은 결코 전천년주의자가 아니었지만, 그에게는 또한 세대주의적 - 전천년주의 역시 특별한 관심사항이 아니었다. 그것은 메이천이 들이받을 황소가 아니었다. 그러나 일단 더 "진정으로 개혁주의적인" 이 동료들이 세대주의를 이슈로 삼게 되자, 메이천은 자신이 개입해야 한다고 느꼈다. 그는 그들의 교리적 입장에 진정으로 동의했으며(즉, 그는 전천년주의자가 아니었다), 그래서 메이천은 자신의 입장을 공개적으로 선언해야 하는 입장에 처하자 그들 편에 섰다.

불행히도 맥래의 관점에서 이것이 의미하는 바는 OPC가 가장 열렬한 지지자 중 일부를 불필요하게 소외시키고, 이와 동시에 그 교단이 처음 출발한 지점에서 그 비전을 상당히 협소하게 만들어 오직 그 교단의 개혁주의 - 장로교 구성원 중 가장 마음이 좁고 교리적인 사람들만이 그 새로운 방향을 전적으로 지지하는 정도로까지 만들었다는 것이다.

이상의 설명 중에서 어느 설명이 옳은가?

사실, 이 설명 중 어느 하나를 지지하기 위해 사용할 수 있는 증거는 충분하다. 맥래와 처칠 모두 메이천을 개인적으로 잘 알았으며, 그래서 우리는 하트와 뮤에터의 주장과 달리, 메이천이 처음에는 전천년주의자 지지자들과 전적으로 의견을 같이해, 그들의 다른 의견 중 일부를 의도적으로 못 본 척 넘어가고, 그들이 모더니즘에 대항해 자신과 같은 더 큰 대의를 가지고 있음을 고려해 그 다른 의견을 사소한 것으로 생각했다는 맥래와 처칠의 주장에 흥미를 느낀다.

반면 하트와 뮤에터의 결론은 개인적인 편지들을 포함한 최고의 리서치를 통해 지지를 받는다. 그리고 이 개인적인 편지들은 맥래와 처칠 그 어느 누구도 알지 못했던 메이천의 사적인 느낌과 생각들을 잘 알게 해 준다.

맥래의 설명은 메이천을 원래 지지했던 사람들의 다양한 아젠다들이 시간이 지나면서 발전했다는 필자인 나의 주장을 분명히 확인해 준다는 점에서, 일단은 나의 논지와 가장 잘 맞는 것 같다. 다른 여러 설명에 존재하는 약점 중 일부가 맥래의 설명을 통해 극복되며, 다른 여러 설명에 존재하는 몇몇 강점 역시 그의 설명과 통합될 수 있다. 예컨대 맥래는 왜 세대주의적 전천년주의가 1936년 이전에는 메이천에게 관심의 대상이 아니었는지, 또한 오직 OPC 설립 이후에야 세대주의적 전천년주의에 대한 메이천의 반감이 그토록 분명히 커졌는지를 설명하는 과정에서 메이천의 망설임을 잘 해명해 준다.

처칠은 "전천년주의 입장"을 지지하는 사람들과 "참된 장로교 유산을 지키고자 하는 열망"에 대해 가장 앞장서 말하는 사람들 사이의 대립적인 관계를 정확히 설명해 주지만, 이 대립적인 관계가 그 당시에는 심지어 OPC의 회원도 아니었던 두 사람의 전천년주의자 정서에 대한 공격으로 시작되었다는 점은 간과한다.

반면 맥래의 설명은 왜 가장 목소리가 큰 전천년주의자들 중 몇 사람(즉, 매킨타이어, 맥래, 버스웰)이 메이천과 함께 "참된 장로교 교단"인 OPC를 출범시킨 반면, 가장 강경한 개혁주의 - 장로교도들 가운데 일부(예, 카이퍼, 머레이)는 메이천이 사망하기 전까지 OPC에 합류하지 않았는지를 잘 해명해 준다. 이런 이유들 그리고 이와 유사한 이유들 때문에 나는 맥래의 설명이 적어도 다른 두 사람의 설명만큼이나 만족스러운 설명이라고 본다.

그러나 논쟁을 위해, 맥래의 설명과 가장 다른 설명(즉, 하트의 설명과 뮤에터의 설명)이 맞다고 상상해 보자. 그 경우 메이천은 전천년주의자들을 항상 어느 정도 두 가지 서로 다른 같이 기준으로 보았을 것이다. 메이천은 그들의 입장이 엄격히 고백적인 한도 안에 들지 않았다는 사실을 알고, 또한 자신의 비전이 고백적으로 순결한 교회를 위한 것이었다는 사실을 알았기 때문에, 또한 전천년주의 입장이 언젠가는 소외될 필요가 있을 것을 늘 알았을 것이다. 그리고 그는 전천년주의자들이 그것에 대해 기쁘지 않으리라고 생각했을 것이다.

하트와 뮤에터가 정확히 관찰한 바와 같이, 보수주의적이고 성경적인 믿음의 영웅으로서 메이천이 누리고 있던 명성은 때때로 메이천이 그들과 의견을 달리하는 지점에서 다른 보수주의자들의 눈을 가렸다는 것은 사실이다. 따라서 메이천이 OPC에 대해 자신이 원래 품고 있던 비전을 명확히 말했을 때 전천년주의자들은 단순히 메이천의 말을 곧이곧대로 "듣지" 않았을 가능성이 있다.

그러나 설령 당시 상황에 대한 이 묘사가 완전히 정확하다 하더라도, 그것에서 어떤 함축적 의미를 끌어낼 수 있을 것인지는 아직 명확하지 않다. 메이천은 논쟁의 여지 없이 보수적인 장로교 저항 운동의 초기 역사에서 핵심 인물이었다. 그러나 메이천이 원래 품었던 비전은 여러 측면으로 되어 있었으며, 모든 사람이 한 측면 또는 다른 측면에서 인정하는 바와 같이, 그 비전이 그의 대중적인 모습을 통해 이루어진 인식은 잠정적으로 그 폭이 더 넓었다. 그러므로 우리는 웨스트민스터와 OPC, 그리고 이 기관들과 연계된 존재들에 대한 "원래의 비전" 역시 마찬가지로 메이천 혼자만의 비전보다 잠정적으로 더 컸다는 사실을 인정해야 한다.

메이천이 그 논쟁에 대해 반응한 방식을 보면, 그는 이 사실을 잘 알고 있었던 것 같다. 심지어 전천년주의에 대한 싸움이 가장 호전적일 때조차,

전천년주의의 "비개혁주의적" 다양성에 대한 메이천의 비평은 그의 동료들의 목소리보다 일관되게 더 부드러웠으며, 전천년주의의 개혁주의적 다양성이 허용될 수 있음을 명확히 하기 위해 항상 조심했다. 메이천은 심지어 스코필드 주석 성경에 포함된 "이단"을 비평할 때에도 스코필드 성경을 사용하기 좋아하는 사람들 사이에도 수용 가능하고 개혁주의적인 전천년주의가 있을 수 있다고 홀로 주장하기까지 했다!

OPC의 몇몇 전천년주의자들은 메이천의 나중 자세를 아쉬워했지만, 심지어 그때조차, 그들은 메이천이 원래 품었던 비전에 가장 충성스러운 사람들로 남아 있었다. 그들의 생각에, 메이천의 아쉬운 자세는 다른 사람들에게 지나치게 영향을 받은 것 때문에 생겨난 것이었다.

따라서 설령 OPC의 더 협소하고 더 예리하게 초점이 맞춰진 비전이 단순히 더 분명하고 더 온전히 행해진 메이천 자신의 비전에서 말미암았다는 하트와 뮤에터의 주장이 옳다 하더라도, 이 더 협소한 초점에 동의하지 않은 메이천의 지지자들의 관점은 여전히 고려되어야 한다. 왜냐하면, 이유가 무엇이든지, 그 이유가 옳든지 틀리든지, 그들은 원래 그룹에 합류하 착수시켜야 해서, 더욱 예리하게 초점이 맞춰진 이 과제를 알지 못했기 때문이다.

그리고 그들의 생각에 그 경쟁적인 과제는 옳든지 틀리든지, 다른 과제를 고취했고, 모든 사람의 원래 목표였다. 메이천은 그의 강경 노선 추종자들보다 훨씬 더 그들과 타협할 의향을 일관되게 보여 주었기 때문에, 그들은 심지어 메이천이 원래 품은 비전이 무엇이었는가에 관해 그들이 느낀 인상을 옳은 것으로 확인해 주었다고 느꼈을 것이다.

그렇다면 우리는 점증하는 우려와 갈등 사이의 중재가 일어나던 중대한 순간에 사망한 메이천의 죽음이 관계자들을 화해시킬 기회에 왜 그토록 그들에게 강력한 타격을 입혔는지 이해할 수 있다. 메이천은 장로교 근본주의자 연맹에서 논란의 여지가 없는 지도자였을 뿐 아니라, 그 연맹의 모든 다양한 관계자들과 뜻이 통하는 인물이기도 했다. 메이천의 중재 기술이 상실되지 않았기 때문에, 그는 그들의 연합에 있어 핵심적 인물이었다. 그가 사망한 후, 연합을 만드는 직물의 가닥은 풀어졌다. 때때로 비탄의 표현이 교회적 - 정치적인 차원을 띤다는 점에서, 메이천의 죽음에 대한 비탄이 깊어지면서 그 직물 가닥이 풀어졌다. 어떤 사람들에게 노골적인 탓으로 발전한 분노는 메이천이 마지막 취한 입장에 동의하지 않았던 사람들에게 쉽게 초점이 맞춰졌다. 두려움과 부인은 정치적인 방어와 절박감에서 명백해졌다.

더욱이 메이천의 사망으로 생긴 힘의 공백은 관계자들에게 그들의 목표를 향해 나아가기 위해, 또는 적어도 그들이 과거에 가지고 있었던 힘의 균형을 유지하기 위해 더욱더 굳은 결심을 하도록 만들었다. 메이천의 성향 중 가장 엄격한 측면을 옹호한 사람들이 그런 비난을 관철하기 위해 그 어느 때보다 심혈을 기울이게 됨에 따라, 이 균형은 점점 더 유지하기 어려워졌다. 그리고 메이천이 생전에 보였던 더 관용적인, 연맹을 세우는 성격의 정신을 되살리기 원하는 사람들 역시 더욱 더 필사적인 태도를 보였다. 양측이 보인 이 절박감은 마침내 그들의 다양한 논쟁의 모든 요소를 통합해 그 비평적인 분열의 덩어리를 만들었다. 메이천이 죽고, 화란 신학자들이 그들의 동맹과 더불어 훨씬 더 큰 힘을 얻게 되자, 전천년주의자들은 굴복했다.

처음에는 이것이 어떤 결과를 가져올지 아는 사람이 아무도 없었다. 클라렌스 매카트니(Clarence Macartney)는 1920년대 메이천의 보수적인 입장에 대한 그의 열렬한 지지가 동기가 되어 메이천이 (그의 표현법에 따르면) "탈퇴자들"의 "분열"을 만들어 낼 것이라는 사실을 알지 못했다. 메이천은 성경적 정통에 대한 자신의 열렬한 방어가 나이아가라 근본주의자들이 자신의 대의를 지지하도록 만들 뿐 아니라, 그들과 함께, 전천년주의에 대한 열정을 전적인 개혁주의 신앙에 대한 그 자신의 열정만큼이나 뜨거운 열정이 되도록 할 것을 알지 못했다.

장로교 전천년주의자들은 그들이 설립을 도왔던 새 교단에서 화란 개혁주의 신학이 얼마나 영향력이 큰 신학이 될지를 알지 못했다. 또한, 그들은 젊고 전도유망한 지도자인 칼 매킨타이어가 언젠가는, 그들이 PCUSA 또는 OPC에서 보았던 그 어떤 것보다 훨씬 더 크게 통제하려는 과대망상증을 띤 정치적인 "기계"가 될 것이라는 사실을 의심하지 않았다. 요컨대, 사람들은 역사의 여러 사건에 박혀 있었다. 그래서 심지어 그들 자신이 맡는 역할조차도 항상 완벽하게 컨트롤하지는 못했다.

1930년대 말에 OPC의 성격과 아젠다는 이런 식으로 전개되었다. 우리가 경쟁적인 아젠다들의 전개에 관해 설명하고자 하는 특별한 설명이 무엇이든지 관계없이, 내가 말하고자 하는 중심적인 논지는 이렇다. 실패한 타협을 이뤄내고자 하는 수많은 시도가 양극화된 이후에야 비로소 두 개의 경쟁적인 과제가 실제로 확정되었다는 것이다.

모더니즘의 불신과 어떻게 최선을 다해 싸우느냐가 핵심적인 관심사였다. 이 핵심적인 관심사 배후를 자세히 살펴보면, 새 교회에 완전히 성경적이고 개혁주의적인 정통을 세우고자 하는 계획이 있었다. 종말론에 대한 싸움을 유발한 것은 이 목표에 대한 열정이었다. 이런 것들이 초기 OPC에서 두 개의 경쟁적인 과제를 생기게 한 중심적인 이슈였다. 이 경쟁적인 과제들을 둘러싸고 형성된 "두 측"은 이제 그 윤곽을 명확히 그릴 수 있다.

한쪽에는 전천년주의자들이 있었다. 그들은 전천년주의가 명확한 성경적 교리라고 믿었을 뿐 아니라, 보수적인 장로교는 그들만큼 엄격하게 개혁주의적이지 않은 다른 보수주의자들과 (계속해서) 동맹을 맺어야 한다고 믿기까지 했다. 이 당시는 웨스트민스터신학교 학생 가운데 대략 20퍼센트가 감리교도였을 때였다. 그들의 생각에, 그런 동료 보수주의 그리스도인들과 동맹을 구축하는 것(또는, 적어도, 쓸데없이 소외되는 것을 피하는 것)은 더 큰 대의를 위한 가장 건전한 전략이었다. 이 더 큰 대의는 기독교 교회 전체에 모더니즘의 불신이 침투하는 것에 맞서 성경적인 기독교를 방어하는 것이었다.

다른 편에는 개혁주의 순수주의자들이 있었다. 이들은 알미니안주의 또는 비개혁적인 여러 세대주의적 – 전천년주의와 타협하는 것이 모더니즘에서 발견되는 불신의 형태보다 더 감지하기 힘들지만, 그것만큼이나 치명적인 불신과 타협하는 것이나 마찬가지라고 믿었다.

여기서부터, 마스든의 결론은 나의 결론과 유사하다. 마스든의 말을 직접 들어보자.

> "분열은 미국 장로교주의의 큰 두 가지 전통의 갈등을 대표했다. 각 측의 주장에서 다른 측은 '역사적 장로교주의'를 이탈했다고 하는 이 … 설명이 분열 당시에 넌지시 알려졌다. 한 측에서 이 분열은 때로 '역사적 장로교주의'와 '근본주의' 사이의 갈등으로 나타난 반면, 다른 측에서 그것은 '역사적 미국 장로교주의' 대 비미국적(즉, 화란과 스코틀랜드) 개혁주의 전통의 갈등이었다. 이런 묘사 가운데 그 어떤 것도 완전히 정확하지는 않다. 그러나 이런 묘사들은 분열이 미국에서 보수적인 장로교주의 내부에 있는 두 전통의 갈등을 반영했다는 오늘날 연구의 주장을 지지한다. … 그 두 전통은 양립할 수 없는 두 가지 신학적 전통을 대표하지 않는다. 오히려, 이 두 전통은 동일한 전통에 대한 두 가지 접근법을 대표한다. … 이 두 전통 각각은 여러 특징 가운데 항상 다른 전통의 더 강한 특징을 포함했다. … 어떤 사람

은 이 차이를 현대 산업의 판매부서와 연구부서 사이의 차이와 유사한 것으로 본다. 판매부서는 비록 상품이 아직 완벽한 상태가 아니더라도 상품을 시장에 내놓으려고 안달한다. 반면, 연구부서는 조잡한 상품을 내놓지 않도록 조심해야 한다고 주장한다. 비록 한쪽이 제대로 기능하고 있다고 하더라도, 종종 한쪽은 다른 쪽이 강조하는 것을 이해하는 데 어려움을 겪는다."

내 논지가 마스든의 논지와 일치하는 지점과 일치하지 않는 지점 역시 완전히 분명해질 수 있다. 내 판단에, 마스든이 "미국의 보수적인 장로교주의 안에 있는 두 전통"의 양극화하는 힘을 찾는 것 자체는 옳지만, 그 양극화하는 힘을 엉뚱한 곳에서 찾는다. 어쩔 수 없이 양극화가 될 수밖에 없게 한 것은 한 세기 전의 구 학파 - 신 학파 분열이 아니라, "나이아가라 근본주의"와 "장로교 근본주의" 사이의 더욱 현대적이고 더욱 미묘한 차이였다.

그러므로 나는 현대주의자 불신이 여러 보수주의의 "부분 연맹"이었던 "근본주의"로 불린 반 운동(a counter movement)을 촉발했다고 말한 메이천의 주장을 따르는 것이 훨씬 더 도움이 된다고 생각한다. 이 보수주의에 포함된 것들은 복음주의, 부흥주의, 전천년주의, 개혁적 고백주의, 그리고 여러 개별적인 보수적 교단이었다. 북장로교의 근본주의에서 우리는 이미 교리적 박학다식을 자랑하는 것으로 유명한 전통에서 나타나는 더 정교한 교리에 관심 있는 하나의 보수주의를 발견할 수 있다. 이 그룹 회원들 사이에 있던 교리적 확신은 매우 열렬하게 지지가 되고 옹호되었다. 이 그룹 내에 존재한 신학적 차이들이 주요한 여러 갈등으로 발전할 수 있었다는 것은 놀랄 만한 일이 아니다.

우리는 또한 분열 그 자체가 하나의 원심력이라는 사실을 인식해야 한다. 즉, 어떤 이슈를 둘러싸고 분열이 일어나면, 그 뒤에 따라오는 다른 분열들은 더욱더 분명하고 확연하다는 사실이다. 작용하는 모든 힘을 제대로 설명하기 위해서는 성격 갈등과 사회 - 정치적 요인들 역시 반드시 고려해야 한다.

이런 고려사항에도 불구하고, 근원적인 갈등은 보수적인 두 과제의 충돌이었다. 한 과제는 개별적인 교단 정통(즉, 순수한 개혁적 장로교) 유지에 초점을 맞추고자 하는 과제였고, 다른 한 과제는 기독교 교회 전반에서 모더니즘의 불신을 물리치기 위해 성경을 믿는 보수적인 신자들 사이에서 더욱 광범위한 협력을 추구하고자 하는 과제였다. 이것은 두 근본주의 영역을 형성한 "장로교 근본주의"와 "나이아가라 근본주의"에 대한 믿음의 미묘한 차이를 수반한 목표의 분리다.

2) 전천년주의자 연맹 내의 가는 선 골절

우리는 스코필드 성경에 대한 무천년주의 비평가들이 OPC의 전천년주의자에게 그들 전천년주의의 다양성은 "괜찮다"라고 말해 안심시키면서, [비개혁적인] 세대주의와 [개혁적인] 전천년주의 사이의 차이를 일관되게 주장했다는 사실을 관찰했다. 그러나 OPC 전천년주의자인 맥래는 "나는 공격 받는 비성경적인 견해를 지지한다고 말한 사람을 만나본 적이 없다"고 말했다.

전천년주의 장로교인들은 왜 그들의 무천년주의 형제들이 그들이 아는 한 심지어 존재하지도 않은 이른바, 이 졸렬한 전천년주의를 공격했는지 의아해했을 것이다. 몇몇 사람들은 이렇게 결론지었다. 즉, 그 공격은 참으로 그들(전천년주의자 일반)에 대해 의도되었음이 틀림없으며, 이 공격에서 묘사되는 견해들은 단지 허수아비를 만들고 있었다는 것이다. 북장로교 전천년주의자들은 묘사되고 공격받은 견해들이 참으로 "비성경적인 견해"라는 사실에 동의했다. 그러나 이런 것도 생각해 볼 수 있다. 즉, 소위 이 허수아비 견해들은 약 남서쪽으로 1,500마일 떨어진 곳에 실제로 허수아비가 아닌 진짜 지지자들을 확보하고 있었다는 사실이다.

1936년 후반부에 텍사스주 달라스에서 루이스 스페리 체이퍼는 앨리스와 머레이와 카이퍼의 아티클에 대해, "세대주의"라는 제목이 붙은 아티클로 응수했다. 체이퍼는 그의 북부 전천년주의 상대들과 달리, 비난을 받고 있던 스코필드 각주가 비정통적인 오류라는 사실을 인정하지 않았다. 오히려, 그는 소위 이 "반개혁주의적인 이단들" 전부를 변호했다. 체이퍼의 이런 반응은 조금도 과장하지 않고, 북장로교 전천년주의자들을 딱한 입장에 처하게 했다(비록 오직 버스웰만큼은 체이퍼의 견해를 인정하지 않는 반대 목소리를 공개적으로 냈지만 말이다).

1930년대 말의 상황에서 우리는 전천년주의자 연맹에 있던 가는 선 골절(the hairline fractures, 분열된 틈이 머리카락 가늘기 정도로 아주 미미한 분열)을 자세히 살펴보아야 한다. 그러나 이 가는 선 골절은 점점 커져서, 결국, 이미 전천년주의자들과 비전천년주의자들 사이에 형성되어 있던 분리의 선으로 통합되었다. 이 분리의 선들은 "세대주의"와 "언약신학" 사이의 단층선이 되었다. 1936 - 38년에 이 분리의 선들이 형성되고 있었던 만큼 우리가 이 선들을 더 깊이 분석하는 것은 가치가 있을 것이다.

제3장

1930년대 말 미국 복음주의의 지진도

큰 지진이 일어난 이후에 지진학자들의 일은 어떤 의미에서는 한결 쉬워지지만, 이와 동시에 더 고되고 더 혹독해진다. 주요 단층선의 일반적 위치에 대해 이미 알고 경계를 한 상태이기 때문에, 언제 어디에서 다른 여진이 일어날지를 예측하는 것은 더 간단하다. 이와 동시에, 여진은 종종 원래 지진만큼이나 대단히 위험하므로, 정확한 평가를 할 필요성은 더욱 더 절실해진다.

20세기 미국 기독교 역사가(historian) 역시 이와 유사한 처지에 놓여 있다. 현대주의자들과 근본주의자들 사이에서 1920년대에 있었던 분열의 주요 단층선을 탐지하는 것은 어렵지 않다. 우리는 이렇게 이미 드러난 단층선으로, 그 이후의 미국 복음주의 내부에서 파생되는 분열의 선들을 어렵지 않게 찾아낼 수 있다. 이 선들이 1930-1940년대에 정확히 언제, 어디에서, 그리고 어떻게 형성되었는지를 분별하는 것은 더 고된 일이지만, 미묘한 분열이 오늘날 복음주의자들 사이의 대화에 얼마나 영향을 미쳤는지를 결정하는 데 매우 중요하다.

우리가 보수주의 북장로교 내에서 방금 본 바와 같이, 1936-38년은 매우 변덕스럽고 불안한 기간이었다. 이 짧은 기간에, 종말론적 견해, 서약주의자 견해, 다른 여러 종류의 개혁주의 신학적 견해, 그리고 다양한 "세대주의자" 견해 사이에서 대화재가 발생했으며, 이것을 제대로 이해하면, 우리는 오늘날까지도 끈질기게 지속하고 있는 복음주의 내의 여러 갈등까지 설명할 수 있다.

바로 앞 장에서 우리는 이 논쟁들의 역사적 전개 형성을 도왔던 사회학적 요인들을 조사했다. 본 장에서는, 이 논쟁들의 신학적이고 이념적인 측면들을 조사할 것이다. 결과로 나타나는 것은 발전하는 신학적 아이디어들의 여러 패턴을 측정한 것, 즉 이념적인 지진파 기록과 같은 어떤 것이며, 이 아이디어들은 서로 충돌하게 되며, 분리된 선을 형성하게 된다. 사실, 나는 이 "이념적인 지진파 기록"이 실제로 "세대주의"와 "언약신학"의 파열을 감지해 낸다고 주장할 것이다.

1. 정통에 대한 엇갈린 이해들

이제 우리는 초기 정통장로교(OPC) 시대에 서로 다퉜던 두 가지 다른 근본주의("장로교 근본주의"와 "나이아가라 근본주의")에 함축된 이념적인 뜻을 분석할 수 있다. 앞서 관찰한 바와 같이, 장로교 근본주의의 서약주의자는 알미니안 성향을 향한 의심과 "근대의 세대주의"를 향한 의심을 강조하는데, 이 두 성향은 보다 광범위한 복음주의 운동에서 발견되었다. 비록 "나이아가라 근본주의자들"만 "근본주의자"라는 이름표를 달았지만, 그 이유는 그들의 "근본주의" 브랜드가 더 교조적이었기 때문이 아니다. 이는 OPC 역사가인 로버트 처칠이 다음과 같이 설명하는 바와 같다.

"역사적으로, 근본주의자라는 용어는 신학적 자유주의자(또는 현대주의자)와 대조적으로, 신앙의 다섯 가지 근본으로 알려진 것을 옹호한 사람들을 지칭한다. [근본주의자는 나이아가라 다섯 가지 '근본'을 열거한다.] 이 다섯 가지 근본은 역사적 기독교에 본질적인 믿음이다. 그러므로 이 진리를 옹호하는 모든 참된 그리스도인은 전부 근본주의자다. 모든 칼빈주의자 또는 개혁주의 신자 역시 기독교 신앙의 이 본질적인 교리를 옹호하기 때문에, 그들은 가장 진정한 의미에서 스스로를 근본주의자라고 생각할 것이다. 그러나 개혁주의 신앙의 열렬한 지지자들은 기독교 신앙에서 단지 위에서 언급한 다섯 가지보다 더 본질적인 교리들이 있다고 주장할 것이다. 다시 말해서, 그들은 근본주의자들이 믿는 것보다 더 많은 근본적인 것들을 믿는다."

1920년대와 1930년대의 여러 논쟁에서, "근본주의"라는 용어의 의미는 진화하고 있었다. 분명히, 1930년 전에는, 반 모더니즘 보수주의자는 누구든지 광범위한 "근본주의자"라는 우산 아래에 포함될 수 있었다. 그러나 1930년대에 그 용어는 거의 배타적으로 전천년주의자들만을 지칭하게 되었다. (그래서, "구 근본주의자"와 "신근본주의자"를 구분한 처칠의 묘사는 비록 어색하고 널리 알려진 적이 전혀 없지만, 이런 점에서 상당히 정확하다.) 이 전개를 이해하면서 핵심적인 것은 나이아가라 근본주의와 장로교 근본주의 사이의 긴장이다.

"장로교 근본주의"는 교리적 정통과 관련되었으며, 자신의 정통을 고백적인 서약주의자 방법을 통해 진단했다. "나이아가라 근본주의" 역시 교리적 정통에 관심을 가졌지만, 그것을 분별하기 위해 다른 종류의 리트머스 시험지를 사용했다. 금주(그리고 이와 유사한 종류의 개인적인 품행 이슈)가 하나의 사회학적 경계선으로 기능하는 것 같았다. 교리적으로 전천년주의는 그들에게 하나의 중요한 리트머스 시험인 것 같았다. 다시 말해,

그들에게 있어 전천년주의는 장로교 근본주의자들에게 엄격한 고백적 서약주의와 상당히 유사한 기능을 했다.

분명히, 어떤 나이아가라 근본주의자들은 심지어 전천년주의를 배척한 사람들이 또한 재림에 대한 믿음까지도 완전히 배척한다고 의심하기까지 했다. 하지만 이는 불행한 오해였다. 장로교 "근본주의자들" 측에는 종말론의 연대에 대한 명확한 진술이 없었지만, 종말론을 인정하는 보수주의자들(전천년주의자, 후천년주의자, 무천년주의자)은 모두 그리스도가 인격적이고 신체적으로 재림하실 것이라는 사실에 동의했다. 보수주의자들을 자유주의자들과 구분시킨 것은 그리스도의 (전천년적인 재림에 대한 믿음이라기보다) 인격적이고 신체적인 재림에 대한 믿음이었다. 따라서 신학적 보수주의를 자유주의와 구분하기 위해 전천년주의를 사용한 나이아가라 근본주의자들은 사실상 엉뚱한 장소에서 선을 긋고 있었다.

해석학의 차이와 주해의 차이도 이 오해와 이와 유사한 오해에 영향을 미쳤다. 모더니즘에서는, 반초자연주의자(anti supernaturalist) 해석학이 성경 예언의 대격변적 측면을 그리스도의 도덕적 가르침 하에서 이루어지는 인간의 윤리적 진보를 묘사한 은유나 풍유(알레고리)의 수준으로 격하시켰다. 심지어 세기가 바뀌기 전에도, 보수주의자들은 사람들에게 성경의 적법한 권위를 유일하게 보존하는 "문자적 해석"을 굳게 붙들라고 경고하면서, 이 "영적인 현상으로 설명하는 해석학"(spiritualizing hermeneutic)에 대해 경종을 울렸다. 모든 보수주의자는 현대주의자의 "영화"(spiritualization)를 배격했다. 이것은 또한 J. 그레샴 메이천이 1936년에 명확히 하려고 했던 여러 포인트 가운데 하나이기도 했다. 메이천은 다음과 같이 말했다.

"성경의 완전한 진리를 믿는 많은 그리스도인이 전천년주의적인 견해를 지지한다. 성경의 완전한 진리를 똑같이 견고하게 믿는 다른 그리스도인들은 전천년주의적인 견해를 배격하고, 우리 주님의 재림 직후에 최후 심판이 있을 것이라고 믿는다. 이 두 그리스도인 그룹 모두 그리스도의 인격적이고 신체적인 재림이라는 위대한 교리를 똑같이 명확하고 견고하게 받아들이지만, 이 교리를 "영적인 현상으로 설명하는" 현대주의자의 방식이나 이 교리를 전혀 다르게 설명하는 것에 대해서는 똑같이 끔찍한 혐오를 느끼면서 배격한다."

그런데도 전천년주의자들은 모더니즘의 "영적 현상으로 설명하는" 해석학을 구약 내러티브, 신적인 약속, 그리고 성경 전체에 나타나는 예언문학에 대한 개혁주의(특히 화란 개혁주의) 무천년주의자들의 주해에서 강조된 "더 깊은", "신비적인", "예표적인," 또는 "신학적인" 의미와 구분하는 것에 계속해서 어려움을 겪었다. 그러므로 전천년주의자들은 무천년주의자들을 향해 자유주의적인 해석학적 방법을 채용한다고 비난했다(하지만 감사하게도 그들은 다만 모순되게 추가할 뿐이었다).

그래서 "세대주의는 고등비평과 함께 그 근본적인 오류를 공유한다"는 오스왈드 T. 앨리스(Oswald T. Allis)의 주장에 대해, 루이스 스페리 체이퍼는 무천년주의자 해석학은 자유주의 해석학의 "근본적인 오류를 공유한다"고 응수했다. 그의 말을 직접 들어보자.

"그리스도의 처녀 탄생에 대해 구약(사 7:14; 9:6,7)과 신약(눅 1:31 - 33)에 있는 두 본문 각각은 처녀 탄생 외에도 그리스도가 다윗의 보좌를 영원히 차지할 것이라는 예언까지 기록한다. 이 계시와 관련해, 자유주의 신학자는 처녀 탄생과 다윗의 보좌 모두를 영화화한다는 사실을 주목해야 한다. 부분적인 세대주의자는 다윗의 보좌를 영화화하는 정도까지 자유주의 신학의 "근본적인 오류를 공유한다." 반면, 세대주의자는 거의 한 문장에만 국한된 표현의 범위 내에 해석 방법의 과격한 변화를 줄 수 있는 정당성은 없다고 믿는 가운데, 탄생이나 보좌, 그 어떤 것도 영화화하지 않는다.

신학 수업을 받을 때 다윗의 보좌를 영화화하라는 권장을 받은 많은 신학 졸업생이 처녀 탄생이나 신적 계시의 다른 어떤 특징을 영화화함에서도 그들 자신을 정당화하는 것은 그럴듯하지 않은가?"

OPC 내에서, 앨런 맥래 역시 유사한 관심을 표했다. 그는 아래와 같이 말했다.

"해석의 파괴적인 방법. 문제의 핵심은 후천년주의와 무천년주의 둘 다 성경에서 분명히 가르치고 있는 소중한 가르침들을 배격한다는 것이다. 그들은 그렇게 하면서 완전히 파괴적인 해석 방법을 도입한다. 어떤 자들은 이 방법을 오직 신약의 몇 장에서만 적용한다. 다른 자들은 그것을 구약과 신약 모두에서 광범위하게 적용한다. 그것은 다만 비유적인 언어를 비유적으로 해석하는 문제가 아니다. 대부분 언어에는 비유적인 표현법이 있다. 그것은 한 본문의 전체 틀을 비유적으로 해석하고, 비유의 온당한 사용의 범위를 넘는 문제다. 수프 그릇에 있는 약간의 소금은 좋다. 그러나 만약 한 버킷이나 되는 많은 소금을 약 1리터의 수프에 쏟아붓는다면, 그 결과는 건강에 치명적인 것이 되고 만다. 이것이 소위 영화(spiritualization)다. 만약 누군가가 전천년주의를 배격한다면, 나는 그에게 완전히 일관성 없이 하라고, 또한 영화를 두 개의 본문에만 제한시키라고 애원할 것이다. 왜냐하면, 만약 그가 그것을 광범위하게 적용한다면, 그는 하나님의 말씀의 다른 많은 소중한 진리를 포기해야 할 것이기 때문이다."

개혁주의, 무천년주의자 해석자들에게는 구약에서 신약으로 전개되는 성경 자체의 가르침이 구약의 "예표적인" 성격에 대한 인식을 내놓는 것이었다. 그들은 "자유주의적 해석학"을 조금도 강요하지 않고, 자신들이 단지 성경 자체의 해석 방법을 인정하고 채택하고 있는 것이라고 주장했다. 벌코프(Berkhof)는 심지어 구약성경의 "예표적인" 성격을 인식하지 못하는 자는 누구든지 "구약을 단순히 역사적인 발전의 산물이라고 간주하는" 사람들 사이에서 발견되는 "이스라엘과 그 종교적인 제도의 너무나 육욕적인 개념"과 똑같이 생각하는 잘못을 범하는 것이라고 주장했다. 그는 "천년주의자들"의 해석학이 "합리주의자들"의 해석 같다고 주장했다.

따라서 종말론의 연대에 대한 상대적으로 사소한 차이 아래에는, 양측이 성경을 다루는 방식에서 양측 모두 중대한 해석학적 차이를 보인다는 인식이 깔렸었다. 양측 모두 모더니즘에 맞서 그들의 방어 진지를 강화하려고 애썼으며, 양측 모두 상대방이 방어 진지를 타협할 뿐 아니라, 그들의 옛 교회에 독이 되었던 자유주의 이념의 미묘하지만, 위험한 요소들을 흡수한다고 보았다.

더욱이, 장로교 근본주의자들과 나이아가라 근본주의자들은 정통을 어떻게 정의하는지에 대해 서로 동의하지 않았다. 장로교 근본주의자들은 정통을 고백적인 것으로 정의했고, 그들이 서약주의에 더 강조를 둠으로써 더 일반적인 근본주의자 - 복음주의 운동에서 멀어져, 더욱 고립된 교단으로 변했다. 정통에 대해 나이아가라 근본주의자가 내린 정의는 그들이 더욱 광범위하게 공유된 기본적인 교리적 핵심 신조에 대해 여러 교단 간의 동의를 하도록 이끌었다.

이로 인해 그들은 더욱 큰 근본주의자 - 복음주의 운동과 전폭적으로 협조하게 되었다. 전천년주의가 공격당하고 있을 때(적어도 그 당시 그들이 그렇게 인식한 바), 전천년주의자들은 이제 사면초가에 몰린 교리에 대해 힘을 합쳐 방어함으로써, 성경을 믿는 그리스도인들을 수 세기 동안 분리했던 몇몇 교단 분열이 약간 감소하게 되었다.

자칭 "세대주의자"라고 말한 사람들은 반교단적인 성향을 부인했지만, 그들의 강조는 분명히 교단적인 독특성에 대한 것이 결코 아니었다. 예를 들어, 특정 교단과 전혀 관계가 없으면서, 세대주의적인 기관인 달라스신학교는 설립 초기부터 반교단적인 기관이라는 비난을 받았다. 1931년에, 루이스 체이퍼의 형제이자 달라스신학교의 교무과장이었던 롤린 체이퍼(Rollin Chafer)는 "세대주의와 비교단주의(undenominationalism)를 동의어로 취급한" 아티클 하나를 문제 삼았다. 그는 비록 '비교단주의'가 몇몇 세대주의자들(즉, 다비주의자(Darbyite), 플리머스 형제단(Plymouth Brethren) 등)의 특성이긴 했지만, 대다수 세대주의자의 특징인 것은 아니라고 답했다. 그는 다음과 같이 말했다.

> "다비 선생(Mr. Darby)을 성경의 세대적인 구분에 관한 그의 가르침뿐만 아니라, 교회 조직과 안수 사역자에 대한 그의 부정적인 견해에서까지 따르는 사람들은 '비교단주의적인 교단'으로 불린, 비교적 소수의 열렬한 그리스도인들이다. 반면, 기독교의 교리를 성경에서 발견되는 세대적인 구분의 차원에서 지지하고 가르치고 설교하는 잘 알려진 대다수의 사람들은 기독교의 다양한 교단과 관계된다."

이렇게 말한 다음, 그는 졸업생들을 상대로 한 최근 여론조사를 발표했는데, 거기에 따르면, 졸업생들 가운데 50퍼센트는 장로교인이며, 40퍼센트는 다른 여러 교단에서 사역하고 있었다.

그러나 롤린 체이퍼는 이렇게 말한 와중에도, 세대주의자들에게 있어서 교단적 충성은 단지 이차적인 관심사일 뿐임을 인정했다. 그는 계속해서 이렇게 말했다.

"달라스신학교에 관계된 사람들은 하나님의 양 떼가 여러 갈래로 흩어졌다는 사실과 현시점에서 가장 절실히 필요한 것 중 하나는 이 양 떼가 하나님이 증언의 문을 열기 위해 사용하시는 여러 조직과 기관에서(그 불완전성에도 불구하고) 양육되어야 한다는 것을 인식한다."

이런 사실은 세대주의적 전천년주의자들 사이에 존재하는 패턴을 명백히 드러내 주며, 심지어 루이스 체이퍼와 롤린 체이퍼처럼, 공식적인 교단에 속하고 그 교단에서 공식적으로 안수받은 사역자들 사이에 나타나는 패턴도 드러내 준다. 그들은 비록 그들의 교단과 반드시 거리를 둘 필요는 없었지만, 그들이 우선적으로 보인 충성은 그들의 교단 상호 간의 초교파적인 협의단체 또는 무교단적인 단체에 대한 것이었던 것 같다.

이런 사실은 보수적인 장로교인들에 고백적인 서약이 얼마나 중요했는지를 고려할 때 큰 의미가 있다. 루이스 체이퍼는 고백적인 핵심 교리를 그 이전의 다른 어떤 장로교 전천년주의자들보다 더 강하게 거부했으며, 이는 그의 견해에 대해 취해진 조치들이 왜 그토록 극심해졌는지를 잘 설명해 준다. 그럼에도, "신조에 대한 집착"에 대해 체이퍼가 가한 신랄할 비판은 북장로교 전천년주의자들이 왜 웨스트민스터신학교와 OPC를 떠났는지에 대해 자신들이 말한 몇몇 이유를 상기시킨다.

이 사람들은 또한 "근대의 세대주의"에 대한 공격에도 분개했는데, 이들에 따르면 그 공격은 신조에 지나치게 협소하게 초점을 맞춘 것에서 기인한 공격이었다. 어떤 사람은 자신의 무천년주의자 동료들 사이에서 "광범위한 복음주의 견해를 박살 냄으로써 그들 자신만의 독특하고 기이한 관념['개혁주의'가 되는 것에 핵심적인 관념]을 강요하려는 융통성 없는 단호함"을 보인다고 계속해서 비난받는 것에 대해 불평했다. 또 다른 사람은 다음과 같이 불평했다. 아래의 인용은 맥알리스터 크리프스(H McAllister Griffiths)의 글이다.

"1929년에서 1933년까지 [웨스트민스터신학교에서] 이루어진 대화의 주요 관심 사항과 주제는 모더니즘이었다. 1933년에서 1934년 이후까지, 토론의 주요 주제는 전천년주의와 '근대의 세대주의'였던 것 같다. 나는 무천년주의자 교수진이 전천년주의를 이단과 조금도 다름이 없는 치명적인 오류로 간주하고, 또한 그들이 믿기로 '비개혁주의적'인 성경 해석의 원리와 관계된 것으로 간주한 사실을 알면서, 나에게 쏟아부었으나 성공하지 못한 충분한 노력을 증언할 수 있다."

이런 갈등의 패턴은 논쟁 뒤에 남겨진 보수주의자 사이의 긴장을 고조시키는 현대주의자 - 근본주의자 논쟁의 근본적인 영향력을 반영한다. 장로교 보수주의자들은 교회의 교리적 표준에 더 꼼꼼한 서약을 요구함으로써 현대주의자의 침범을 격퇴하려 하고 있었다. 그러나 그들이 모르는 가운데, 보수주의자들은 요구되는 고백적 서약이 어느 정도나 꼼꼼해야 하는지를 자기들 사이에 의견이 분분했다. 보수주의자들이 그들 자신의 기관을 설립하려고 하고, 이 기관들을 위한 그들 자신의 비전(들)을 이행하려고 시도하자, 문제는 예리해졌다. 꼼꼼한 고백적 서약에 관한 관심과 노력은 경쟁적인 종말론적 여러 견해에 부여된 전통적인 자유를 지키기 위한 노력과 충돌하는 것으로 끝났다.

따라서 전천년주의자와 비전천년주의자 보수주의 장로교인들 사이에서 넓어진 분열의 틈은 나아가라 근본주의와 장로교 근본주의 사이에 존재한 더 큰 차이의 패턴처럼, 더욱더 명확히 떠오르기 시작했다. 이런 균열도 역시 전체적인 근본주의자-복음주의 운동에 타격을 주기 시작했다. 우리는 이제 분열된 근본주의자 진영에서 발견된 더 작은 균열에 집중하고자 한다.

2. 전천년주의와 세대주의에 대한 엇갈린 이해들

우리는 OPC 전천년주의자들이 심지어 존재한 줄도 몰랐던 "세대주의자" 입장에 서 있다고 비평받은 것 때문에 처음에 얼마나 황당했을까를 이미 언급한 바 있다. 이런 비평은 주로 스코필드 주석성경에 있는 각주들에 대한 것이었지만, 전체적인 "사상의 학파"가 고려 중이었다는 사실을 확인하기 위해 일반적으로 인용된 것은 소위 다른 "근대적인 세대주의자들"의 글들이었다. 북쪽에서, 전천년주의자들은 이런 비평을 그들이 공유하지 않은 견해를 공격하는 비평으로 일축해 버렸고, 공격받는 견해들이 자신들이 지지한 견해들이었다는 암시에 불쾌감을 느꼈다. 그러나 1936년 말에 이 반응은 지탱하기 더 힘들어졌다.

루이스 스페리 체이퍼는 "세대주의"라는 제목이 붙은 아티클에서, "세대주의자"라는 꼬리표를 마지못해 수용했을 뿐 아니라, 세대주의 비평가들이 묘사한 견해들이 사실은 그와 그의 멘토인 C.I. 스코필드가 지지한 견해였다는 점을 확언했다. 그런 다음, 그는 소위 이 "반개혁주의 이단" 각각을 아래와 같은 내용을 포함해 옹호했다.

(1) 성경은 서로 배타적인 두 종교(유대교와 기독교)를 포함하고 있다.
(2) 모세 율법은 미래의 왕국 세대에서 다시 부흥하기 전까지 완전히 폐지되었다.
(3) 복음서는 천국과 하나님 나라 사이의 날카로운 구분을 상정하는데, 전자는 오직 지상 민족인 유대 민족에게만 적용되고, 후자는 오직 하늘 민족인 교회에만 적용된다.
(4) 신약은 "천국 복음"과 "하나님의 은혜의 복음" 사이의 날카로운 구분을 상정한다.
(5) 주의 기도는 신약 신자들이 사용하도록 의도된 것이 아니었으며, 산상수훈은 우리의 현대맥락에 적용하도록 의도된 것이 아니었다.
(6) 구속 역사는 하나님의 은혜언약의 전개를 드러낸다고 말할 수 없다. 왜냐하면, 그런 모델은 적어도 완전히 조건적인 모세 언약을 포함해, 성경이 기록하는 다양한 언약에 적합하지 않기 때문이다.

"세대주의"라고 불리는 신학적 시스템을 구성하는 것에 대해 1936 - 37년에 다양한 이해가 있었다는 것은 아주 흥미롭다. 이 논쟁의 단계에서, 북장로교 전천년주의자들은 때때로 "세대주의자"라는 꼬리표를 용인했지만(그리고 어쨌든 일반적으로 그들이 그 꼬리표와 동일한 사람들이었다고 믿었지만), 소위 "세대주의"에서 비전천년주의자 비평가들에게 가장 성가신 요점들은 명백히 부인했다.

이 사실은 1937년 아더 J. 디펜바처(Arthur J. Dieffenbacher)가 「기독교 불

빛」이라는 신문에서 "어떤 세대주의자의 신앙"이라는 제목으로 쓴 아티클에서 확연히 드러난다. 이 "세대주의자"는 칼빈의 5대 교리를 지지하는 칼빈주의자로서 은혜언약의 통일성을 인정하며, 비록 모세 율법의 형벌이 그리스도인들에게는 폐지되었지만 "그 본질적인 도덕 원리들"은 오늘날까지도 계속된다고 선언한다. 「크리스쳔 비콘」 1937년 4월 8일 자에 실린 "질문과 답변"이라는 섹션에서, 편집자들은 다음과 같이 주장하는 질문자의 오류를 수정한다. 이 질문자는 이렇게 주장했다.

> "모든 구원은 예수 그리스도에게서 나오지만, 구원에는 두 종류가 있다. 하나는 심판 – 천년왕국 – 부활 기간에 메시아와 성도에 의해 시행되는 유대인 또는 일반적인 구원이고, 다른 하나는 영적 존재와 천상의 존재에게 주어지는 교회의 구원이다."

이 주장에 대해 편집자들은 다음과 같이 답변했다.

> "편지는 질문자가 의미하는 바가 무엇인지 다소 혼동된다. 하지만, 우리는 한 가지만은 분명히 말할 수 있다. 모든 시대의 인간은 그가 유대인이든, 이방인이든, 과거의 사람이든, 현재 사람이든, 미래의 사람이든 관계없이, 모두 주 예수 그리스도의 흘린 피에 대한 믿음으로만 구원을 받는다는 사실이다. 구약 시대의 인간은 이사야 53장에 묘사된 바와 같이 장차 오실 메시아에 대한 믿음으로 구원받았으며, 신약 시대의 인간은 이 땅에 오셔서 우리를 대신해 십자가에 달리신 메시아에 대한 믿음으로 구원받는다."

다시 말해서, 이 "세대주의자들"은 세대주의 신학의 "반개혁주의" 경향에 반대해 생긴 이슈에 대해 체이퍼와 스코필드와는 전혀 다른 결론을 내리고 있었다.

세대주의자들과 언약신학 사이에 있었던 논쟁은 그때나 지금이나 상당한 혼란을 일으킨 방식으로 전천년주의자들과 비전천년주의자들 사이에 벌어졌던 논쟁과 처음부터 뒤섞여 결부되었다. 이 혼란 가운데 상당 부분은 미묘한 현상 때문에 일어났다. 말하자면, 처음부터, "세대주의자들"(즉, 실제로 이 꼬리표를 수용한 사람들, "세대주의자" 핵심 교리를 옹호한 사람들)은 일단의 오류를 규명하기 위해 "세대주의자"라는 꼬리표를 사용한 사람들보다 "세대주의"를 더 광범위하게, 그리고 "세대주의자" 시스템을 전천년주의에 더 밀접하고 더 직접 연결하는 방식으로 일관되게 규정했다. 이에 대한 맥앨리스터 그리피스의 말을 직접 들어보자.

"나는 '근대 세대주의'의 정확한 정의를 읽거나 들은 적이 전혀 없다. 그것은 '근대 예술'이나 '근대 정치'가 매우 다양하고 심지어 모순되는 것들까지 포함하는 것처럼 포괄적인 용어다. … 우리는 '근대 세대주의'라고 불리는 모든 것이 다 비난을 받는 것이 아니라, 오직 '은혜언약의 통일성을 부인하는' 세대주의만 비난을 받는다고 들었다. … 다시 말해서, '근대 세대주의'는 다른 세대의 사람들이 다른 방식으로 구원받는다는 가르침으로 추론하여 생각되었다. 그리고 설령 '근대 세대주의자'가 이 가르침이 각각 다른 여러 세대에서 구원의 다른 근거를 포함했다는 것을 인정하지 않는다 하더라도, 만약 이 견해가 논리적으로 불가피하게 그의 시스템에 포함된 것으로 보일 수 있다면, 그는 은혜언약의 '통일성'을 위반한 것이며, 그러므로 단지 '비개혁적'일 뿐 아니라, 이교적이었다. 이로써 순수논리로 싸움이 있을 수 없다. … 그러나 스코필드 박사의 각주가 은혜언약의 통일성을 부인한다고 넌지시 말하는 것은 터무니없으며, 오직 그 각주에 전혀 포함되지 않고 그 정신에 완전히 낯선 것에서 쓸데없는 많은 결론을 내리는 것을 통해서만 그럴싸해질 수 있다. 그러나 나는 이 모든 오도된 열정 배후에, 한편으로는 후천년주의자와 무천년주의자 사이에서, 다른 한편으로는 전천년주의자들 사이에서 그들이 인간 역사를 성경에 계시된 대로 전개되는 것으로 볼 때, 큰 차이가 있다는 절반의 깨달음이 존재한다고 생각한다."

세대주의자들이 자신들의 신학을 "세대주의"로 규정한 방식과 반세대주의자들이 그것을 규정한 방식 사이의 차이를 인식하는 것은 반세대주의자가 용어들과 이슈들의 틀을 짜는 것을 수용하는 일반적인 실수와 반세대주의자의 비난에 맞서 자신들을 방어하는 모든 사람이 공격당하는 견해를 주장하기 때문에 그렇게 해야만 한다고 추정하는 일반적인 실수를 막아줄 것이다. 이것이 아주 유혹적인 함정인 이유는 반세대주의자가 이슈들의 틀을 짜는 것이 수용할 수 없는 '세대주의적인' 전천년주의와 비교할 때 과연 무엇이 '수용할 수 있는 개혁주의적인' 전천년주의인가에 대해 명확히 설명한다는 것 때문이다.

그들의 설명의 명확성, 그리고 적어도 몇몇 '세대주의자들'이 비난 받고 있던 견해를 명확히 옹호했다는 사실은 세대주의자들이 처음부터 용어들과 이슈들에 대한 그들의 묘사가 아무리 명확하다 하더라도 그런 용어들과 이슈들을 일관되게 거부했다는 사실을 간과하기 쉽게 한다. 싸움은 부분적으로 용어들과 이슈들에 대한 이러한 설명에 대한 것이었고, 특히, 이런 것들을 결정할 때 최종적인 말을 한 사람들에 대한 것이었다.

내 생각으로 이것은 맥래가 '세대주의'를 비평할 때 '허수아비를 세우는 것'이라고 부른 것에 대해 한 그의 반대 배후에 존재하는 것이다. 맥래의 정확한 반대는 타당성이 없다. 왜냐하면, 머레이, 카이퍼, 앨리스, 스톤하우스, 그리고 메이천이 묘사한 견해들을 지지하는 생생하고 활력 넘치는 사람들이 있었기 때문이다. 그럼에도, 맥래의 반대에는 놓쳐서는 안 될 더 광범위한 요지가 있다. OPC의 많은 전천년주의자의 생각에, OPC의 무천년주의자들이 '세대주의'라고 부른 것을 공격할 때 말하는 요지이다.

(1) (설령 있다 하더라도) 그 지지자들이 거의 없는 것이었고,
(2) 무천년주의자들이 해야 한다고 고집을 부린 장기적인 공격의 가치가 거의 없는 아주 사소한 실수들이었다.

따라서 OPC의 전천년주의자들의 생각에는, 수용 불가능한 '세대주의'와 수용 가능한 (개혁주의적) 전천년주의 사이에 그어진 구분 선이 OPC의 비전천년주의자들의 생각만큼 그렇게 명확한 것이 아니었다. 마스든이 말하는 바와 같이, 심지어 그 전천년주의자들이 OPC에서 '수용할 수 있는 개혁주의'라고 생각한 사람들조차 그들의 전천년주의가 세대주의의 한 형태를 포함한다고 설득당했다.

예를 들어, 전천년주의자인 H. 맥앨리스터 그리피스는 원래 '근대 세대주의주의'를 비난한 머레이의 여러 아티클을 출판하고, 소개하고, 옹호한 「프레스비테리안 가디언」의 편집자였다. 그리피스의 원래 견해는 비록 머레이가 전천년주의의 일탈적인 형태를 강하게 비난하긴 했지만, 이런 여러 아티클에서 전천년주의자, 후천년주의자, 무천년주의자 사이의 '역사적으로 허용된 [종말론적] 자유의 영역'을 위반하지 않았다는 것이었

다. 그러나 세대주의적 전천년주의자들과 언약신학 무천년주의자들 사이의 논쟁이 더욱 예리해짐에 따라, 그리피스는 환멸을 느끼게 되었다. 그의 말을 직접 들어보자.

"나는 [OPC]와 웨스트민스터신학교에서 벌어진 사태가 매우 잘못되었다고 믿는다. 나는 이 운동들 둘 다 애초에 기초로 설립된 원래의 건전한 원리들에서 다른 방향으로 돌아섰다는 결론을 마지못해 부득이하게 받아들여야만 했다. … 그러나 전천년주의는 이렇게 변증법적인 기관총 발사로 괴롭힘을 당했지만, 첫 번째 공개적인 공격은 정면이 아닌 측면에서 시작되었다. 그것은 '근대 세대주의'에 대한 공격으로 시작되었고, '스코필드 성경'으로 널리 알려진 성경에 집중되었다. … 그리스도의 강림을 천년왕국 이전에 일어난다고 생각하고, 성경의 무수한 예언과 무관한 그 견해를 믿는 것이 가능한 전천년주의가 있다는 것은 사실이다. 그러나 내가 알기로는, 그런 제한된 견해를 믿는 전천년주의자가 100명 가운데 한 사람도 없다. 진정한 전천년주의자는 종말의 때에 균형과 바른 관점으로 계시된 사건들이 인간에 대한 하나님의 섭리의 다양한 세대를 전개시키는 크고 통합된 전개의 일부분으로 본다. … 진정한 전천년주의자에게는, 그리스도가 천년왕국 이전에 재림한다는 믿음과 하나님이 그것과 일치하여 계시하신 다른 위대한 교리들 사이에 차이가 있을 수 없었다. 진정한 전천년주의자에게는, '근대의 세대주의'에 대한 공격이 단순히 성경과 그 예언을 바라보는 모든 전천년주의적인 사고방식에 대한 측면의 공격일 뿐이었다. 이 사실에서, 나는 전천년주의자가 정확히 옳았다고 생각하며, 그들의 마음속에는 그런 공격을 하는 사람들 역시 그것을 안다고 생각한다."

스코필드 주석성경을 둘러싸고 생긴 미묘한 다이내믹은 전천년주의자들의 점증하는 환멸에 기여했다. 전천년주의자들은 스코필드 성경에 대한 특정한 비평들이 설령 전천년주의를 직접 겨냥하지 않는다 하더라도, 오직 비전천년주의자들만이 할 수 있는 비평이라고 예리하게 인식하는 것 같았다.

이 점에서 작동하는 사회학적인 다이내믹은 1990년대 초 걸프전(Gulf War)에서 미국이 취한 조치에 반대해 봉기한 요르단의 항의에서 작동한 다이내믹과 유사하다. 요르단 국민들은 사담 후세인에 대한 자신들의 불만을 나열하고 있었지만, 그럼에도 그들은 그 상황에서 참견한 미국의 개입에 대해 분개했다. 그들에게 있어, 미국은 비팔레스타인적인 제국주의 '깡패'를 대표할 뿐, 과거에 영웅이기도 했고 자신들과 같은 동료 팔레스타인이었던 후세인에 맞서 자신들을 도와 싸워준 나라가 결코 아니었다. 설령 미국의 조치가 후세인에 대한 그들의 불만을 일부 해결해 줄 수 있었을 것이라고 가정해도 말이다.

이와 유사하게, 1930년대 말 일부 전천년주의자들은 스코필드 주석성경에 가끔 심각한 오류가 나타난다는 것을 기꺼이 인정했지만, 자신들이 경멸로 느낀 것에 대해 점점 분노를 느끼는 상황에서, 그런 오류들을 지적하는 무천년주의자들의 노력을 전적으로 고맙게 생각하지 않았다. 많은 전천년주의자에게 있어, 스코필드 주석성경은 어떤 흠이 있든지 관계없이, 그들의 종말론적 견해를 대중화시키는 가장 효과적인 도구였다. 설령 스코필드 주석성경이 그들에게 "신성한 소"(sacred cow, 역자 주- 지나치게 신성시되어 비판이나 의심이 허용되지 않는 사람, 신념, 관습, 또는 제도를 일컫는 용어)가 아니었다 하더라도, 적어도 전천년주의자들은 그 성경을 자격 없는 방식으로 비판하지 않았다고 충분히 생각된다. 오직 비전천년주의자들만이 그렇게 했으며, 그것은 사회학적인 마찰이다. 결과적으로, 스코필드 주석

성경은 전천년주의자 - 무천년주의자의 큰 불이 반복해서 붙은 피뢰침이 되었다.

스코필드 성경의 각주 가운데 일부가 아무리 도덕률 폐기론의 뉘앙스를 띠거나 "은혜의 한 언약"을 위반한 것처럼 보였어도, 이런 것과 상관없이, 루이스 스페리 체이퍼가 그 성경 각주를 전부 옹호하려고 했다는 점에서, 스코필드 성경에 대한 루이스 스페리 체이퍼의 터무니없는 열정은 어쩌면 이례적인 성격이었을 것이다. 하지만 그는 전천년주의와 세대주의가 동일하다는 사실을 북부의 전천년주의자들(이들이 스코필드 성경의 각주를 체이퍼만큼 분명하게 지지했는지 그렇지 않았는지와 관계없이)과 의견을 같이했다. 사실, 그는 기술적으로 말해, "세대주의"가 그 용어 자체보다 훨씬 더 광범위한 범주를 나타낸다고 처음부터 주장했다. 그는 다음과 같이 말했다.

"그렇다면, 무엇을 세대주의자로 분류할 수 있겠는가?
이 질문에 대한 답변은 다양한 방식으로 진술될 수 있을 것이다. 아마 아래 세 가지면 충분할 것이다.

(1) 동물 희생 제사를 드리지 않고 그리스도의 피를 신뢰하는 사람이라면 누구든지 세대주의자다.
(2) 하나님이 이스라엘에게 영원한 기업으로 주겠다고 언약하신 땅에 대한 권리나 자격을 포기하는 사람이라면 누구든지 세대주의자다.
(3) 일곱 번째 날이 아닌, 한 주의 첫 번째 날을 지키는 사람이라면 누구든지 세대주의자다.

이 모든 것에 모든 그리스도인은 이렇게 한다고 대답할 수 있을 것이며, 이는 분명히 사실이다. 또한, 모든 그리스도인은 아주 상당한 정도로 세대주의자라는 것도 똑같이 사실이다. 하지만 물론 신실하겠지만, 모든 그리스도인이 다 다른 사람들처럼 성경의 영적인 내용을 제대로 배우는 것은 아니며, 하나님의 말씀을 주의 깊게 배우는 학생을 정면으로 맞서는 더 깊은 다른 차이들을 인식할 필요성을 본 것도 아니다."

그렇다면, 우리는 1936년에서 1937년이 전천년주의자들에게 혼란스럽고 소용돌이치는 기간이었음을 알 수 있다. 물론 그 소용돌이가 대부분 표면 아래에 있기는 했지만 말이다. 처음에는(1936년 초 - 중반), 마치 OPC 전천년주의자들이 은혜언약의 통일성을 지지하지 않는 사람들에 맞서 지지함에 있어 OPC 비전천년주의자들과 연합한 것처럼 보였다. 그런 다음, 모든 성향의 전천년주의자들은 불쑥 비전천년주의에 대한 공통적인 반대로 연합하게 되었다. 이와 같은 동요는 아마 다음과 같은 사실 때문일 것이다. 즉, OPC 전천년주의자들은 1937년 6월까지 장로교 근본주의자와 나이아가라 근본주의자 진영 모두에 확고하게 발을 담그고 있었다는 사실이다.

1930년대 전천년주의자 가운데, 만약 사상의 두 축이 있었다면, 그들은 루이스 스페리 체이퍼와 J. 올리버 버스웰로 대표되었다. OPC 총회의 제2대 총회장이자 엄격한 서약주의 옹호자였던 버스웰은 장로교 근본주의 내에서 가장 편안한 전천년주의를 대표했다. 반면 체이퍼는 성경 컨퍼런스 운동의 전통과 기풍을 계승하기 위해 자신이 설립한 독립교단의 근본주의 학교의 총장으로서, 모든 근본주의자가 주장하는 기본적인 교리들을 제외하고 서약주의를 기탄없이 반대했다. 한 마디로 그는 나이아가라 근본주의의 전형이었다.

처음에, 이 두 종류의 근본주의는 완전히 우호적인 관계로 동행하는 것 같았다. 1926 - 27년에, 버스웰이 총장으로 있던 휘튼대학은 체이퍼를 졸업식 강연자로 초청했고, 그 졸업식에서 그에게 명예 목회학 박사 학위를 수여했다. 1927년에, 체이퍼가 총장으로 있던 달라스신학교는 "찬사를 화답해 버스웰 박사를 졸업식 강연자로 초청했고, 그에게 목회학 박사 학위를 수여했다."

하지만 1930년대의 여러 논쟁 때문에 그들의 관계는 끊어질 정도까지 치달았다. 버스웰은 1970년대 초에, 「선데이 스쿨 타임스」의 편집자인 찰스 트럼불에게 자신이 체이퍼의 견해에서 본 문제에 대해 편지를 써서 이렇게 말했다.

"나는 체이퍼 박사의 가장 친한 친구들이 그의 가르침의 약점에 대해 그의 눈을 열기 위해 노력해야 한다고 느낍니다."

버스웰은 이미 1934년에, 「선데이 스쿨 타임스」에 아티클 하나를 써서, 개혁주의 신앙에 전적으로 일치하지 않는 몇몇 전천년주의자 견해가 있다고 암시했다. 그는 이름이나, 구체적인 관점을 언급하지 않고, 다만 "몇몇 사람들이 세대주의를 지나칠 정도로 신봉하고, 다른 사람들이 성경적인 내용으로 양심적으로 수용할 수 없는 견해들을 고집스럽게 주장한다"고만 말했다. 그 당시, 버스웰은 "여기에는 개인적 자유를 위한 여지가 있어야 한다"고 주장했다. 그러나 앨리스의 아티클과 머레이의 아티클이 1936년에 나왔을 때, 버스웰은 머레이와 앨리스가 공격한 것과 같은 공격과 거부를 당해서는 안 되는 전천년주의를 보다 명확히 구분하지 않으면 안 되겠다고 느꼈다.

이것은 체이퍼의 기분을 엄청나게 상하게 한 것이었음이 입증되었다. 체이퍼는 자신의 오래 된 친구인 트럼불에 자기 뜻을 명확하게 하려고 글을 쓴 것 외에도, 버스웰에게도 다음과 같이 편지했다.

"[당신의 비평]의 배후에는 당신 자신이 이 모든 문제를 완벽히 적응했으며, 제게 부족한 것은 가르침을 받아야 한다는 분명한 가정이 존재합니다. 의심할 여지 없이 이 '약점들'은 제가 당신과 동의하지 않는 것들입니다. 제가 아는 한, 성경 교사들 가운데 제 입장과 관련해서는 의견의 불일치가 거의 없습니다. … 제가 왜 기독교와 유대교 사이의 분명한 차이에 대한 책임이 있는 사람으로 선정되어야 하는지 이해할 수 없습니다. 이런 차이는 이 세대와 과거 세대에서 저명한 수많은 사람이 인식하고 수용했습니다. 사실, 교육을 제대로 받은 모든 전천년주의자도 그렇게 인식하고 수용했습니다."

체이퍼는 버스웰이 그때까지 전천년주의자들 사이에서 '신사의 동의'로 통했던 것에서 떠난 것에 대해, 또한 그들 사이에 존재한 의견의 차이가 하찮은 것으로 여겨져 공개적으로 알려지지 않은 것에 대해, 짜증이 났다. 체이퍼는 머레이와 앨리스의 공격에 대해 자신이 보인 반응을 기술한 아래의 아티클에서 이런 이탈에 대해 난색과 당혹감을 표현했다.

"최근에 누군가가 '나는 전천년주의자이지, 세대주의자는 아니다'라는 새로운 주장을 했다. 이 진술은 분명히 전천년주의는 한 사건이 그것에 앞서는 모든 것과 그것을 뒤따르는 모든 것에서 분리되는 사건이라는 믿음이라는 것을 가정한다. '전천년'이라는 용어는 그리스도가 천년왕국 이전에 오신다는 사상을 전달한다. … 비록 태양은 아침에 떠오르지만 그 전에 어두워 지는 것도 아니고, 태양이 떠오른 후에 비로소 빛이 생겨나는 것도 아니라 고 주장할 수 있는 것처럼, 성경이 그리스도의 재림을 그것에 앞서는 모든 것과 그것을 뒤따르는 모든 것과 연관시킬 때, 가장 엄청난 세대의 변화를 초래함이 없이, 그리스도는 이 땅에 다시 오실 것이라고 주장할 수 있다."

체이퍼는 버스웰에게 개인적으로 다음과 같은 편지를 썼다.

"인간이 [구원에 대해] 말하는 것이 과거 세대에 있었는지에 대해 [우리 사이에] 분명히 의견의 차이가 있지만, 이것은 확실히 아주 사소한 이슈이 고, 제가 40년 동안 주의 깊은 연구를 한 후, 이런 문제들에 대해 특정한 성경적 결론에 도달했다면, 제가 이단자라는 인상을 만드는 진술을 정당 화해 주지는 않을 것입니다."

분명히 버스웰은 자신이 불가능한 상황에 부닥친 것이라고 느꼈다. 체 이퍼의 편지에 대한 답장에서, 그는 좌절감을 다음과 같이 명확히 표 현했다.

"정말 모르시겠어요?
머레이의 아티클과 앨리스의 아티클을 다시 읽어보세요. 앨리스가 선생님 의 이름을 언급했는지는 정확히 기억나지 않지만, 머레이는 반복해서 언 급했습니다. 저는 전천년주의자고, 선생님도 전천년주의자입니다. 저는 웨 스트민스터 신앙고백과 요리문답에 있는 교리 체계에 제시된 기독교 신앙 의 근본적 내용을 찬성합니다. 머레이 선생도 그 교리 체계를 찬성합니다.

제 이름은 선생님의 이름과 긴밀히 연결되어 있고, 과거에는 머레이 선생의 이름과 긴밀해 연결되어 있었습니다. 이제 머레이 선생은 강의실에서 저의 전천년주의적 견해를 공격하고, 그것을 그가 일련의 아티클에서 공격하는 선생님의 세대주의적 견해와 구분하지 않습니다.

저는 우리의 휘튼대학 졸업생들에게 영향을 미쳤습니다. 제가 얼마나 양심적으로 침묵을 지킬 수 있었는지 모르겠습니다. 가능한 한 친절하게 언급하려고 기도하고 많은 연구를 했습니다. 제가 더 친절하게 말할 수 있었는지 모르겠습니다. 전천년주의적 견해는 율법의 세대에 대한 선생님의 견해와 같지 않습니다. 저는 전천년주의적 견해를 옹호합니다. 선생님은 제가 개인적으로 수용하지 않는 교리에 대해 전천년주의 원수들에게서 공격을 당하고 계십니다.

저는 선생님을 주 안에서 존경받는 형제로 생각하지만, 「가디언지」에서 아티클을 쓰는 것이 제 의무인 상황에서는, 전천년주의와 율법의 세대에 대한 선생님의 해석을 구분합니다. 스코필드 성경은 제가 보기에 매우 부당하게 공격당했습니다. 비록 저는 그 성경 각주들이 무오하다고 생각하지 않지만, 「가디언지」에서 제가 쓴 아티클은 스코필드 성경의 편집자들이 제 의견에 동의하지 않는다는 진술로 제 아티클에 서문을 쓸 필요가 있다고 느낄 정도로까지 스코필드 성경을 옹호했습니다."

이 시점에서, 버스웰은 OPC에서 전천년주의를 아주 잘 보존할 희망을 명백히 품고 있었다. 하지만 한 달 내에, 다른 이슈들(바로 앞선 장에서 조사된 이슈들)이 버스웰의 노력을 엉망으로 만들면서 교회 분열에 영향을 미쳤다. 이전에 OPC 회원들이었던 전천년주의자들은 바로 그 시점부터 장로교 근본주의보다 나아가가라 근본주의 쪽으로 결정적으로 기울어지기 시작했다. 결국, 버세웰의 전천년주의는 체이퍼의 전천년주의보다 OPC의 비전천년주의자들과 더 잘 맞았다. 그래서 전천년주의자들 사이에 존재했던 의견의 불일치가 당분간은 큰 이슈가 아니었다. 그런데도, 우리의 목적을 위해, 버스웰이 세대주의적 전천년주의의 다양성을 묘사한 것을 포함해, 전천년주의자들 사이의 차이점을 묘사한 1936년의 묘사는 매우 중요하며, 좀 더 면밀히 살필 가치가 있다.

3. 세대주의적 전천년주의 논쟁에 대한 J. 올리버 버스웰의 분석의 중요성

1936년 11월에, J. 올리버 버스웰은 왜 자신의 전천년주의가 OPC 내에서 "수용될 수 있을 정도의 개혁주의적인 것"으로 간주하여야 하는가를 명확하게 밝히면서, 다음과 같이 강조적으로 말했다.

> "나는 열렬한 전천년주의자이지만, 내 자신의 개인적 견해는 일반적으로 세대주의라고 불리는 것에 완전히 정반대다."

내 생각에 버스웰은 여기에서 단어 사용을 매우 신중하게 하고 있다. 즉, 그는 실제로 세대주의자가 아니라고 말하지 않는다(그가 사용한 단어들의 명백한 인상에도 불구하고). 그가 말하는 것은 정확히, 자신이 "**일반적으로 세대주의라고 불리는 것**"(what is commonly called dispensationalism)에 반대한다는 것이다. 문맥에서, 그가 말하는 모든 것은 그 자신 역시 머레이와 앨리스가 그들의 아티클에서 "세대주의"라고 별명을 붙인 입장에 맹렬히 반대한다는 것이다.

그러나 이것은 버스웰이 제안하는 선택지를 최종적으로 분류한 것이 아니다. 사실, 그는 "세대주의"라는 꼬리표를 "위험한 용어"라고 묘사한다. 그는 다른 많은 사람이 그 단어에 부여한 다양한 의미를 고려할 때, 그 단어의 용례가 "제한"될 필요가 있다고 한다.

버스웰은 "세대"(dispensations)가 성경에서 일관되게 관찰되고, 개혁주의 신앙(웨스트민스터 신앙고백을 포함해)을 대표하는 신실한 많은 사람이 중요하다고 간주한 것을 고려할 때, 그것을 이 용어로 선택해 부르는 것이 실제로 얼마나 유용할 것인지에 대해 미심쩍게 생각한다.

버스웰은 "세대주의자"라는 용어의 의미를 예리하고 분명하게 하려고, "자신을 전천년주의자들이라고 부르는 사람들 사이에서" "자신을 세대주의자들이라고 부르는 많은 사람"이 주장한 것을 특정하는 다음과 같은 추가적인 분류를 제안한다.

(1) "이 전천년주의자 - 세대주의자 그룹 가운데, 은혜언약의 통일성을 부인하는 세대주의적 가르침에 맞선 매우 강한 반발이 있었다."

(2) "불링거주의(Bullingerism)와 과도한 세대주의(hyper - dispensationalism)는 소위 절대다수의 세대주의자 - 전천년주의자 사이에서 엄청난 오명이다. … 진리의 말씀을 그릇 되게 자르는 행위에 대해 이런 반발을 하면서, 많은 전천년주의적 - 세대주의자들은 또한 스코필드 주석 성경에 있는 특정 각주들에 대해서도 반발했다."

(3) "그러나 나는 불링거주의를 거부하는 모든 사람이 이 특정한 스코필드 각주들의 위험성을 경계한다고 주장해서는 안 된다."

버스웰은 이 그룹에 있는 사람들을 "율법과 은혜는 상호보완적이지만, 모세 시스템은 은혜의 수단이 아닌 율법적인 경륜이라고 간주하는 온건한 형태의 세대주의"로 지칭한다.
(4) 버스웰의 주장에 따르면, 대부분의 세대주의자들은 "스코필드 주석 성경의 세대주의 기저에 있는 일반적인 '교리 시스템'은 은혜언약의 통일성을 부인하지 않는다는 것을 인정한다." 따라서 "[머레이가] 주도적인 세대주의자인 루이스 스페리 체이퍼의 글에서 한 인용들은 … 스코필드 주석 성경의 각주들에서 가르치는 교리 시스템을 공정하게 대표하지 않는다."

그런데도 버스웰은 세대주의 일부분이 "내 좋은 친구가 표현하고, 머레이 교수가 인용한, 극단적이면서 은혜언약의 통일성과 모순되는" 견해로 대표된다는 사실을 기꺼이 인정한다.

만약 이 모든 분류를 하나의 차트에 놓고, 구약과 신약에 나타나는 여러 세대 사이의 가장 극단적인 비연속성을 인정하는 입장에서부터 가장 적은 비연속성을 인정하는 입장으로 (왼쪽에서 오른쪽으로) 구성하고, 각 입장의 주창자들 이름을 제시한다면, 아래에 나오는 다음과 같은 도표가 될 것이다.

■ J. 올리버 버스웰에 따라, 1936년에 존재했던 "세대주의자 – 전천년주의자"의 여러 입장을 나타내는 도표("전천년주의자의 견해")

입장/범주	"스스로를 세대주의자라고 부르는 전천년주의자들"(버스웰의 첫째 범주; 아래의 모든 입장을 포함시킨다.			
	"불링거주의", "과도한 세대주의"	"극단적인 세대주의"	"온건한 세대주의"	"은혜언약의 통일성을 인정하는 세대주의자들"
주요 핵심 교리	1) 은혜언약의 통일성을 철저히, 명백히, 그리고 의식적으로 부인한다. 2) 현대 하나님의 백성을 위해 의도된 성경적 계시가 얼마나 늦고 얼마나 적은가 하는 점에서 특이한다.	1) 불링거주의를 배척한다. 2) 그러나 율법과 은혜언약에 관련된 비일관적이고 모순적인 입장을 유지한다. 3) 은혜언약은 시내산에서 일시적으로 중지되었다고 믿는다.	1) 불링거주의를 배척한다. 2) 그러나 "스코필드 주석성경의 어떤 특정한 각주들의 위험을 경계하지 않는다.	1) "세대주의자"라는 꼬리표를 마지못해 기꺼이(?) 받아들이지만, 그럼에도 은혜언약의 통일성을 인정한다.
대표적인 주창자들	에델버트 W. 불링거, "과도한 세대주의자들"	루이스 스페리 체이퍼, 스코필드 성경의 특정 개별적인 각주들	불명확. 아마도 스코필드 성경이 유용하다고 생각한 보통의 평신도들? 아마도 버스웰이 "평범한 목사, 전도자, 또는 자신을 '스코필드 성경 – 전천년주의자 – 세대주의자'라고 부르는 성경 교사"로 지칭하는 사람들?	버스웰은 구체적인 사례를 말하지 않지만, 우리는 아마도 다음과 같은 사람들을 생각할 수 있을 것이다. 알란 A. 맥래, 존 F. 왈부어드, 뉴 스코필드 주석 성경(1967년판)의 개정 위원회에서 일한 사람들, 버스웰 자신?
옹호 내용이 어떻게 확산되는가 (버스웰에 따르면)	매우 드물게. "불링거주의와 과도한 세대주의는 소위 절대 다수의 세대주의자 – 전천년주의자 사이에서 엄청난 오명이다."	사실상 독특하게. "거의 모든 평범한 목사, 전도자, 또는 자신을 '스코필드 성경 – 전천년주의자 – 세대주의자'라고 부르는 성경 교사에게 물으라. 그러면 그들은 내 좋은 친구가 … 극단적이라고 표현한 견해를 강조적으로 말할 것이다."	애매함. 버스웰은 대다수 세대주의자들이 이 범주에 들어맞는다고 믿는 것 같다. 그는 "세대주의"의 문제들을 실제적인 교리적 일탈에서 말미암은 것이 아닌, 무지 또는 부주의에서 말미암은 것으로 본다고 말할 수 있을 것이다.	많은 "이 전천년주의자 – 세대주의자 그룹 가운데, 은혜 언약의 통일성은 부인하는 세대주의적 가르침의 형태에 맞선 매우 강한 반발이 있었다."

나는 버스웰의 분류에 나오는 모든 내용을 다 복음으로 받아들여야 한다고 주장하는 것이 아니다. 그의 몇몇 주장의 정밀성은 의문의 여지가 있기 때문이다. 예를 들어, 버스웰은 비평의 대상이 되는 스코필드의 각주들이 그 전반적인 "교리 시스템"에서 고립된 일탈일 뿐이라고 주장한다.

하지만 이것이 사실인가?

비록 버스웰은 체이퍼의 신학적 추론을 스코필드 성경에 나타난 전반적 신학 시스템과 일치하지 않는 것으로 규정짓지만, 스코필드의 오랜 제자로서 그와 더불어 수년 동안 여러 곳을 돌아다니면서 순회 가르침과 설교 사역을 한 체이퍼가 스코필드의 믿을 만한 해석자가 아니었겠는가?

체이퍼의 견해와 스코필드의 견해는 크게 다르기보다 아마 매우 유사했을 것임이 당연할 것이다. 그리고 만약 스코필드에 대한 체이퍼의 해석이 본질에서 스코필드 각주들이 진정으로 의도했던 것을 나타냈다면, 버스웰이 "극단적인 세대주의"라고 부르는 것은 아마도 그 당시 버스웰이 주장하는 것만큼 그렇게 독특하거나 드문 것이 아니었을 것이다. 그리고 이뿐 아니라, 1936년에 체이퍼의 견해가 아무리 드물었다 하더라도, 그의 견해는 이 논쟁 후에, 그리고 체이퍼의 영향력이 그의 유명한 세대주의자 기관과 여러 글을 통해 수십 년 동안 확대된 이후에 더욱더 널리 퍼졌을 것이 거의 확실하다.

마찬가지로, 버스웰은 위의 도표에서 "스스로를 세대주의자 - 전천년주의자들로 부르는 사람들의 절대 다수"를 맨 오른쪽으로 치우친 범주에 있는 사람들로 묘사한다. 즉, 그들을 "온건한"(단지 "특정한 스코필드 주석들의 위험성을 경계할" 필요가 있는 사람들)로 묘사하든지, 아니면, 자기 자신처럼, 비평을 당하는 주석들을 전적으로 반대하지만, 그런데도 스코필드 신학에 전반적으로 동의하는 사람들로 묘사한다.

나는 버스웰이 이 묘사에서 "눈금자를 오른쪽으로 기울어지게" 할 수 있을 것, 즉 그가 고백적으로 더 수용 가능한 여러 형태의 "세대주의"를 옹호하는 "세대주의자들"이 얼마나 많은지를 (아마도 비의도적으로) 과장해서 진술할 수도 있을 것에 대해 미심쩍게 생각한다.

하지만, 사실상, 그 당시에 대부분 사람이 제시한 숫자는 믿을 수 없을 만큼 크거나, 믿을 수 없을 만큼 작거나, 또는 매우 흐릿한 것 같다. 우리는 여러 다른 저자들 사이에서, 추천되거나 거부된 어떤 특정한 관점을 진정으로 대표하는 것이 얼마나 크거나 얼마나 작은지에 대한 서로 엇갈리는 평가들 가운데 "거의 없는", "많은", "매우 많은", "대부분의," 그리고 "절대다수의" 등과 같은 상호 모순적인 용어들이 사용되었음을 쉽게 발견할 수 있을 것이다. 하지만 내가 말할 수 있는 최상의 내용으로서는, 실제로 조사가 이루어진 적은 한 번도 없으며, 그래서 사람들은 십중팔구 그들 자신의 경험에서만 얻은 인상을 반영하고 있는 것 같다.

그러므로 우리는 자신들의 숫자를 체계적이고 문서로 된 계산으로 뽑아낸 사람들이 아무도 없다는 사실을 인식하는 가운데, 특정 견해가 얼마나 널리 퍼졌는지에 대해, 어떤 수량적인 주장도 에누리해서 받아들여야 할 것이다.

그러나 우리는 버스웰의 분류를 매우 중요한 것으로 보기 위해 정밀성이 필요하지 않다. 만약 그가 제시하는 범주가 1936년에 존재했다면, 이것은 그 자체로 주목할 만한 정도로 중요하다. 1936년 버스웰의 범주와 이 시대에 블레이싱(Blaising)과 복(Bock)이 세대주의에 대한 그들의 묘사에서 제시하는 범주 사이에 존재하는 주목할 만한 유사성은 특히 흥미롭다. 블레이싱과 복의 "고전적인 스코필드 세대주의"는 버스웰의 "극단적인 세대주의"와 유사한 것 같고, 그들이 "본질주의자 - 수정된 세대주의"로 묘사하는 것은 버스웰의 "온건한 세대주의"와 유사한 것 같다.

그리고 마지막으로 그들이 적어도 더욱더 개혁적인 버전에서 "진보적인 세대주의"로 묘사하는 것은 버스웰의 마지막 범주와 (적어도 잠정적으로) 중요한 오버랩으로 겹치는 것 같다. 이 마지막 범주는 버스웰의 가장 모호한 범주이지만, 그는 자신의 지인(대체로 장로교인) 관계로 만났던 "소위 세대주의자 – 전천년주의자들의 절대 다수"를 이 범주에 포함시킨다. 이 "세대주의자들"은 고백적으로 양립 가능한 전천년주의를 인정하고, 스코필드 성경에 있는 고립되고 일탈적인 각주들에 동의하지 않지만, 그럼에도 전반적인 스코필드 "교리 시스템"을 포용하는 사람들이다.

물론, 내가 만들고 있는 상관관계가 맞는다면 "규범적인 세대주의자"(가장 유명한 인물은 존 월부어드)를 버스웰의 도표에서 진보적인 세대주의와 오버랩이 되는 그룹 내에 위치시킬 수 있을 것이다. 이 "규범적인 세대주의자"들 가운데 일부가 진보적인 세대주의에 대해 한 비평에서, 그들이 얼마나 거침없이 비평을 했는가를 고려할 때, 어느 정도의 설명이 필요하다.

진보적인 세대주의에 대한 가장 흔한 규범적인 세대주의자들의 반대 중 일부를 주의 깊게 살펴볼 때, 우리는 더 큰 그림에 잘 들어맞아야 하는 세부적 내용을 발견할 수 있을 것이다. 예를 들어, 월부어드는 진보적인 세대주의를 "다른 믿음들, 예컨대 무천년주의자들과 심지어 비세대주의적 전천년주의자들의 믿음에 거슬리지 않게 하려고 세대주의를 다시 정의하려는 시도"로 본다. "이런 경향 중 하나는 다양한 세대 사이의 구별을 약화하고 다소 흐릿하게 하는 것이다." 월부어드 논증의 나머지는 그런 "약화"(softening)를 가능하게 하는 "구별의 불분명"에 대한 것이다.

나는 월부어드가 은혜언약의 통일성을 공개적으로 단언하고, 개혁주의 - 언약신학의 이 중심적인 핵심 교리가 세대주의자 신학에 안전하게 철저히 통합될 것이라는 확신을 표현했을 때, 왜 그런 진보적인 세대주의자의

"약화"를 반대했는지를 물을 필요가 있다고 생각한다(이 견해들은 "규범적인 세대주의자"를 따르는 사람들에게 노골적으로 반대하는 견해들이다. 찰스 라이리).

물론, 한때 월부어드가 "언약신학"을 얼마나 강렬하게 비판했는지를 고려할 때, 그가 "언약신학"의 이 중심적인 핵심 교리를 포용한 것 역시 약간의 설명이 필요하다. 여러 요소의 조합이 이 설명을 제공한다.

첫째, 월부어드는 심지어 언약신학에 대한 비판의 와중에도, (라이리와 달리) 다음과 같은 사실을 인정하기 위해 주의를 기울였다.

> "언약신학은 바른 관점으로 볼 때 옳은 것을 과장하는 하나의 예다. 모든 개혁주의 신학자들은 하나님의 경륜에 대한 신학적 교리에서 진술되는 바와 같이 하나님이 완전하고도 포괄적인 목적을 가지고 계시다는 것을 동의할 것이다. 이런 개념으로 볼 때, 모든 분류의 모든 사건은 영원한 과거에서부터 하나님에 의해 결정되었다. … 창조된 세상의 모든 사건은 하나님의 영광을 드러내기 위해 고안된다."

둘째, 월부어드는 언약신학을 그 자체로 도매금으로 비평할 의도는 전혀 없었고, 다만 언약신학의 '어떤 부분들'(즉, 무천년주의적 요소들)만 비평했다고 말한다. 그리고 마지막으로, 월부어드 자신이 판단하기에, 1956년의 언약 무천년주의에 대한 그의 이해는 언약신학에 대한 C. 프레드 링컨 (Fred Lincoln)의 평가에 크게 영향을 받았으며, 월부어드가 1956년에 "언약신학"이라고 칭한 것에 대한 그 자신의 비평이 더 나은 뉘앙스로 표현될 필요가 있다는 사실을 인정했음에도, 그는 그런 이해를 나중에 수정한다.

그는 언약신학에 대한 자신의 (부분적) 동의를 인생 말년에 가서야 비로소 공개적으로 밝혔다는 사실에도 불구하고, 1934년에 장로교 교단에서 안수를 받을 때부터 이와 똑같은 견해들을 견지했다는 것을 자신의 생애 끝까지 주장했다. 그가 항상 반대한 것은 모든 형태의 언약 무천년주의였기 때문이다.

이 모든 것을 염두에 둘 때, 우리는 월부어드의 전체적인 입장에서 어떤 중요한 것을 분간해 낼 수 있다. 월부어드는 1980년대와 1990년대에 걸쳐, 자기의 입장을 진보적인 세대주의와 무관하게 만들려고 상대적으로 미묘한 차이를 단호히 주장했다. 즉, 비록 성경에서 펼쳐지는 구속 계획은 하나의 은혜언약의 전개로 타당하게 규정지을 수 있을지라도, 이 하나의 은혜 언약이 개별적인 세대로 나타나는 것들 사이의 "더 강한" 차이는 진보적인 세대주의가 기꺼이 포용하고자 하는 것보다 더 유지되어야 한다는 것이다.

한편, 월부어드는 자신의 입장이 두드러진 다른 "규범적인 세대주의자" 입장들과 보인 훨씬 더 큰 차이도 보잘 것 없는 것으로 깎아 내렸다. 하지만 이 "규범적인 세대주의자" 입장들은 온당한 세대주의가 본질적으로 하나의 은혜 언약의 개념에 반대한다고 주장한다. 나는 이 동맹의 충격적인 불균형 그 자체가 1930 - 1960년대에 있었던 세대주의와 언약신학 사이의 다툼이 빚어낸 중대한 사회학적 결과를 보여준다고 생각한다.

월부어드는 가장 사랑하던 자신의 멘토 루이스 스페리 체이퍼가 죽은 직후인 1952년에 달라스신학교의 총장직에 올랐는데, 바로 그 당시에 세대주의자들과 언약신학자들 사이의 적대감이 최고조에 달했다. 이보다 15년 전, 버스웰의 아티클 출판과 더불어 양극화가 심화되지 않고 약하게 분산되었더라면, 과연 무슨 일이 일어났을지에 대해 우리는 다만 추측만 할 수 있을 뿐이다. 월부어드는 하나의 은혜언약을 인정했음에도 불구하고, (예, 오늘날의 '진보적인 세대주의자들'의 주장과 달리), 교회 시대와 천년 왕국 사이의 날카로운 차이를 여전히 강력하게 주장했을 것이라는 가정이 가능하지만, 솔직히 말해 나는 이것을 믿지 못하겠다.

나는 진보적인 세대주의자들의 암시적 동기에 대한 월부어드의 혹평이 주목할 만하다고 생각한다.

1930 - 1940년대의 양극화가 없었다면, 월부어드는 과연 "다른 견해들" 사이를 중재하려는 시도들을 그토록 강력하게 반대할 이유가 있었겠는가?

즉, 그가 그런 "다른 견해들"을 그토록 경멸스러운 태도로 생각하지 않았다면 말이다.

물론, 궁극적으로, 우리는 확실히 알기 어렵다. 그러나 우리는 월부어드와 및 그와 유사한 생각을 하는 다른 세대주의자들이 1930 1940년대의 언약신학자들에게 그토록 신경 쓰인 것으로 드러난 스코필드 주석성경에 있는 각주들을 수정하기 위해 장로교, 개혁주의 - 언약 전천년주의자들(앨런 A. 맥래 등과 같은)과 믿을 수 없을 만큼 놀라운 조화 가운데 함께 일할 수 있었다는 사실을 잘 알고 있다.

나는 또한 이 위원회에 대한 맥래의 인상(월부어드가 공유한 인상)이 중요하다는 것도 안다. 맥래는 이렇게 말했다.

> "우리는 하나의 위원회로서, 전반적으로 의견을 같이했으며, 견해차인 거의 없었다. 다만 우리의 견해차인 우리의 학생들 사이에서 더 커졌을 뿐이다."

내가 보기에, 버스웰의 아티클이 나온 지 몇 년 안에 생긴 양극화는 전체적으로 "세대주의"를 이념적이고 사회학적인 구조 가운데서 "반 - 언약주의자" 요소들 쪽으로 더욱 밀어 넣었다고 생각된다. 1936년에, 세대주의적 전천년주의자들은 언약주의자, 고백적인 표준들과 생각을 같이한다는 것을 드러내려고 시도하고 있었지만, 이러한 시도가 허망하게 생각되자, 사회학적인 모멘텀(momentum)은 정 반대 방향으로 움직이고 말았다.

이런 사실은 "고전적인 세대주의"(즉, 스코필드 - 체이퍼 세대주의)가 어떻게 해서 "고전적인" 세대주의적 이념으로 여겨지게 되었는지를 잘 설명해 줄 것이다. 항상 주변적인 견해에 불과한 "과도한 세대주의"(hyper - dispensationalism) 외에도, "고전적인 세대주의" 역시 언약신학과 매우 날카롭게 대조된다. 세대주의의 정체성을 위한 맥락을 형성한 1930 - 1940년대에 있었던 언약신학과의 논쟁에서, 고전적인 세대주의는 주목을 받기 시작했다.

이 가정은 또한 "규범적인" 형태의 세대주의가 "진정한 세대주의자들"에게 항상 인정을 받았다는 신화가 어떻게 생겨났는지를 설명해 주며, 그런 "규범적인" 형태는 신학적인 견해나 시스템이 참으로 "세대주의자"인지 아닌지를 분별하고 싶어 하는 사람들에게 '명확한 핵심 교리 목록'이 인정받거나 부정되는 것으로 제공한다.

만약 세대주의가 언약신학과 갈등하는 것으로 규정된다면, "본질주의자 - 세대주의"는 아마 표준으로 치켜세워질 것이다. 이 본질주의자 - 세대주의는 언약신학에 비해 그 자체를 견고히 세우는 가장 좋은 실적을 올렸고, 자칭 세대주의자들 사이에서 세대주의자 핵심 교리의 "중심적 핵심"을 충실하게 지키는 것으로 가장 널리 알려진 합의를 얻어 냈으며, 또한, 더 "극단적인" 다른 형태의 세대주의의 여러 비일관성과 문제를 완화하는 데 상당히 성공적이다. 그런 계산에서, 본질주의자 - 세대주의자들이 스코필드와 체이퍼와의 연관성을 강조하기 위해, 왜 그들의 견해를 "고전적인 세대주의"로 부르고자 하는지 이해가 된다.

하지만 여전히, 시대와 장소를 막론하고 모든 세대주의자들이 믿어 온 일련의 핵심 교리를 본질주의자 - 세대주의가 대표한다는 것은 사실이 아니다. "세대주의"라는 용어가 처음 만들어진 이래로, 이 용어의 꼬리표 아래에 포함된 입장들은 늘 상당히 광범위한 다양성을 보여 왔다. 아이러니컬하게도, 우리가 방금 관찰한 바와 같이, 우리는 심지어 오늘날 "진보적인 세대주의"에 맞서 연합 전선을 구축하려는 자칭 "규범적인 세대주의자들" 사이에서도 이 다양성의 증거를 찾아낼 수 있다!

진보적인 세대주의자 개념들이 (적어도 세대주의 내부에서) 오직 최근에만 주장되었다는 몇몇 본질주의자 - 세대주의자들의 주장에도 불구하고, 우리는 1936년 버스웰의 분류에서 "진보적인 세대주의"의 희미한 원형(a vague prototype)을 발견할 수 있다(더 철저하게 언약주의자이긴 하지만). 우리는 왜 그 유사성이 그렇게 희미한지를 물을 수 있고, 또한 왜 오늘날 심지어 몇몇 진보적인 세대주의자들도 그들의 "진보적인" 세대주의 형태와 언약신학을 구분하기 위해 그토록 진지한 노력을 하고 있는지, 그 이유도 물을 수 있다.

아마도 그 이유는 1930 - 1940년대의 언약주의자 - 세대주의자가 중간 지대에서 퇴각하기 위해, 또한 각 진영을 다른 진영과 구분 시키는 입장을 강화하기 위해, 그들 사이의 갈등이 양측에 초래한 양극화 때문이 아니겠는가?

여기에서, 다시 내 논지를 말해야겠다. 내 주장으로는, 우리가 세대주의와 언약신학 사이의 논쟁 역사에서 반복적으로 맞닥뜨리는 것은 교리의 형성과 확인의 사회학적 기능, 그리고 교리의 발전에 대한 이 사회학적 힘의 강력한 영향력이다. 교리적이고 사회학적인 양극화가 만들어진 1930 - 1940년 대의 여러 논쟁은 많은 사람에게 "세대주의자" 공동체에 맞선 "개혁주의"(언약신학적) 공동체의 정체성과 반대로 "개혁주의" 공동체에 맞선 "세대주의자" 공동체의 정체성을 수립한 맥락을 형성했다. 버스웰의 아티클을 보면, 우리는 이런 분열의 선이 정확히 언제 그어졌는지를 구체적으로 알 수 있다.

만약 버스웰의 분류가 OPC에서 전천년주의자들과 비전천년주의자들에게 수용되었다면, 체이퍼-스코필드 버전의 전천년주의는 고립되었을 것이고, 개혁주의적-언약주의와 비개혁주의적 세대주의(전천년주의에서 일탈한 세대주의) 사이의 명확한 구분은 아마 영원히 고정되었을 것이다. 그러나 이런 일은 일어나지 않았다. 오히려, 버스웰의 중재적 위치는 OPC의 비전천년주의자들에게 완전히 배척당했다.

따라서 버스웰이 관찰한 분류가 아무에게도 유용하지 않았기 때문에, 사회학적으로 말하자면, 그 이후로 그 분류는 모든 측에게 무시당했다. 모든 실제적인 목적을 고려할 때, 이런 분열의 선들은 궁극적으로 시야에서 사라졌지만, 그 이유는 버스웰의 분류가 타당성이 없거나, 그 당시에 존재하지 않았기 때문이 아니다.

사실상, 오늘날 유사한 분류들이 다시 나타나는 것을 보면, 그런 분류들은 절대로 완전히 사라진 것은 아님이 분명하다. 오히려, 그런 분류들은 다만 사람들의 시야에서 숨겨졌을 뿐이다. 마치 1937년 분열의 때부터 "세대주의자들" 사이에 존재한 차이들이 최소화되거나 무시되었던 것처럼 말이다. 여러 차이의 이 절묘한 최소화에 대한 두드러진 예외는 버스웰과 체이퍼 사이의 분열이었으며, 이것은 분명히 결코 해결되지 못했다.

만약 1937년 OPC 분열 이후에 한동안 조용한 기간이 있었다면, 다양한 (세대주의적) 전천년주의 견해는 회복되거나 재편성되었을 것이다. 그러면 여러 전천년주의 견해 사이의 틈은 결코 더 벌어지지 않았을 것이며, 전천년주의자 견해들의 이전 혼합물은 영구적으로 다시 확고해졌을 것이다. 그러나 이런 일 역시 일어나지 않았다.

일단 전천년주의자들이 OPC에서 분리되자, 여러 이질적인 전천년주의자 관점들 사이의 연대는 (적어도 당분간) 다시 시작되었다. 잠깐 전천년주의자들 사이의 차이점보다 유사성이 더 크게 강조되었다. 그러나 애석하게도, 경계선이 분명히 그어진 두 종말론적 진영, 즉 전천년주의 대 비전천년주의 사이의 완전한 단절은 강조되지 못했다. 종말론적 동맹들의 그런 분명한 구분은 이제 막 발생하려고 했던 사건들 때문에 거부되었다.

1930년대가 저물어가면서, 미국이 대공황에서 점차 회복되는 것처럼, 전천년주의의 많은 상처 역시 아물기 시작했다. 그러나 그들은 어느 경우에든 자신들이 고난의 파도 가운데 오직 첫 번째 파도를 만났을 뿐이라는 사실을 거의 알지 못했다. 그들이 겪어야 할 가장 큰 도전의 날들은 여전히 남아 있었다.

미국은 제2차 세계 대전에 돌입하기 직전이었으며, 이는 많은 사람에게 그들이 이전에 겪었던 재정적 어려움이 앞으로 겪게 될 어려움에 비해 아무것도 아닌 것처럼 느끼게 했다. 마찬가지로, 체이퍼 - 스코필드 신학의 주창자들 역시 1930년대 중반 "세대주의"에 대한 북장로교의 비판으로 크게 동요되었고, 전천년주의자 동맹도 흔들리기 시작했다. 그러나 그들은 아직 아무것도 보지 못했다

제4장

남쪽으로 향하는 진동 1
: 미국 남장로교(PCUS) 내에서 벌어진 세대주의에 대한 논쟁 맥락

미국 남장로교(PCUS) 총회가 세대주의의 정통성의 문제를 인식한 첫해였던 1940년 6월, 유니온신학교 교수이자 조사 위원회에 대한 영향력이 가장 컸던 제임스 베어는 「남장로교인」(*Presbyterian of the South*)이라는 저널에 "표준을 개정할까요?"(Shall We Revise the Standards?)라는 제목의 아티클을 게재했다. 이 아티클은 AIC 보고서에 곧 실릴 분석을 분명히 드러낼 뿐 아니라, 남장로교인들이 북장로교 전천년주의자들의 최근 활동들에 대해 느낀 불쾌감도 보여준다. 제임스 베어는 이 아티클에서 다음과 같이 썼다.

"내가 아는 한, [성경장로교회는] 남장로교회에서 유례없는 개종을 시도하고 있다. … 일정 기간, **성경장로교회**의 일부 성도들은 우리 사역자들과 리더십 위치에 있는 다른 사람들에게 「**기독교 불빛**」이라는 출판물 사본들을 무료로 보내줌으로써 우리 교회에서 그들의 지지자들을 찾는 중이다. 이 일은 규모가 작고 재정적으로 취약한 교회 입장에서 결코 값싼 사업이 아니어서, 누군가가 그 목적을 위해 돈을 공급하고 있으며, 그 목적은 의심할 여지 없이 멤버십에 대해 그들이 할 수 있는 것을 해냄으로써 남장로교회를 그들의 관점에 맞게 끌어들이거나, 분열시키는 것이다. 「**기독교 불빛**」을 읽는 모든 사

람이 아는 바와 같이, 분열 과정의 징조들은 이미 우리 교회에 명백히 나타 난다. 「기독교 불빛」은 목사가 우리 남부에서 **성경장로교회**를 형성하기 위해 자신의 양떼 중 일부를 어떻게 노략질하는지를 말함으로써, 이미 분열된 교회들을 흥미롭게 묘사하기 때문이다. **성경장로교회**의 가르침에 동의하고 분열의 위험 속에 있는 사람들의 선전 때문에, 다른 교회들이 심각한 상태에 빠져들어 가고 있다는 소문이 우리 가운데 돌고 있다."

베어에 따르면, 그런 큰 풍파를 일으키고 있던 "성경장로교회의 가르침"은 전천년주의였다. 이를 좀 더 구체적으로 말하면, 교리적으로나 교회론적으로 잠정적인 어떤 소외됨도 받아들이려고 하지 않은 치명적인 종류의 선천년주의였다. 이런 사실을 알면 우리는 세대주의적 전천년주의가 어떻게 미국 장로교에서 쟁점이 된 지에 대한 질문에 아주 가까이 다가갈 수 있다.

치명성의 인상은 그 당시 북장로교인의 맥락에서 독특한 상황으로 만들어졌다. 북장로교회 소속의 전천년주의자들은 자신들의 종말론적 견해가 웨스트민스터 표준에 나와 있는 교리 척도 범위 내에 있다고 항상 주장했다. 그러나 일단 전천년주의자들이 자신들의 교회를 세웠을 때, 그들은 그들의 견해를 신앙고백에 맞게 중요한 조정을 함으로써 영구화할 결심을 했다. 베어는 이런 조정에 대해 매우 못마땅하게 생각했다. 베어의 말을 직접 들어보자.

"**성경장로교회**가 웨스트민스터 표준을 개정할 때까지, 그들의 관점에 맞는 **신조의** 정당화는 없었다. 교회의 초기 신조는 결코 그들의 관점을 가르치지 않는다. 현대 교회의 신조는 종교개혁 시대부터 이어져 오고 있으며, 그 신조들 가운데 그 어떤 것도 천년 왕국을 가르치거나 심지어 제안하지도 않는다.

과거에는 만약 그리스도인들이 근본적인 다른 교리들에 동의한다면, 종말론에 동의하지 않으면서도 여전히 함께 조화롭게 협력할 수 있다는 말이 있었다. 그러나 세대주의와 러셀주의와 재림주의의 발흥 이후로, 그런 조화로운 협력은 불가능해 보인다. 왜냐하면, 이런 견해들을 가지고 있는 사람들은 그들의 성경적이고 종교적인 모든 관점을 자신들의 종말론의 견해로 채색해서 지니며, 그들에게 동의하지 않는 모든 사람에게 관용을 베풀지 않기 때문이다.

성경장로교회가 웨스트민스터 표준에 가한 변경은 전천년주의를 노골적으로 가르칠 뿐 아니라, 세대주의의 가르침의 전 분야를 개발함에 있어 스스로를 정당화하기를 원하는 모든 사람에게 신조적 기초까지 제공한다. 그들이 이런 변경을 가해야만 했다는 사실은 그들의 입장이 웨스트민스터 표준에서 가르치는 입장이 아니라는 것을 그들 스스로가 인정한다는 점을 보여준다."

삼년 후에 위원회 결정이 내려질 때, 세 명의 전천년주의자가 모였다. 그럼에도, AIC는 베어가 이 아티클에서 분명히 말한 **세대주의적** 전천년주의에 대해 거의 같은 결론에 이르렀다.

특히 베어가 "종말론에 동의하지 않으면서도 여전히 함께 조화롭게 협력할 수 있다"는 장로교의 관례적인 동의에 대해 언급한 점을 고려할 때, 세대주의적 전천년주의는 정확히 어느 정도나 그런 곤경에 취하게 되었을까?

이 질문에 대한 답변은 다시 말하지만, 논쟁이 북부에서 남부로 어떻게 흘러갔는가에 따라 다를 것이다.

1. 남장로교 "보수주의"와 "자유주의" 십자 포화 내의 세대주의

　　미국 남장로교(PCUS)는 북장로교보다 모든 면에 있어서 일반적으로 더 보수적이었다. 남장로교는 심지어 북장로교의 보수적인 교회들보다 더 철저히 "옛 학파"였다. 게다가, 남장로교회는 북장로교회보다 자신들의 전통을 더 큰 존중심과 경외심으로 지켰다. 남장로교 역사가인 어니스트 트라이스 톰슨(Ernest Trice Thompson)은 다음과 같이 무덤덤하게 진술한다.
　　"남장로교인들 사이에서는, 미국 장로교 총회가 인정한 다섯 가지 '근본'이 일반적으로 일체의 의문도 없이 수용되었다."
　　남부의 문화와 이념은 보편적으로 보수적인 것으로 인식됐지만, 좀 더 자세히 들여다보면, "남부의 보수주의"는 여러 겹으로 되어 있음이 드러난다. 만약 우리가 1940년대 논쟁에 있었던 다이내믹을 이해하고자 한다면, 특히 남장로교에서 여러 겹으로 된 이런 층들을 하나씩 벗겨내고 연구할 필요가 있다. 1940년대 남장로교 보수적인 사상의 지배적인 "보수주의" 세 가지 형태는 다음과 같다.

　　(1) 신학적 보수주의,
　　(2) 고백적 보수주의,
　　(3) 사회 - 정치적 (연맹의) 보수주의.

　　신학적 보수주의는 성경 무오성, 그리스도의 신성과 처녀 탄생, 그리고 신앙의 다른 "근본들"을 인정했다. 이미 본 바와 같이, 신학적 보수주의자들과 자유주의자들 사이에서 벌어진 신학적 전투는 북부의 현대주의자 - 근본주의자 논쟁의 핵심에 있었다. 그러나 남부에서 신학적 보수주의는 진정한 이슈가 아니었다.

심지어 남장로교에 속한 자칭 "자유주의자들"도 자신들이 적어도 가장 중요한 영역에서는 신학적으로 보수적이라는 것을 잊지 않고 분명히 밝혔다. 이런 사실은 심지어 그 당시 가장 거리낌 없이 말하고 아마도 남장로교에서 "자유주의자"라고 가장 널리 알려진 사람의 여러 글에서도 나타난다. 이 사람은 존 A. 맥클린(John MacLean)으로서, 버지니아주 리치몬드 남장로교 기독교 센터의 중심에 있는 저명한 '긴터파크장로교회'(Ginter Park Presbyterian Church) 담임 목사였다. 맥클린은 일련의 아티클에서 아주 빠른 속도로 강력해진 남장로교 자유주의를 설명하고 옹호했다.

맥클린은 남장로교회의 "온건한 자유주의"가 북장로교회의 더욱더 급진적이고, 더 위험하고, 더 수용하기 어려운 "자유주의"와 구분되어야 한다고 주장했으며, 이 논점은 "보수주의"와 "자유주의" 등과 같은 용어의 "상대적" 본질을 고려할 때, 더욱더 중요하다. 맥클린은 자신의 논점의 취지를 명확히 하려는 목적으로, 그의 독자들을 위해 심지어 자신을 그 "스펙트럼"에 기꺼이 위치시키기까지 했다. 그의 말을 직접 들어보자.

"이 작가는 남부에 있는 집에서는 자신을 항상 온건한 자유주의자라고 생각했지만, 스코틀랜드 에딘버러에서 공부하는 학생으로서는, 자신을 골수 보수주의자로 위치시켰다. 사실상, 우리 신앙의 중요한 것들에 관한 한, 우리 교단에 있는 두 그룹의 그리스도인들 사이의 차이는 진짜보다 겉으로 더 그렇게 보인다. 북부와 유럽에서 '자유주의자라'는 용어가 사용되듯이, 그 용어를 우리 교회에서도 적용하기는 어려우며, 그 용어를 채택하기 보다는, 우리 성도들을 '진보적인 보수주의자'와 '극단적인 보수주의자' 또는 '진보주의자'와 '근본주의자' 등으로 구분하는 것이 아마 더 정확할 것이다. 그러나 물론, 우리는 모두 진정한 기독교 진리에 관한 한, 우리가 근본주의자라고 믿는다."

역사적 - 신학적 측면에서 돌이켜보면, 맥클린의 지적이 옳았음이 입증된다. 맥클린은 그리스도의 완전한 신성, 대속 죽음(하지만 그는 다음과 같은 사실을 분명히 밝혔다. 즉, 남장로교 자유주의자들은 또한 "도덕적 영향력"에서도 충분한 가치를 발견해, 그 이론을 속죄가 성취한 것에 대한 전반적인 "큰 개념"을 이해하는 그들의 사고방식에 통합시킬 정도였다는 것이다), 그리고 그리스도의 육체 재림을 인정했다. 그는 성경의 무오성을 인정하지 않았지만, 성경의 전반적 **권위는** 인정했다. 그는 남장로교 "자유주의자들"이 야고보서를 폄하함에 있어서 루터만큼 나아가지 않는다고 지적하거나, 누가가 자신의 역사적 기사에서 알면서도 "실수"를 했다고 주장함에서도 칼빈만큼 나아가지 않는다고 지적했다.

따라서 "자유주의자"에 관한 한, 남장로교의 극좌파를 대표하는 맥클린은 그 정도로 자유주의자는 아니다. 그는 기껏해야 신정통주의자다. 역사적 선례로 루터와 칼빈을 사용한 것을 보면, 그가 그 점에서 바르트(Barth)와 브루너(Brunner)와 매우 흡사하기 때문이다. 신학적 언어(성경의 언어를 포함해)는 단지 인간이 "궁극적 관심사"에 대해 형언할 수 없고 실존적인 이슈들을 표현하는 한 가지 방식일 뿐이라고 주장한 폴 틸리히(Paul Tillich)의 자유주의와 비교할 때, 맥클린은 거의 근본주의자처럼 보인다. 또는 심지어 도덕적 영향력의 견해를 채택하고 대속적 죽음의 교리를 버린 월터 라우센부시(Walter Rauschenbusch)의 온건한 자유주의와 비교할 때조차도, 맥클린은 완전히 극우파다.

오늘날, 맥클린의 위치는 "자유주의자"라기보다 "진보적인" 복음주

진영에 있는 것으로 생각할 수 있다. 심지어 케네스 카우텐(Kenneth Cauthen)의 오래된 틀을 사용해도, 맥클린은 단지 "복음주의적 자유주의"에 들어맞는다는 이유로 "자유주의자"로 생각될 수 있다. 이런 유형의 자유주의자는 카우텐이 "현대적 자유주의"와 날카롭게 구분하는 매우 보수적 유형의 자유주의자다.

이 점에서, 그 꼬리표들은 그 자체로 심각한 의문이 제기될 정도로 오해의 소지가 있는 것은 아니라 할지라도, 매우 부적절하다.

만약 "보수주의자"와 "자유주의자"가 두 진영 사이의 신학적 차이를 충분히 구분하지 못했다면, 이 두 꼬리표가 해낸 일은 무엇인가?

그리고 맥클린이 신학적으로 얼마나 보수적이었는가를 고려할 때, 왜 그가 **자신을** "자유주의자"로 **불렀을까**?

남장로교에서 "자유주의자들"과 "보수주의자들" 사이에 존재한 신학적 차이가 무엇이었든지 관계없이 그런 차이는 주로 그들 사이에 있는 차이의 진정한 이슈에 대해 벌어진 논쟁을 위한 발판 역할을 했다. 신학적 차이는 북부에서는 논쟁의 초점이었지만, 남부에서는 아니었다. 사실, 남부에서는 상대적으로 사소한 신학적 차이에 대한 부적절한 강조가 사람들이 더욱 실질적인 이슈에서 관심을 멀어지게 만드는 것으로 기능했을 뿐이며, 이 때문에 우리는 남장로교의 "보수주의"를 구성하는 다른 요소들에 관심을 기울이게 된다.

고백적 보수주의는 교회의 신앙고백(the Church's Confession of Faith)을 교회의 권위를 강화하는 것으로 보았다. 대다수의 고백적 보수주의자들은 **웨스트민스터 신앙고백**의 권위를 철저히 인정하는 신학적 보수주의자들이었다. 이는 단지 그들이 웨스트민스터 신앙고백을 무오하고 최종적인 권위인 **성경**의 가르침을 반영하는 것으로 믿었기 때문이다. 교회론적으로,

신앙고백은 교회의 성경적 권위를 약화하려고 위협한 사람들, 또는 교회의 근본적인 신학적 입장을 위태롭게 할 수 있는 사람들을 교회에서 몰아내는 채찍 역할을 종종 했다.

고백적 보수주의자들은 교회 신앙고백의 칼빈주의적이고 개혁주의적인 요소들이 교회의 존재 이유(raison d'etre)의 핵심 요소라고 믿는 충실한 칼빈주의자들이었다. 그들이 쓴 여러 글의 공통적 주제는 다른 근본적인 교리들을 타협시키려는 목적에서 **웨스트민스터 신앙고백**에 있는 "인기 없는" 칼빈주의자 요소들을 수정하려는 자들을 의심하는 것이었다. 보수주의자들은 그런 어떤 타협도 교회의 교리적 순결성과 교회적 증언을 심각하게 해치는 것이라고 일관되게 주장했다.

다른 신학적 의견 대립들은 빈정거림과 암시를 통해 넌지시 언급되고 주장됐지만, 칼빈주의적 신조의 본질에 대한 "자유주의자 - 보수주의자" 충돌은 직접적이고 명시적이었다. 1944년 3월에, 맥클린의 "필요하고 복음주의적인 신조"라는 논쟁적인 아티클이 「남장로교인」이라는 저널에 나왔다. 맥클린은 "어떤 사람들과 천사들은 영생을 얻도록 예정된 반면, 다른 사람들은 영원한 사망을 당하도록 예정된다"라는 하나님의 작정에 관한 **웨스트민스터 신앙고백**의 3장에 있는 몇 구절을 인용하면서, 이렇게 물었다.

"오늘날 이것을 믿는 사람이 있는가?"
"우리는 열정의 전령인가?"
"아니면, 가보 관리자인가?"

교회의 신앙고백에 대한 그런 직접적인 공격은 심지어 역사적으로 멀리 떨어진 우리가 보기에도 깜짝 놀랄만하다. 그러나 남장로교 독자들 사이에서 이 아티클에 대해 보인 반응은 결코 완전히 부정적인 것은 아니다. 물론, 어떤 사람들은 상당히 놀랐고, 또 어떤 사람들은 심지어 맥클린이 만약 교회의 **신앙고백을** 더 이상 인정할 수 없다면 그의 장로교 사역자 직을 그만두어야 한다고까지 주장했다. 그러나 다른 많은 좋은 사람들은 자신들 역시 오랫동안 느낀 것을 맥클린이 배짱 있게 말해주었다고 칭송하면서, 그 아티클을 칭찬했다.

그 당시(1944년) 총회의 의장이었던 도날드 W. 리차드슨(Donald W. Richardson)은 "장로교와 전도"라는 제목의 사설을 썼는데, 이 사설은 남장로교 교회가 사실상 충분히 복음적이지 않은 증거로 교회 성장 결핍을 들어 인용했다. 그 사설은 비록 맥클린 또는 그가 최근에 쓴 아티클을 이름을 거명하면서 언급하지는 않았지만, 분명히 맥클린의 감상을 지지하는 의도였던 것 같다. 고백적인 보수주의자들을 제외한 모든 사람 사이에서는, 교회의 전통적인 칼빈주의가 전도의 열정을 꺾어버린 책임이 있다는 개념이 커지고 있었던 것 같다.

더 자세히 들여다보면, **신앙고백**의 칼빈주의적 강조에 대한 이 논의는 단지 빙산의 일각이었을 뿐이라는 사실이 드러난다. 1903년에, 북장로교회는 덜 칼빈주의적인 컴벌랜드 장로교인들(주로 미국 캔터키주와 테네시주를 중심으로 남부에 거주하던 장로교인들 - 역주)과의 관계 회복을 촉진하기 위해 그 신앙고백을 조정했다. 그 전략은 성공적이었다. 1906년에 두 장로교인들 사이에 합병이 일어났다.

남장로교 교인들은 주로 캔터키주와 경계선을 이루고 있는 지역 출신의 컴벌랜드 장로교인들에 대한 북부의 탈환을 아주 인상적인 구테타로 보았다. 많은 사람은 남장로교 역시 북장로교회와 같은 방식으로 재통합을 추구하는 영민함을 보였다고 믿었다. 재회를 옹호하는 사람들에게, 북부와의 합병은 자기들 교회에 상당한 재정적인 이득과 숫자적인 이득을 의미했다. 그들에게, 신앙고백의 칼빈주의적 요소들은 불필요하고 신비로운 장애물을 의미했다.

물론, 그런 생각은 고백적인 "보수주의자들"과 고백적인 "자유주의자들" 사이에 긴장만 고조시켰다. 고백적인 보수주의자들은 어쨌든 북장로교회와의 합병에 관심이 그리 많지 않았다. 그들은 그것을 수용하기 위해 그들 자신의 교리적 입장을 타협하려고 하지 않았다. 게다가, 많은 고백적 보수주의자들은 설령 교리적 타협을 할 수 있다 하더라도 북장로교회와 합병할 것을 원치 않는 사회 - 정치적 보수주의자들이었다. 이는 우리가 "남장로교 보수주의"의 세 번째 요소이자 마지막 요소를 고찰하게 만든다.

사회 - 정치적(연맹의) 보수주의는 옛 남부의 사회 - 정치적 입장을 지키려고 노력한 남장로교 전통주의다. 이 교리적인 핵심의 원동력은 교회가 엄격히 **영적인** 기관이어야 하므로 사회 - 정치적 문제들에 관여해서는 안 된다는 것이었다.

교회가 사회 - 정치적 이슈들에 관여하는 것에 대한 혐오는 인종차별 이슈와 관련해 가장 분명히 나타났다(그리고 "보수주의자들"과 "자유주의자들" 사이의 갈등이 가장 예민하게). 사회 - 정치적 보수주의자에게, 흑인의 비참한 곤경은 아마도 다루어야 할 사회적 자선의 문제였을 것이지만, 교회가 정치적으로 얽혀서는 안 될 이슈였음이 분명하다. 이런 관점에서, 교회의 책임 영역은 하나님과 관계를 발전시키고, 이웃을 돌보는 사랑의 관계를 개발하는 전도를 포함했다. 단순한 선행의 경계를 넘어선 경제적, 또는 사회적 불공평을 바로잡기 위해 취해진 조치는 교회의 책임 영역에 속한 것의 경계선들을 넘어섰다.

더욱이, 이 남부 사람들에게는, 인종 통합을 위한 가능성이 되는 사회적 불공평을 바로잡는 그 어떤 수단도 전적으로 논외의 일이었다. L. 넬슨 벨(Nelson Bell)은 이 점을 다음과 같이 분명히 말했다.

"연방협의회(the Federal Council)의 이 메시지['연례 인종 관련 메시지']를 읽을 때, 우리는 불공평하고 부당한 인종차별을 제거하라는 그런 권면들을 절대적으로 동의한다. 그러나 우리는 넘어서는 안 될 선이 있다는 사실을 제대로 인식하지 못한다. 사실, 이 메시지는 그리스도인들이 '인종적 고립과 분리의 틈을 연결하고 건너기에 충분할 정도로 편견이 없고 지혜로워야 한다'고 진술한다.

인종 분리는 비기독교적인가?

제한을 두지 않는 사회적 관계가 지혜롭지 않다고 느끼는 사람은 비기독교적인가?

만약 연방 협의회와 이 문제에 대한 협의회의 리더십을 받아들이는 사람들이 이런 입장을 취한다면, 우리는 불가피하게 피해가 발생할 것이라고 느끼지 않을 수 없다. 반대로, 만약 그들이 그들의 목표가 제한 없는 사회적 평등이 아니라고 공언하는 명백한 진술을 하게 된다면, 그들의 리더십은 불신을 당하지 않을 것이다.

위에서 진술한 바와 같이, 한계를 긋고 넘지 말아야 할 선이 있는 것이다. 우리는 이 선이 하나님이 사람을 각각 다른 여러 인종으로 만드실 때 이미 정해진 것이라고 믿는다.

우리는 인종 분리가 비기독교적이라고 믿지 않는다고 공언하고 싶다. 사실, 인종 분리는 두 인종 모두에게 친절한 조처다. 만약 이 점이 해결책을 세우고 있는 백인 리더들과 니그로(흑인) 리더들에게 수용된다면, 앞으로 먼 길을 가야 할 것이다."

"자유주의자들"은 그런 입장을 사회적으로 무책임하고, 정치적으로 평판이 좋지 않고, 인격적으로 창피한 것으로 간주했다.

시민권 외의 다른 이슈들 역시 "자유주의자" 과제에 올라 있었다. 남장로교 "자유주의자들"은 미국과 세계의 부자와 빈자 사이의 광범위한 격차에 대해 공공연히 한탄했다. 1945년에서 1952년 사이에, 「장로교 전망」(Presbyterian Outlook)이라는 저널에, 공산주의적인 경제 체제가 자본주의적인 경제 체제보다 가설적이고 실질적인 이점이 더 많다고 여긴 아티클이 여러 개 나왔다.

한때 공산주의 정부들은 일관되게 불량하고 전체주의적인 성향이 있다고 여겨졌으며, "자유주의자" 장로교인들은 그들에 대해 더 비판적인 글을 쓴 것이 분명했다. 그런데도, 그들은 특히 자본주의 나라에 성행한 것 같은 경제적 불평등을 공공연히 개탄했다. "자유주의자들"은 이런 문제들(교회의 연방 협의회에서 경제적 정의에 대해 한 선언 등과 같은 문제)에 대해 성직자들이 공식적으로 한 훈계를 자주 지지했고, 어떤 경우에는, 그런 훈계를 하는 데 적극적으로 참여했다.

보수주의자의 반응은 예견된 것이었다. 어떤 사람들은 이 자유주의자들의 주장을 완전히 가증스러운 것이라고 선언했다. 분명히, 가난의 문제를 줄이기 위한 자유주의자들의 전략은 교회와 국가 사이의 훨씬 더 많은 협조 및 전통적인 남장로교가 관용하는 것보다 훨씬 더 중앙집권적인 국가가 필요했다. 존 R. 리차드슨(John Richardson)은 1944년에, 바로 이 점을 지적하면서, "우리의 표준에서 하는 독특한 강조점은 교회와 국가의 분리다"라고 썼으며, 제임스 헨리 톤웰(James Henley Thornwell)과 이 전통적인 분리를 지지하는 "권리 장전의 제1 조항을 만드는 데 중요한 역할을 한 장로교 조상들"을 인용했다.

남장로교 "자유주의자들"과 "보수주의자들" 사이를 구분시키는 핵심은 바로 이런 문제들이다. 무엇이 진정으로 양극화를 활성화했는지에 관한 한, 심지어 칼빈주의에 대한 논쟁도 사회 – 정치적 분리에 비하면 무색해졌다. 그리고 만약 칼빈주의자 – 알미니안주의자 사이의 불화를 제쳐둔다면, 우리는 양 진영이 그들의 교리적 견해를 지지하는 더 광범위하고, "전통적인" 개혁주의적 이념에서 다른 식으로 결론 낼 수 있었다고 본다. 이 아이러니컬한 의미에서 볼 때, 그들 사이에 광범위한 **신학적** 차이는 없었다.

오히려, 그들의 논쟁에서 핵심적 위치를 차지한 것은 교회의 **기능**에 대한 신학의 적절한 **역할**이었다. 보수주의자들은 교회의 일차적인 기능이 장로교 칼빈주의 유산의 진리를 가르치는 것이라고 믿었다. 그들은 빈틈없는 고백주의자들과 철저한 전통주의자들로서, 제임스 헨리 톤웰과 로버트 루이스 댑니(Robert Lewis Dabney) 같이 충직한 자들의 유산을 소중히 여겼다. 그들은 "교회의 영적인 본질"에 대한 이 조상들의 가르침을 떠받들었을 뿐 아니라, 질서정연하고 거의 귀족적인 구조를 지닌 남장로교에 대해 그들이 하나님의 율법에 따라 한 성경적인 변호도 매우 소중하게 생각했다. 그들에게, 미국 장로교는 이 위대한 진리들을 지키는 최후의 보루였다.

자유주의자들은 그런 전통들을 지나간 시대의 진기한 유물로 생각했다. 그들 가운데 어떤 사람들은 그런 전통들을 남장로교의 발전에 위험한 장애물로, 또한 역사적으로 강화된 사회적 불공평을 성경적으로 바로잡는 데 방해가 되는 것으로 여겨, 거부했다. 그들에게, 여러 신학적 입장은 존재 이유가 아닌, 목적 달성을 위한 수단에 불과했다. 그들의 견해에서, 교회의 존재 이유는 복음을 전파하고 하나님 나라(본질에 있어 영적이고 사회-정치적 성격 **모두**를 띤 나라)를 확장하는 것이다.

PCUSA와의 합병 계획이 1940년대에 가속화되었을 때, 긴장이 높아졌다. 남장로교의 보수주의적이고 지역적인 본능은 지역 노회와 당회의 자율성을 아주 크게 강조하는 것과 더불어, 북장로교회를 괴롭힌 "근본주의자-현대주의자"의 대결을 남장로교회에서는 20년 동안이나 연기할 수 있도록 만들었다. 하지만 여전히, 남장로교회는 북장로교회를 공포로 몰아넣은 1920-30년대의 여러 사건을 지켜보았다. 어쨌든 북장로교회는 그들의 자매 교회였고, 그들의 기본적인 DNA를 공유했기 때문이다.

북장로교회와의 재연합에 대한 논의는 새로운 것이 아니었다. 그런 주장은 거의 미국 남북전쟁(the Civil War)이 끝나자마자 제시되었다. 그러나 1943년까지는 재연합의 공식적 계획이 미국 장로교의 총회에 제출되지 않았다.

그들 사이에는 그 아이디어에 대해 표준적인 남장로교의 반대가 있었는데, 그 이유는 다음과 같다.

(1) 남장로교회 크기의 거의 네 배나 되는 북장로교회는 만약 서로 합병될 경우 남장로교회를 확실히 삼키고 말 것이다.
(2) 남장로교회의 소중한 특징들은 결국 사라지고 말 것이다.
(3) 맨 처음(1861년 미국 남북전쟁이 시작될 때) 남장로교회와 북장로교회가 분리될 때 잘못은 어느 측에 있었고 이슈는 무엇이었는지와 관련해, 재연합을 가능하게 하려고 반드시 답해야 할 좀 곤란한 질문들이 있었다. 북장로교회에 다시 가입하는 것은 오직 남장로교회에 의해서만 보호된 소중한 가치들을 지키기 위해 용감히 싸우고 죽은 사랑하는 조상들에 대한 신성한 기억을 더럽히는 것이 될 것이다.

그런데 1943년 재연합에 대한 계획이 나올 즈음에, 재연합에 대한 더 많고 심지어 더 심각한 반대가 제기되었다. 보수주의자들의 주장에 따르면, PCUSA는 배교적인 교회여서, 만약 남장로교회가 PCUSA와 멍에를 불균등하게 멜 만큼 분별력이 부족하다면, 남장로교회를 필연적으로 이단적인 수준으로 끌고 내려가게 될 것이었다. 1940년경에는, 이것이 재연합에 대한 주된 반대가 되었다.

어번 선언(the Auburn Affirmation)이 있은 지 약 25년 후에, 그리고 그 선언이 북부의 논쟁에서 주요한 역할을 한 지 약 15년 후에, 「프레스비테리언 가디언」이라는 저널은 "어번 선언이 남부에서 이슈가 **되다**"라는 내용을 보도했다. 데이비슨대학의 장기 총장이자, 재연합의 강력한 옹호자인 월터 링글(Walter Lingle)은 1946년에, 다음과 같이 개탄했다.

"어떤 사람들의 마음에는 그것[어번 선언]이 PCUS와 PCUSA의 재연합의 길을 막고 있는 주요 장애물이다."

왜 그런가?

보수주의자들이 주장하기에, 그 이유는 어번 선언이 자유주의의 선언이었기 때문이며, 그토록 많은 북장로교회의 리더들이 이 문서에 서명했다는 사실은 PCUSA가 배교자라는 것을 입증했기 때문이다.

남장로교의 "자유주의자들"과 "보수주의자들" 사이의 싸움은 우리가 체이퍼의 세대주의의 위치를 불안한 1930 - 40년대의 맥락에서 이해하게 하는 흥미로운 배경을 제공한다. 남장로교의 "자유주의자들"과 "보수주의자들" 사이의 싸움은 사회적으로도 그렇고, 교회적으로도 세대주의자 - 언약주의자 논쟁이 전개되는 방식에 아주 중대한 영향을 미쳤다.

1920년대부터 1940년대까지는 장로교의 여러 교단에 속한 보수주의자들에게 크나큰 걱정이 되는 시기였다. "교회를 분열하는 세력"은 교회 **내**

에서 기독교의 적이었다. 보수주의자들은 이들을 이리들로 인식했는데, 이 이리들은 양의 옷으로 위장하는 일에 매우 능숙했다. 그러므로 그런 혐의가 심지어 동료 "양 떼"(즉, 동료 신학적 보수주의자들) 사이에서도 높았을 것이라고 상상하는 것은 어렵지 않다.

남장로교의 "보수주의자들"과 "자유주의자들" 사이의 고조된 긴장은 세대주의가 PCUS에 수용되는 데에도 불리하게 작용되었을 것이다. 왜냐하면, 루이스 스페리 체이퍼의 신학은 남장로교 보수주의에도 어울리지 않았고, 남장로교 자유주의에도 어울리지 않았기 때문이다. 체이퍼는 광범위한 의미에서 신학적으로 보수주의자였지만, 고백적인 보수주의자는 결코 아니었다. 그는 심지어 매우 좋은 칼빈주의자도 아니었다. 그는 "칼빈주의 4대 강령"을 지지했고, 이 입장을 옹호할 때, 심지어 "제한 속죄"(limited atonement)라는 전통적인 칼빈주의 교리가 전도의 열정을 꺾을 수 있다는 염려를 표했다. 그런데 정확히 이 염려는 남장로교 "자유주의자들"을 떠올리게 한다!

> 한편, 체이퍼의 세대주의는 하나님 나라를 지상에서 사회 - 정치적으로 발전시키는 데 몰두한 자유주의자들의 관심에 전혀 도움이 되지 않았다. 이런 관심이 자유주의자들에게는 가장 중요한 관심이었는데 말이다. 이 점에 대해, 체이퍼 세대주의는 이 시대에 교회의 사회 - 정치적 역할을 부인하는 가장 열렬한 남장로교 보수주의만큼이나 보수적이었다. 기독교의 사회 - 정치적 개입을 반대해서 세대주의자들이 주장한 반대는 사실상, "자유주의자들"에 대해 남장로교 보수주의자들이 제기한 반대와 똑같았다.

따라서 체이퍼의 세대주의는 남장로교 자유주의자들과 남장로교 보수주의자들 사이의 논쟁이 절정에 달했을 때, 그들 사이의 핵심적인 관심사에 반대했다. 남장로교회 내부의 이 두 측이 양극단으로 치달았을 때, 체이퍼의 세대주의는 신학적 십자 포화에 놓여, 양측 모두에게 강하게 반대를 당했다.

북장로교 상황은 교회에 몰래 기어들어 오는 비정통적인 요소들을 두려워한 남부의 많은 장로교인의 의혹이 사실임을 확인해 주는 기능을 했다. 몇몇 최근의 경우에, 더욱 현대주의적인 신념을 지닌 성직자들은 북부에서 남부로 전입해 슬며시 들어가거나, 남장로교회에서 몰래 빠져나가 적절한 재배치 과정도 따르지 않고 북장로교회로 들어가려고 시도했다. 그뿐만 아니라, 교구민들 쟁탈을 위한 북 - 남의 경쟁, 즉 남북전쟁 시절로 되돌아간 경쟁은 이런 격렬한 악감정으로 몇몇 교구에서 되살아나고 있었다.

근본주의자 - 현대주의자 논쟁에 대해 북부에서 한 보고들(reports), 특히 보수주의자 출처에서 발표된 보고들은 다만 북부에 대한 남장로교회의 의구심만 강화했으며, 자체 내에서 현대주의자의 타협 가능성에 관련한 새로운 불안감들을 만들어냈다. 북장로교회의 경험은 권위의 자리에서 "기독교를 말하는" 사람들이 언제나 신뢰할 수 있는 것만은 아니라는 점을 분명히 했다. 남장로교 보수주의자들은 오래 지나지 않아, 북장로교회를 전형적인 예로 들어 변함없이 제시하면서, 현대주의자가 그들 **자체의** 교회에 잠입하는 것을 경종을 울려 경고하기 시작했다. 북부의 보수주의자들은 교대로 이 경고들을 계속 보강했다.

따라서 남부에서 세대주의에 대한 최초의 반대가 매우 보수적인 장로교인들에게서 일어났다는 것이 처음에는 뜻밖인 것으로 보였을 수 있지만, 일단 우리가 그 당시의 상황을 이해하기 시작하면, 이것은 앞뒤가 들어맞는다. 남부의 많은 세대주의자들은 이식된 북부 사람들이었고, 다른 교단에서 옮겨온 사람들이었다.

이것이 바로 선동적인 현대주의자 교리들이 풍문으로 떠오른 장소가 아니었겠는가?

막 시작된 "현대주의"가 스코필드 주석성경의 가르침에 스며들고 있다는 텍사스주 해피 출신의 남장로교 성직자 B. W. 베이커(Baker)의 성토는 그래서 이해가 되지만, 오직 이 배경 아래에서만 이해가 된다. 베이커의 구체적인 성토는 다소 성급하고 이상하지만, 적어도 일부 남장로교 보수주의자들은 스코필드 주석성경을 전혀 기뻐하지 않았다는 점을 우리에게 알려 준다. 우리는 또한 현대주의자 - 근본주의자 사이의 적내감이 세대주의에 대한 의구심에 어떻게 기름을 끼얹었는지에 대해 약간의 통찰력을 얻을 수 있다.

베이커는 스코필드의 가르침 일부에 포함된 함축적 의미들이 "현대주의"란 아마 그 회중파 양육을 통해 잠재 의식적으로 스코필드의 "핵심"에 자리를 잡았다는 사실을 입증했다고 주장했다. 베이커는 비록 스코필드의 명백한 진술들과 행동들이 성경의 권위와 진실성에 대한 확고한 믿음을 나타냈다는 점을 인정하긴 했지만, 이 비난을 멈추지 않았다. 편견이 없는 공정한 사람이라면, 스코필드의 제자인 루이스 스페리 체이퍼가 다음과 같이 크게 의아해 한다고 해서 그를 비난하기 어려울 것이다.

"왜 '남장로교 교인'의 성격을 보여 주는 정기 간행물이 오류가 있는 그런 내용을 실어야 하는지, 그래서 거의 자격이 없는 허위 진술로 판명 나는 것을 유포한 주체가 되는지, 그리고 스코필드 박사가 죽기 몇 년 전부터 죽을 때까지 PCUS 총회의 성직자였다는 사실, 또한 세계적인 관점에서 볼 때, 그 교단 내에서 주목할 만한 업적을 달성해 인정을 받을 만큼 그를 능가하는 사람이 설령 있다 하더라도, 거의 나오지 않았다는 사실을 기억할 때, 문제는 줄어들지 않는다."

이런 점들 외에도, 베이커와 체이퍼가 쓴 여러 아티클의 내용 밖에 더욱 충분히 주목할 만한 무언가가 있다. 베이커의 아티클에 대한 체이퍼의 답변이 「남부의 장로교인」이라는 저널에 나오기까지 2년 이상이 걸렸다. 그 이유는 체이퍼의 답변이 애초에 「남장로교인」에 실리지 않고, 과거의 매우 독립적인 감리교도인 아르노 C. 개벌라인(Arno Gaebelein)이 편집한 세대주의적 저널인 「우리의 소망」(Our hope)에 실렸기 때문이다.

체이퍼는 또한 이런 사실도 지적했다. 즉, 그는 이 사건 전에, "Th.D. 학위가 있는 B. W. 베이커 목사는 미국(US) 장로교회의 연감에 나타날 뿐, 텍사스주의 팬핸들 구역에 있는 작은 두 교회의 목사이자 달라스 노회의 회원"이라는 사실은 잘 몰랐다는 것이다. 이것 역시 흥미롭다. 왜냐하면, 사실, 베이커는 체이퍼가 속한 노회에서 상당히 활동적이었으며, "팬핸들 구역"에서 그가 한 사역은 교회의 가정 선교위원회의 지원을 받았기 때문이다.

달라스노회의 공식적인 회의록을 보면, 어떻게 체이퍼와 베이커가 같은 노회에서 성직자로 있으면서, 교회 신문에서 서로 감정을 표현하는 이런 상황 밖에서는 서로 접촉이 적었는지를 알 수 있다. 베이커는 노회 모임에 충실히 참석했다. 반면 체이퍼는 의심할 여지 없이 설교와 강연 스케줄 때문에, "노회 경계 밖에서 사역하겠다"는 신청을 빈번히 했다. 따라서 그는 종종 교단 모임에 결석했다. 베이커는 그 교단의 사역자로 일했지만, 체이퍼는 그 교단과 전혀 관계가 없는 학교의 총장이었다.

이런 사실은 물론 두 사람 가운데 그들의 논쟁에서 누가 옳고 누가 틀렸는지에 대해 아무것도 입증해 주지 못한다. 우리의 목적에 중요한 점은 체이퍼와 베이커가 각자 다른 집단으로 이동한 것 같다는 점이다. 보다 구체적으로, 체이퍼는 앞에서도 지적한 바와 같이, 몇몇 역사가들이 세대주의자들 사이에서 공통적인 것이라고 말한 패턴에 들어맞는 것 같다. 이 패턴에 따르면, 그들의 주된 충성은 그들의 개별적인 교단에 대한 것이 아닌, 미국의 광범위한 복음적인 연맹에 대한 것이었다.

이 점은 특히 보수주의적인 "옛 학파" 남장로교의 맥락에서 중요한데, 그것은 정확히 텍사스주 달라스와 같은 곳에 있는 세대주의 맥락이다. 아래에 인용한 글래스(Glass)의 요약은 유용할 것이다.

"근본주의는 여러 면에서 주류 보수주의 남부인들 [sic: 원문 그대로임] 신학을 닮긴 했지만, 차이점들도 있었다. 보수주의자 남부 개신교도들은 확실히 기독교의 초자연적 성격과 전도의 중요성에 대한 근본주의자의 고집스런 주장에 동의한 반면, 전천년주의, 특히 세대주의적인 요소를 지닌 전천년주의는 남부 개신교도들 사이에서 사람들을 모으려는 근본주의자의 노력을 가로막는 중요한 걸림돌이었다. … 게다가, 이 교리들이 단지 세상에서 뿐 아니라 자유주의를 관용한 여러 기관에서까지 분리해야 한다고 주장하게 되자, 남부 개신교도들은 그들 자신의 교단에 대한 견고한 충성심과 자신의 교단이 정통이라는 인식 때문에, 근본주의자와의 연맹에서 물러났다. 이런 충성은 또한 [근본주의자]가 교단 상호간의 초교파적인 협력을 지지한 것 때문에 근본주의를 의심하게 만들었다. 남부의 많은 개신교도는 다른 기관 또는 관심사들에 대한 그런 연대가 남부 교단들에 대한 불충을 나타낸다고 느꼈다. 신학과 관심사에서 나타난 이런 차이들은 보수적인 남부 개신교주의를 근본주의와 구분시키는 중요한 선(lines)이다."

보수적인 남장로교 교인들에게는, <웨스트민스터 신앙고백>이 매우 중요했는데, 그 이유는 이것이 단지 교단 자체의 독특성을 다른 것과 구분시켜줄 뿐 아니라, 일반적으로 배교에서 정통을 구분시켜 주기 때문이었다. <신앙고백>의 중요성은 견고한 보수주의자인 윌리엄 차일즈 로빈슨(William Childs Robinson)이 쓴 "미국 장로교회에서 행사되고 있는 주 예수 그리스도의 권위"라는 제목의 아티클에 분명히 나타난다. 로빈슨은 이 아티클에서 하나님의 말씀을 교회의 권위로 아주 분명하게 선언한다. 그런데도, 그는 하나님의 말씀에 대한 이 충성이 교회의 교리적 표준의 정당한 역할을 무효로 하지 않는다는 점을 분명히 한다. 사실 정반대다. 로빈슨은 아래에서 다음과 같이 말한다.

"교회를 통치함에 있어, 우리의 법정은 성경에 대한 해석 문제에서 처음부터 다시 시작할 필요가 없다. [교회 질서에 대한] 우리의 책(역주: 즉, 교회헌법)은 다음과 같이 진술한다. "웨스트민스터 총회의 신앙고백과 대소요리 문답은 미국(US) 장로교회에서 정치, 권징, 예배를 규정한 책과 더불어, 신앙과 행위에 관련해 성경의 표준 해설서로 인정된다"(173). 따라서 총회는 그것 때문에 목사안수의 조건에 다른 것을 추가하지 않고, 이런 규정집들에 나타난 언어적 표현에서 진술되는 것들이 목사안수 서약에 포함된다고 선언하는 내용을 제안할 권리가 있다. 이는 1939년에 그대로 행해졌고, 1940년에는 해명되었으며, 1942년의 릴리 결의안(the Lilly resolution)에 포함되었다."

로빈슨이 언급하는 결의안은 남장로교회에서 행해진 성직자 안수 서약이 다음과 같은 사항을 성심성의껏 받아들이는 내용이라는 사실을 확실히 하기 위해 고안되었다. "성경의 무오한 진리와 신적 권위, 그리스도, 즉 처녀에게서 태어나 사람이 되신, 신적 공의를 만족하게 하고 우리를 하나님과 화해시키기 위해 자신을 희생제물로 드리신, 자신이 제물이 된 바로 그 몸으로 죽은 자 가운데서 일어나고 세상을 심판하기 위해 다시 오실, 영원한 하나님 자신이신 그리스도." 즉, 남장로교회는 1910년 북장로교회처럼 똑같은 내용을 필요한 부분만 약간 수정해 받아들이고 있었으며, 그때 북장로교회는 신앙의 "근본적 요소들"을 선언했다. 그리고 오직 남장로교회에서만 어번 선언에 대응하는 항의가 없었다.

남장로교 보수주의자들이 교회 리더십 전체에서 복음주의 신앙에 대한 충성을 확보한 것은 **고백적 서약**을 통해서였다. 이 결의안은 남장로교 사역자들이 안수식에서 교회의 교리적 표준에 따를 것을 동의함으로써, 북장로교회의 "현대주의자들"에 의해 반박된 바로 그 교리적 핵심들을 인정한다는 것을 명확히 했다. 남장로교회에서 이 점은 매우 분명히 지적되어, 북부에서처럼, "자유주의자 타도"에 걸림돌이 되는 진정한 위협은 오직 북장로교회와의 재연합뿐이었다. 우리는 이것을 충분히 분석할 것이다.

보수적인 남장로교 교인에 대한 웨스트민스터 표준은 중요성이 있었다. 남부 총회가 취한 명백히 보수적인 자세에도 불구하고, 자칭 "자유주의자" 목사인 존 앨런 맥클린이 신앙고백의 칼빈주의적 교리들을 공격했을 때, 헨리 B. 덴디(Henry Dendy)는 다음과 같은 반응을 보였다.

"우리 표준(Standards)에 있는 본질적인 칼빈주의적 교리의 모든 진술에 대해 성경(the Bible)은 그 자체의 대담하고 노골적인 진술을 똑같이 입증한다.

하지만 전자는 공격의 대상으로 선택된다. 이유는 분명하다. 성경이 광범위하게 존중되는 그리스도인의 영역에서는, 성경을 공격하는 것보다 장로교 표준을 공격하는 것이 더 값싸고 안전하기 때문이다."

그래서 교회에서 알곡과 쭉정이를 구분하는 것이 어려웠던 시대에, 교회에서 사역자들이 신앙 고백의 가르침에 실제로 서약하도록 확실히 만드는 것은 보수주의자들에게 특히 중요해졌다. 하지만 신앙고백에 대한 꼼꼼한 서약을 위해 추가된 이런 관심사는 교단 내부의 세대주의자들에게는 유리한 것이 아니었다. 교단의 신조들에 대한 그들의 무관심은 특히 보수적인 장로교인들 사이에서 잠재적으로 자신들을 의심스럽게 만들었다(후자에 대한 강조로). 체이퍼는 결국 자신의 견해가 "자신들의 교리를 인간이 만든 신조에서가 아닌, 신성한 본문(the Sacred Text)에서 받는 사람들에게 참인 것으로 인식"되었다면서 그의 비방자들에게 쏘아붙였다. 그러나 진실로 보수적인 장로교인 가운데는 성경과 **웨스트민스터 신앙고백** 사이에 그런 쐐기를 박을 사람이 아무도 없었다.

남부에서 북부 보수주의자들을 볼 때, 남부인들이 보인 주된 반응은 북부의 "귀찮은 문제"가 남쪽으로 오지 않으냐는 염려였다. 그러므로 말썽꾸러기들은 진압될 필요가 있었다. 결국, 남장로교 리더들이 배운 중요한 교훈은 현대주의자이건, 근본주의자이건 관계없이, 말썽꾸러기들은 **신앙고백**에 대한 그들의 태도에 따라 규정될 수 있다는 것으로 보인다. "근본주의자들"이 스스로를 "현대주의자들"에게서 잘라내자, 남장로교 리더들은 자신들의 견해에 맞추기 위해 다시 분리하고, **웨스트민스터 신앙고백**에 적응시켜야 할 사람들은 다름 아닌 **전천년주의자들**이라고 말했다. 그리고 설상가상으로, 이 전천년주의자들은 남부의 여러 장로교회를 분열시키고 멤버십을 그들의 "독립적인" 기관으로 노략질해가는 지저분한 습관이 있는 것 같았다.

어떤 남장로교 교인에게는, 몇 가지 조치만 덜 기독교적인(또는 덜 장로교적인) 것으로 간주될 수 있었다. 북부에서처럼(하지만 북부의 자료들은 남장로교 기관장들에게는 거의 절대로 인용되지 않음), 초점은 결국 전천년주의에서 시작해 스코필드 성경의 열렬한 지지자들 사이에서 발견되는 특이하고 문제를 일으키는 전천년주의인 '세대주의'로 좁혀져갔다.

마지막 촉매는 이 모든 긴장을 폭발적인 수준으로 끌고 갔다. 이 마지막 요소는 남장로교 보수주의자들과 자유주의자들 사이에 더 심한 불화를 조성했을 뿐 아니라, 두 그룹이 "세대주의"를 더 가혹하게 조사하도록 자극하기까지 했다. 그것은 1930년대 말에서 1940년대 초까지 진행된 경제적 긴급 사태였다.

경제 대공황부터 제2차 세계 대전이 끝날 때까지(1929 - 1945) 선물 소득이 줄어들면서, 어려운 사회학적 과정은 어떤 교회들과 자선 단체들이 구제 자금을 받을 것인지, 그리고 생존할 것인지, 그리고 어떤 단체들이 자금을 받지 않을 것인지를 결정하기 시작했다. 그런 조건으로, 조직 상호 간의 긴장과 교회 내부의 긴장이 일어나지 않을 수 없었다.

역사의 뒤안길에서 보면, 그렇게 경제적으로 어려움을 겪든 시기에 몇몇 보수적인 기관과 학교가 설립되었다는 것은 참으로 놀랄만하다. 우리는 이미 몇몇을 언급한 바 있는데, 그것은 다음과 같다. 달라스신학교(1924), 웨스트민스터신학교(1929), 정통장로교회(1936), 성경장로교회(1937), 페이스신학교(1937). 경제적인 어려움은 이런 기관 중 어떤 것도 폐쇄할 수 있었을 것이다.

그때는 심지어 건실한 기관들에도 쉽지 않았다. 1927년에서 1940년까지, 재정적인 어려움 때문에, 무려 아홉 개나 되는 남장로교 대학들이 문을 닫거나, 다른 학교와 합병했다. 1940년에, PCUS는 교회의 남아 있는 교육 기관들의 재정적 안정성에 대해 철저한 평가를 시행했고, 결과 남장로교회에 나쁜 소식이 들려왔다.

『미국 장로교의 대학과 신학교에 대한 조사 보고서』(The Report of a Survey of the Colleges and Theological Seminaries of the Presbyterian Church in the U.S.)는 PCUS가 아직도 너무 많은 학교를 지원하고 있다고 결론 내렸다. 이 보고서는 더 많은 폐교와 합병을 권장했으며, 이 가운데 가장 놀랄 만한 경우는 오스틴신학교와 컬럼비아신학교가 아마도 테네시주 네쉬빌에 있는 새로운 학교로 합병되어야 한다는 권면이다. 톰슨(Thompson)은 과거를 돌이켜 보며, 이렇게 보고한다.

"웍스 보고서(Works Report; 역주: 본 단락 첫 문장의 조지 웍스(George A. Works)가 쓴 조사 보고서)에서 제안한 것처럼 대학이 폐교되고 합병되는 일은 없었지만, 그 보고서는 교회가 교육적 책임이 있음을 각성하는 것 외에 그 어떤 것도 하지 않도록 도움을 준 것은 사실이다."

그러므로 PCUS는 달라스신학교와 같이 새롭고 비장로교적인 학교들 때문에 생겨난 경쟁에 그리 관심을 두지 않았다. 이 "독립적인" 기관들 가운데 일부는 그들 자신의 PCUS 학교들을 자유주의의 보루라고 맹공격해서 지원을 끌어냈다는 보고는 도움이 되지 않았다.

남부에서 달라스신학교와 같은 "근본주의자" 학교들이 출현하는 현상에 대해 주류 교단들이 보인 반응과 관련해 글래스가 지적한 점은 주목할 만하다. 그는 이렇게 말한다.

"근본주의자 기관들은 북부에서 그랬던 것처럼 20년대와 30년대에 남부에서 발전했으며, 근본주의자 학교들과 기관들의 네트워크의 중요한 부분이었다. … 이 학교들의 출현으로 남부 지역의 근본주의자에 대한 남부 여러 교단의 한결같은 반발이 일어났다."

만약 교단 임원들이 달라스신학교와 같은 무교단 기관들을 호의적으로 바라보지 않았다면, 이 기관들에서 선전한 일종의 "독립적인" 신학(즉, "세대주의")에 대한 그들의 견해 역시 호의적이지 않았을 것이다.

요약하자면, 1930년대 말부터 1940년대 초반까지 PCUS의 역사적 상황은 일촉즉발의 상황이었다. 이미 힘들어하고 있던 PCUS의 교육 기관들에 대해 세대주의가 경쟁자로서 인식된 역할은 스파크를 일으키는 역할이었다.

2. 북알라배마노회의 조사

1940년 4월 17일, 북알라배마노회는 (다음 달 모이는) 총회에 다음과 같은 일을 처결하도록 투표를 통해 제안했다. 즉, 총회는 "지원자들이 우리 총회의 여러 노회에서 안수받기를 희망하면서 입학하는 우리 신학교들 및 다른 기관들에 연관된 상황을 조사할 것, 그리고 흔히 '세대주의'로 알려진 성경해석을 옹호하는 기관들을 각별히 주시하고 이 세대주의 교리가 신앙고백, 특히 제19장[**하나님의 율법에 대한 조항**]과 일치하는지, 그렇지 않은지의 여부를 찾아내는 위원회"를 임명하라는 제안이다.

북알라배나노회는 PCUS의 교육 기관들에 재정적 지원을 열정적으로 한 보수적인 노회였다. 애초에 총회는 "세대주의"를 가르치는 비장로교단 경쟁 학교들이 총회 산하의 학교들을 해롭게 할 수 있다는 염려를 하면서, 이 제안을 신학교 위원회에 전달했다. 이 관심사가 "세대주의"는 교회의 신학적 순결성을 더럽힐 수 있다는 훨씬 더 큰 관심사로 대체되자, 그 제안은 교회의 교리적 표준을 다루는 위원회로 넘겨졌다.

아이러니컬하게도, 북알라배마노회가 총회에 한 또 다른 제안은 신앙고백서와 교리문답서에 발생한 변화에 대한 임시 위원회를 해산시키라는 것이었다. 그 위원회가 떠맡은 세대주의에 대한 조사는 그들의 아이디어가 아니었다. 대신에, 이 노회는 다음과 같은 사항을 제안했다.

1. 지원자들이 우리 총회의 여러 노회에서 안수받기를 희망하면서 입학하는 우리 신학교들 및 다른 기관들에 연관된 상황을 조사하도록 임시위원회를 임명할 것.
2. 그 위원회로 하여금 흔히 '세대주의'로 알려진 성경해석을 옹호하는 기관들을 각별히 주시하도록 하고, 또한 이 세대주의 교리가 신앙고백, 특히 제19장[하나님의 율법에 대한 조항]과 일치하는지, 그렇지 않은지의 여부를 찾아내도록 할 것.
3. 사역의 허가를 요청하는 지원자들과 위에서 언급한 교리를 선전하는 우리 노회의 사역자들 모두를 향해, 이 문제에 대한 우리 교회의 자세를 분명히 규정하도록 할 것.

여기에서 2번과 3번은 구체적으로 세대주의에 초점을 맞추고 있지만, 1번은 모호하게 보인다. "우리 신학교들에 연관된 상황을 조사하도록" 새롭게 임시위원회를 설치하라는 요청은 1936년에 총회가 주의를 기울였던 요청을 떠올리게 한다. 그 당시, 대여섯 노회는 총회에 "우리 모든 신학교의 커리큘럼을 조사하고, 변경을 건의할 것"을 요청했다. 비록 총회는 그 당시의 요청을 들어주었지만, 두 개의 서로 다른 과제가 관여하고 있었던 것 같다.

분명히, 보수주의적인 노회들은 그 총회 산하 신학교들이 성경과 그들의 남장로교 뿌리에 충실하다는 확신하기를 바랐을 것이다. 구체적으로, 그 노회들은 PCUS 학교들이 북장로교 신학교들을 엉망으로 만들어버린 모더니즘의 위협에서 해를 받지 않고 보전되고 있다는 확신을 하고 싶어 했다. 한편, 더욱 덜 보수적인 노회들은 단순히 시설을 개선하고, 교직원의 월급과 숫자를 올리고, 신학교들의 커리큘럼을 시대에 맞게 업데이트시킬 것을 희망하고 있었다. 신학교들의 구조와 프로그램에 대한 변화는 모두가 원했지만, 각가 다른 방식으로 변화되기를 바라고, 각각 나른 이유로 변화되기를 바랐다.

총회, 그리고 신학교의 커리큘럼에 대한 임시위원회는 이 제안들을 PCUS의 학교들의 커리큘럼과 구조가 어떻게 시대에 맞게 업데이트되고 강화될 수 있는지를 연구하라는 요청으로 해석했다. 존 R. 리차드슨은 다음과 같은 보고와 연구로 보수주의자의 실망을 잘 표현했다.

"우리 시대의 신학 교육은 강화될 필요가 있다는 것이 분명하다. 많은 사람은 이것이 신학교의 통합으로 이루어져야 한다고 느끼는 것 같다. 사람들은 일반적으로 그것을 충분한 기부와 웅장한 건물과 많은 교수진으로 판단하겠지만, 우리는 더 강한 신학 교육으로 판단한다. 그렇다고 해서 우리가 우리 교육 기관들이 많은 기부를 바라고, 더 큰 건물을 세우고, 그들의 교수진을 보강하려고 노력하는 것을 무시하지는 않는다. 그러나 우리는 오직 이런 것들만으로는 신학 교육을 강화할 수 없다는 점을 지적하고 싶다. 만약 우리가 이런 생각으로 계속 나아간다면, 환멸이 클 것이다."

더욱이, 보수주의적인 노회들은 그들의 "조사 요청"이 총회에서 행해진 것을 보았을 때, 더 날카로운 제안들을 추가로 보냈다. 이런 요청을 한 노회 가운데 북알라배마노회가 있었다. 북 알라배마 노회는 자신들이 재정적으로 지원한 여러 학교(즉, 총회 훈련 학교, 컬럼비아신학교, 루이빌 신학교, 사우스웨스턴신학교)의 총장들에게 심지어 다음과 같은 결의안을 보냈다.

> **<우리 교육 기관에서 해야 할 성경 교육에 대한 결의안>**
>
> 우리 모든 사역자와 장로들이 안수식 때 따르기로 서약하는 신앙고백과 대요리 문답은 다음과 같이 가르친다. 즉, 구원 계시를 "전적으로 글로 기록되도록" 전달해, 성경이 "기록된 하나님의 말씀"과 "하나님의 바로 그 말씀"이 되게 하는 것은 "하나님을 기쁘시게 한다." 성경은 "하나님이 즉각적으로 영감하신 것이며, 하나님의 뛰어난 보살핌과 섭리로 모든 세대에 순수하게 보존되었다." 성령을 통해 "성경의 모든 기록자는 하나님의 뜻과 마음을 오류 없이 기록하도록 영감을 받았다." 그리고 하나님은 구원하는 믿음으로 "그리스도인이 말씀에 계시된 것은 무엇이든지 옳은 것으로 믿도록" 영감을 주신다. "왜냐하면, 하나님 자신의 권위가 성경에 들어 있기 때문이다."
>
> 그러므로 북알라배마노회는 노회의 지원을 받는 대여섯 교육 기관에 다음과 같은 제안을 한다. 즉, 이 기관들에서 가르치는 교육은 성경의 대여섯 책의 진정성을 주장할 것을 확실히 하고, 성경 대부분을 "사기"와 "기만"으로 보는 고등비평의 견해를 반박할 것을 분명히 하기 위해 충분한 조치를 취해야 할 것이다.

리치몬드에 있는 유니온신학교(북알라배마노회의 지원 목록에는 이 신학교가 눈에 띄게 빠져 있음)는 특별한 의구심의 대상이었다. 보수주의자들에게는, 단지 커리큘럼 개발에 대한 폭넓은 분석이 아닌, 그 교수진이 가르치는 것에 대한 철저한 조사가 가장 바람직하였다.

총회는 이런 조사를 착수하는 것을 일관되게 거부했기 때문에, 보수주의적인 노회들은 총회가 그것을 다시 생각하도록 동기부여 하는 방법을 모색했을 것이다. 북알라배마노회는 PCUS의 보수주의자들과 자유주의자들 모두 가치 있는 조사를 동의할 수 있는 교리적 관점을 찾고 있었을 가능성이 있다. 만약 그랬다면, "세대주의"가 거기에 딱 들어맞는다.

세대주의에 대한 조사를 제안하는 동기와 관련해 무엇을 생각하든 관계없이, 그 조사가 일단 착수되자, 보수주의자들은 더 중요한 다른 일탈에 대한 꼭 필요한 교리적 조사를 수행하기 위한 하나의 분명한 선례를 보았다. 이와 관련해, 로빈슨은 다음과 같이 말했다.

> "1941년 총회는 개정 위원회에 당시 세대주의를 조사하고 그 운동이 교회의 표준과 다른지의 여부를 알아내라고 명했다. 그러나 우리가 세대주의를 판단하기 위해 이 측정 막대를 사용하고 있지만, 우리는 마땅히 우리 마음을 철저히 살피시는 분 앞에서 우리 자신의 가르침, 학점을 위해 우리가 부과하는 교과서들, 그리고 우리가 여러 컨퍼런스에 소개하는 교사들을 이 동일한 표준으로 조사해야 한다. 주님은 한결같지 않은 저울추와 한결같지 않은 되를 가증하다고 말씀하셨다(잠언 20:10)."

세대주의에 대한 조사는 PCUS 학교들의 생존 가능성이 리더십 사이에서 최고의 관심사로 대두되었을 때 시작되었다. 1940년 총회는 "합동 선전 캠페인을 통해, 1941 - 1943년 교회력을, 기독교에 대한 책임을 교회의 마음과 양심에 두어야 하는 기간으로 정했다." 총회는 교단의 여러 기관이 심지어 1942년에 조지 웍스(George Works) 연구에서 나온 끔찍한 결론을 받기 **이전에**, 또한 이 기관들의 생존 가능성이 1941년에 미국이 전쟁에 참여하는 것과 겹쳐 자금 부족으로 인해 더욱 힘들어지기 이전에, 이미 여러 기관을 강화하고자 하는 차원에서 통합되었다.

이 모든 일은 비장로교 기관들에서 가르친 독특한 교리인 세대주의에 대한 조사를 AIC가 착수하고 있을 때 일어났다. 세대주의자 관점에서는, 이 모든 것의 타이밍이 이보다 더 나쁠 수 없었을 것이다.

북알라배마노회의 제안은 확실히 총회의 관심을 받았다. 사실, 북알라배마노회의 제안은 1940년 다른 어떤 제안보다도 총회와 그 여러 위원회에서 더 많은 관심을 받았다. 제안 전체는 처음에 신학교 존치 위원회로 이관되었다. 세 부분으로 된 그 제안에 맞춰, 존치 위원회는 세 부분으로 된 답변을 했다.

그 위원회는 PCUS 신학교들에 대한 일반적 조사 요구에 반응해, 북알라배마노회에 유사한 제안들에 답변하라고 지시했다. 그런 조사 착수를 거부한 총회의 과거 정책이 여기에 적용된다고 했다. 그러나 그 위원회는 "**우리** 신학교들과 우리 교회의 사역자들"을 조사하라는 요구를 "다른 기관들"을 조사하라는 요구와 구분했다. 그 위원회는 "지원자들이 우리 노회에 오기 전에 있었던 다른 기관들"을 조사하라는 이 요구와 관련해, "부정적으로" 답했다. "왜냐하면, 총회는 이런 기관들에 대해 어떤 권위도 가지고 있지 않기 때문이다."

장로교 배경이 없는 이들 기관에 대해 PCUS가 감독할 책임이 없다고 한 것을 두고, 그 위원회는 매우 예리하게 지적하면서, 총회가 다른 규칙들에서 일상적으로 되풀이한 규제에 대한 표준적 관심을 넘어서고 있었다. 그 PCUS 위원회는 그 소속 위원들에게 "독립적인" 학교들의 특별한 위험에 대해 경고하고 있는 것 같았다. 만약 보수적인 노회들이 총회의 **자체** 학교들에 대한 제한된 권위에 대해 염려한다면, 그 위원회는 총회가 장로교 배경이 없는 기관들에 대해 그 어떤 권위도 행사하지 **않는다**는 사실을 알아야 한다고 말하는 것 같았다.

이 경고는 보수주의자들을 잠깐 멈칫하게 했다. 예를 들어, 존 R. 리차드슨은 "더 강한 신학 교육"에 대한 요구를 하면서 다음을 희망했다.

"영어 성경 연구에 대한 더 많은 강조,"
"전도에 대한 더 많은 강조,"
"기독교의 위대한 성경 교리들에 대한 더 많은 강조,"
"신학 교사들을 선정할 때 더욱더 신중히 처리할 것."

이런 내용은 루이스 스페리 체이퍼가 달라스신학교 설립을 도운 연구 프로그램의 독특한 강점들로 강조한 것들이었다.

그런 독립적인 학교는 자체의 신학교들 프로그램에 만족하지 못한 남장로교 교인들에 하나의 대안, 사실상, 유일한 대안이 될 수 있었을까? 이 질문은 신학교 존치 위원회가 이 규칙과 관련되어 제기된 질문인 것 같으며, 북알라배마 노회에 대한 그들의 답변은 절대적으로 "아니오!"라는 것을 암시한다. 보수주의자들은 모든 독립적인 기관들에 대해 그렇게 단호한 배척까지는 하지 않을 것이지만, 달라스신학교와 같은 **세대주의적인** 기관에 관한 한, 자유주의자나 보수주의자나 무관하게 남장로교 교인들이라면 누구든지 이 부정적인 반응을 보였을 것이다.

북알라배마노회의 제안 가운데 세 번째 부분과 관련해, 신학교 존치 위원회는 다음과 같이 권면했다.

"총회는 신앙고백의 개정에 대한 임시위원회에 '세대주의'로 알려진 성경해석이 신앙고백과 조화를 이루는지 아닌지에 대한 질문을 할 것."

우리는 만약 그 제안이 '고등비평'으로 알려진 성경해석, 또는 '신정통주의'로 알려진 신학 시스템이 신앙고백과 조화를 이루는지 아닌지에 대한 조사를 요구했다면, 총회가 어떻게 반응했을까에 대해, 다만 추측할 뿐이다. 그것은 세대주의자들이 그때부터 품어온 추측이다.

1941년, 총회는 신학교 존치 위원회가 세대주의에 대한 조사를 신앙고백과 교리문답에서 발생한 변화에 대한 임시위원회에 넘겨주라는 권면을 승인했다. 이 임시위원회에는 북알라배마노회의 제안 가운데 오직 세 번째 부분만 보내졌는데, 그때 그 위원회의 직무에 "세대주의가 신앙고백과 조화를 이루는지의 … 여부에 대한" 조사를 포함하라는 지시가 있었다.

제5장

남쪽으로 향하는 진동 2
: 신앙고백서와 교리문답에서 발생한 변화를 기점으로 미국 장로교 임시위원회가 세대주의에 대해 벌인 조사

1. 신앙고백서와 교리문답에서 발생한 변화에 대한 임시 위원회

PCUS의 교리적 표준 개정을 위한 위원회 임명을 요구하는 제안은 일찍이 1902년에 기록되었지만, 그런 위원회가 설치되기까지는 무려 30년 이상이나 걸렸다. 그러므로 우리는 북장로교가 그 <신앙고백>을 개정하고 있던 바로 그때 남장로교에도 그 <신앙고백>을 개정하려는 움직임이 있었다는 것을 알 수 있다. 그러나 더 보수적인 남장로교 교인들은 심지어 가장 엄격한 칼빈주의 진술조차 개정하기를 거부하면서, 한동안 그런 충동에 저항했다.

만약 "교회의 믿음에 대한 보다 읽기 쉽고, 대중적인 진술"을 만들어내야 한다는 생각이 없었다면, 아마 신앙고백 개정 위원회는 아예 존재하지 않았을 것이다. 이 대중적인 진술은 1년 안에 완성되었고, 1913년 총회에서 수용되었다. 이 진술은 아주 큰 인기를 얻어, 그 내용을 PCUS의 공식적인 교리적 표준에 포함해 달라는 요청이 폭넓은 지지를 얻었다. 신앙고백 위원회의 형성을 촉진한 것은 바로 이 요청이었다. 토마스 큐리(Thomas W. Currie)는 이와 관련해 아래와 같이 말한 바 있다.

"1931년, 동부 하노버노회의 제안에 대한 답변으로, 총회는 다음과 같은 조처를 했다.

> "동부 하노버노회의 제안서 90번은 우리 표준에서 나온 '간략한 진술'이 우리의 신앙고백과 교리문답에 얽매어야 할 것을, 또한 총회가 그것을 채택할 당시 주문한 설명이 그 진술과 함께 출판되는 방향으로 긍정적으로 대답해야 할 것을 요구하고 있다."(1931년, 총회 회의록 64페이지를 보라)."

이 제안 배후에 있는 의도를 알아내는 것은 불가능하다. 이것은 유니온 신학교와 어니스트 트라이스 톰슨과 존 앨런 맥클린이 소속된 노회였다(이 중 맥클린은 1944년 남장로교 교인들에게 "복음주의적 신조가 필요하다"고 선언한 장본인이었음). 총회가 30년 동안 유사한 제안들을 거부했음에도 불구하고, 동기가 무엇이든 간에, 신앙고백과 소요리문답에 변화를 제안하는 임시 위원회 형성을 이끈 것은 바로 이 제안이었다.

총회는 1935년에 대중적인 수준의 교리 요약을 교회의 교리 표준으로 공식적으로 통합시켜야 할 타당성과 실행 가능성을 연구할 위원회가 필요하다고 결정했다. 총회는 또한 이 위원회가 다른 변화들도 고려해야 한다고 결정했다. 이 위원회에 참여하는 멤버십에 관련해 멤피스 노회가 제시한 안건도 또한 승인되었다. 이 안건의 내용은 이렇다. "위원회는 우리 자체의 여러 신학교에서 가르치는 조직신학 교수들을 비롯해 현재 우리의 의장이자 장차 총회장이 될 헨리 H. 스위츠(Henry H. Sweets) 박사로 구성해야 한다."

이 위원회는 결국 신앙고백에 중대한 변화를 만들어낼 것이다. 예를 들어, 1942년에 총회는 다음과 같은 내용을 채택하겠다는 AIC의 결의를 승인했다.

"1세대 전, 북장로교 신앙고백에 추가되었던 것들과 정확히 똑같은 두 개의 장들(chapters), 즉 '성령에 대해'라는 장과 '복음에 대해'라는 장을 신앙고백에 추가하자는 제안." 그런 변화는 미국 남장로교(PCUS)와 미국 장로교(PCUSA)가 1983년에 재통합되도록 초석을 놓았다.

그러나 1930년대 말에, 임시위원회(AIC)는 여전히 대체로 보수적인 위원회로 보였다. 즉, AIC는 글 표현에 있어서 상대적으로 사소한 변화 이상으로 논쟁적인 것은 제안하지 않았고, 몇 가지 추가만 했을 뿐이다. 그런데도, 심지어 이런 온건한 변화를 둘러싸고서도 어느 정도의 논쟁이 있었다. 예를 들어, 소요리문답의 질문 4번에 대한 답변에서 하나님에 대한 정의에 "사랑"이라는 단어를 추가한 것, 선택받은 자의 숫자가 "매우 확실하고 분명해서 증가 되거나 축소될 수 없다"는 진술을 제거한 것, 그리고 타락한 인간의 본성을 "모든 선에 반대되도록 만들어진 것"으로 묘사하는 어구를 제거한 것 등이다(웨스트민스터 신앙고백, 3장).

AIC 작업의 본질은 PCUS 보수주의자들을 불안하게 만든 것 같다. 그들은 AIC의 모든 제안에 의문을 제기했고, 주장하는 모든 변화를 의심의 눈초리로 보았다. 제임스 B. 그린(James B. Green)은 이러한 의심을 누그러뜨리기 위한 노력의 목적으로, 1938년 총회에 제안된 변화에 대해 다섯 부분으로 된 변호서를 썼다. 그리고 이 아티클 다섯 개는 「크리스천 옵서버」 (Christian Observer)와 「미시시피 비지터」(Mississippi Visitor)라는 저널 두 개에 실렸다. 그의 마지막 아티클("네 번째 그리고 최종 진술"이라는 제목의 아티클에 뒤따라 나오는 아티클)은 그 토론이 얼마나 뜨거웠는지를 말해줄 뿐 아니라, 위원회 구성원들이 그들의 일을 얼마나 심각하게 생각했는지도 알게 한다. 아래에 그 내용 일부를 인용해 본다.

"표준 개정 위원회를 대신해 내가 네 번째 진술을 신문에 보냈을 때, 나는 그것을 마지막이라 불렀다. 그러나 개정 반대자[즉, 로빈슨]가 그 위원회와 그 직무를 계속해서 비난하기 때문에, 또 다른 것이 필요한 듯하다. 내게 먼저 떠오른 생각은 이런 비난을 무시하자는 것이었다. 그러나 두 번째 든 생각은 만약 그것이 답변되지 않으면, 어떤 사람들은 그것들이 답변할 수 없는 것이라고 결론 내릴 수 있다는 것, 또한 그것은 최고인 진리를 위해 좋지 않을 것이다. … 그 위원회의 제안이 자유주의의 성향을 드러내거나, 적어도 자유주의 운동을 방조한다는 주장이 있다. … 그것이 이제는 밖으로 버려지고 집에서 채택되는 신조들을 향한 태도에 최소한의 연민도 없다는 사실을 그 위원회를 위해 말하고자 한다. 또 다른 회원은 신학생들에게 그런 문서를 알릴 뿐 아니라, 그들이 그 가치를 인정하고 사용하도록 하기 위한 노력으로, 신앙고백과 교리문답을 통해 신학생들의 수업을 해마다 들었다. 그 위원회의 어떤 회원들도 신조들의 가치와 필요성에 대한 평가에서 개정 반대자에게 뒷전으로 물러나지 않을 것이다. 표준들을 바꾸자는 제안은 그것들을 사랑하고 존중하는 마음에서, 그것들이 더 유용하게 되는 것을 보고자 하는 열망에서 진행될 것이다."

심지어 비교적 사소한 변화를 만들고자 한 AIC의 초기 노력도 총회에서 대여섯 가지 확대하는 일이 필요했다(1935 - 1941). 이것은 의심할 여지 없이 그들 직무의 민감한 본질 때문이었다. 일이 지지부진해지자, AIC의 회원들은 바뀌었다. 그런데도, 한 위원회가 PCUS 소속의 네 신학교의 대표가 될 수 있도록 하려는 의도는 보존되었다.

AIC가 1941년 세대주의에 대한 조사 권한을 받아들일 때 즈음, 1936년의 원래 위원회에서 남은 회원은 제임스 B. 그린이 유일했다. 1941년 AIC

의 회원들은 관심과 관점의 복잡성을 대표했지만, 우리는 그 위원회의 보수적인 회원들이 세대주의에 대한 조사에서 일관되게 핵심적인 역할을 했다는 사실을 보게 될 것이다.

2. 세대주의에 대한 위원회의 첫 보고서와 재구성 위원회에 의뢰한 위탁

버지니아주 리치몬드 소재 유니온신학교 총장인 벤쟈민 레이시(Benjamin Lacy)와 캔터키주 루이빌 소재 루이빌 장로교신학교의 총장 프랭크 콜드웰(Frank Caldwell)은 우리가 그들의 신학적 입장을 정확히 알기가 쉽지 않지만, 아마 1941 - 43년 위원회의 "진보파"를 대표했을 것이다. 레이시가 쓴 여러 글은 별로 논란이 안 되었지만, 유니온의 "진보적인" 견해를 **관용한** 것이 분명하다. 콜드웰은 1940년대까지 논쟁적인 "협력 위원회와 유니온"을 섬겼지만, 그가 쓴 글들은 그의 신학적 입장을 거의 보여 주지 않는다.

콜드웰과 레이시는 PCUS 소속 신학교들을 강화하는 운동에 깊이 관여했을 것이며, 이는 PCUS 신학교 총장들이 당연히 관심을 보일 논리적인 영역이지만, 그들이 세대주의에 대한 공격 배후에 있었음을 암시하는 것은 아무것도 없다. 1943년 총회가 보고서를 개정하라고 다시 돌려보냈을 때, 레이시와 콜드웰은 사임했다. 그리고 레이시는 총회에 "자신이 이 위원회에서 수년 동안 섬겼다"고 말했으며, "이 두 신사는 그 위원회에서 자신들이 할 수 있는 모든 것을 다 했다고 진술한다."

사우스캐롤라이나주 컬럼비아 소재 컬럼비아 장로교신학교의 조직신학 교수 제임스 B. 그린은 "강직한 보수주의자로 알려져" 있었다. 그러나 그는 1930년대 말까지 신앙고백과 교리문답에 가한 AIC의 보다 논쟁적인 변경을 알리고 옹호하면서, AIC의 "선두척후병" 역할을 했다. 위원회의 이런 다른 책임들 때문에 쏟아부은 시간과 노력으로 인해 그는 다른 이슈에 관심을 돌리지 못했을 것으로 보인다. 그는 세대주의에 대한 AIC 보고서에 1943년과 1944년 모두 서명했다. 이 외에는 그 위원회의 조사 결과로 나온 소견서를 준비하는 데 아무런 역할을 하지 않은 것 같다.

조지아주 애틀란타에 있는 미국 제5차 순회 항소 법원의 법원장이자 1941년 AIC의 유일한 평신도였던 새뮤얼 헤일 시블리(Samuel Hale Sibley)는 아마도 그 위원회에서 가장 보수적인 회원이었을 것이다. 그는 1934년 총회의 의장이었는데, 그때까지 평신도가 그 직에 선출된 것은 겨우 몇 명밖에 없었고, 그가 그중 한 사람이었다. 그러나 그는 공식적으로 신학 훈련을 받지 못했고, 그것은 그가 세대주의에 대한 조사에 애를 먹은 요인이었다. 그는 "그 위원회가 그에게 보내준 문서를 읽기 전까지 자신이 전천년주의자라는 사실을 깨닫지 못했으며, 전천년주의자들이 '신학적으로 혐의를 받고 있다'는 것을 '알고 깜짝 놀랐다'고 고백했다."

시블리는 세대주의를 정죄하는 1943년 보고서에 서명하기를 거부했다. 그 위원회의 소견서에 대해 애증이 엇갈리는 가운데, 판사 시블리는 조사가 행해진 방식에서 나타난 부적절한 모습 때문에 정이 떨어졌다. 시블리의 반대가 적절하지 못했다는 위원회의 다른 회원들의 확신에도 불구하고, 총회는 그의 우려에 감명을 받은 것 같았다. 그 의장은 이에 대한 반응으로, 즉 조사에서 나타났던 부적절한 모습을 조금이라도 완화하기 위해, 그 위원회에 잘 알려진 두 명의 전천년주의자들을 추가했다.

그들은 L. 넬슨 벨(Nelson L. Bell)과 J.P. 맥컬리(McCallie)였다. 넬슨 벨은 전천년주의의 [한 형태]를 비판하는 비전천년주의자들에게 가장 큰소리로 반대한 인물이었다. 벨은 시블리와 마찬가지로, "그 보고서가 그 견해[즉, 전천년주의적 견해]를 지지했지만, 세대주의자들이 아닌 사람들에게 심각한 부당함을 보인다고" 우려했다.

AIC에 두 명의 전천년주의자들을 추가한 것은 시블리에게 공평한 해결책이었다. 이듬해 그는 다른 사람들과 함께, 세대주의에 대한 판결을 만장일치로 만들면서 그 보고서에 서명했다. 그럼에도, 시블리는 AIC의 실제 보고서 작성에 활약한 핵심 인물이 아니었음이 분명하다.

1943년 보고서에 관한 한, 그 임무는 거의 대부분 유진 W. 맥로린(Eugene W. McLaurin)에게 주어졌다. 맥로린에 관한 정보는 거의 없다. 그는 학문적으로 뛰어났음에도 심지어 저널 아티클도 거의 출판하지 않았다. 그가 박사학위를 취득했을 때(1952년 텍사스대학교에서 헬라어를 전공해 받은 Ph.D.), 「남장로교 저널」은 이렇게 말했다.

> "헬라어를 전공해 받은 Ph.D. 학위는 어떤 기관에서도 비교적 드물다. 맥로린 박사는 텍사스대학교가 역대 두 번째로 시상한 인물이다."

이 보수적인 저널에서 그의 업적을 알린 것은 아마도 그가 보수적인 집단에서 친구들이 있었음을 가리키는 것 같다. 그러나 그 당시 "자유주의자들"과 "보수주의자들" 사이에서 일어난 논쟁들에서 그가 취한 입장은 출판된 적이 전혀 없다.

맥로린은 20년 동안 목회를 했으며, 여기에는 제1차 세계 대전 당시 군종목사로 14개월 동안 복무한 것이 포함된다. 그는 1938년에 오스틴신학교에서 신약 언어와 주해 교수가 되었다. 출판에 몰두했을 것 같은 시간은 그가 받은 교육, 그리고 그가 쓴 전문적인 논문, 즉 "히브리어와 고전적인 칠십인 역의 영향과 헬라어 신약의 구속적인 용어들에 나타나는 헬레니즘적인 헬라어 요소들"을 쓰는 데 소요되었음이 분명하다.

그가 세대주의를 싫어하는 어떤 아젠다가 있었다는 암시는 전혀 없다. 그런데도, AIC 의장이 그 위원회의 교수진들에 그 위원회를 위해 리서치를 하고 보고서를 제출하라고 요구했을 때, 맥로린은 그 요구를 심각하게 받아들였다. 맥로린은 제임스 베어의 아티클을 의존하고 그 아티클에 영향을 크게 받은 것 같은데, 그 아티클은 세대주의가 신앙고백과 조화를 이루지 않는다고 비난했다. 맥로린의 논문은 루이스 스페리 체이퍼, 해리 A. 아이언사이드, 윌리엄 벨 라일리, 제임스 M. 그레이, 해리슨 H. 그렉의 글에서, 스코필드 주석성경에 나타나는 PCUS 표준들과 일치 하지 않는 대여섯 개의 내용을 나열한다.

오스틴 장로교신학교에서 인쇄한 "'세대주의'로 알려진 성경 해석이 신앙고백과 조화를 이루는지의 여부에 대한 질문"과 관련해 신앙고백과 교리문답에서 발생한 변화에 대한 임시 위원회의 보고서 서문은 다음과 같이 말한다.

"오스틴장로교신학교의 교수진은 E. W. 맥로린 목사를 통해, 다음의 논문을 제출했다. 이 논문은 아래에 포함되지 않은 약간의 추가 및 약간의 사소한 변경과 더불어, 그 위원회의 보고서가 되었다."

이것은 AIC 보고서가 어떻게 구성되었는지에 대해 가치 있는 역사적 세부사항을 추가한다. 우리는 이 문서가 있으면, 그 위원회가 가한 변경과 조정과 추가 등을 볼 수 있고, 또한 이런 조치 배후에 있는 논리를 알아낼 수 있을 것이다.

불행히도 그 문서는 맥로린의 동기, 관점, 또는 편향성 등에 대해 그 어떤 힌트도 주지 않는다. 그러나 또 다른 의미에서, 이것은 맥로린이 이 직무를 타당한 학문적 질문에 대한 객관적인 답을 찾는 연구원으로서 진행했음을 의미한다. 원래 작업은 연구 논문의 모습과 느낌이 있다(포맷은 그 위원회의 최종 버전에서 수정되었음). 맥로린의 역사적 모호한데도, 그는 AIC 보고서의 분위기를 조성했다. 그는 논쟁을 부추기지도 않고, 세대주의를 조사하지도 않았다. 그는 자기 일을 학자로서 접근해, 자신이 맡은 주제를 유능하게 연구한 것 같다.

AIC가 총회의 신학교 존치 위원회로부터 세대주의를 조사하라는 권한을 받은 그 이듬해인 1942년에 개최된 총회에서, 그들은 다음과 같이 보고했다.

> "여러분의 위원회는 세대주의와 연관된 특정 가르침들이 우리의 표준과 일치하지 않는다는 확실한 점이 있다고 느낍니다. 그러나 우리는 이 보고서를 총회 이전에 블루 북(the Blue Book)에 출판하는 것이 불가능하다는 점을 알았으며, 더욱이, 이 문제가 총회에 확실히 상정되기 전에 우리가 명확히 하기를 바라는 다른 점들이 있음도 알았습니다."

1943년경, AIC는 최종적인 보고를 할 준비를 마쳤다. 이 보고서를 맥로린이 원래 작성한 초안과 비교할 때, 우리는 그 보고서의 어떤 측면들이 나머지 위원회의 관심을 가장 많이 받았는지를 알 수 있다.

그 위원회는 세대주의에 대한 조사가 모든 전천년주의자들을 "신학적으로 의구심이 들게" 하는 것 같다는 새뮤얼 H. 시블리의 우려를 예측했다. 비록 성공하지는 않았지만, 그 위원회는 그런 우려를 미연에 방지하려고 시도했다. 맥로린은 "이슈가 되는 점은 … 본래 천년왕국에 대한 견해가 아니다"고 진술했다. 그 위원회는 이 점을 의미심장하게 확대했다. 그 위원회 보고서 부록에 다음과 같은 내용이 있다.

> "그것은 천년왕국에 관련한 논쟁이 전혀 아니다. 왜냐하면, 우리 교단은 천년주의자들, 무천년주의자들, 후천년주의자들, 그리고 전천년주의자들을 위한 여지가 항상 있었고, 지금도 있기 때문이다. 강조해 보자면, 이슈가 되는 주요 포인트는 세대주의로 알려진 성경 해석 시스템이 웨스트민스터 표준에 나타나 있는 장로교 교리와 조화를 이루는가의 여부다."

맥로린이 작성한 초안과 1943년 AIC의 보고서는 모두 어떤 자료들이 세대주의적 입장을 가장 공정하게 묘사한 것인지를 결정하기 어렵다는 사실을 인정했다. AIC 보고서는 사용된 자료들이 "일반적으로 인정된 이런 가르침의 주창자들의 글"이었다는 사실을 단순히 말했다. 맥로린은 부딪친 어려움에 대해 아래와 같이 더욱더 상세한 묘사를 한다.

> "대부분의 세대주의 자들이 받아들인 세대주의의 원리들을 정확히 규정하는 것은 어렵다. 그 이유는 성경 해석에 대해 공식적으로 형성된 세대주의 학교 시스템이 없기 때문이다. 이 보고서에서는 주도적인 세대주의자들 저자들의 글에 기록된 대로 모든 세대주의자들이 지지하고, 우리의 표준 가르침에 반대되는 신념들만이 고려된다."

그 위원회는 맥로린이 포함한 견해들이 "모든 세대주의 자들에 의해 옹호된 신념들"이었다는 그의 주장에 어느 정도의 과장이 있음을 간파한 것 같다. 그들은 이 진술을 제거했을 뿐 아니라, 스코필드가 "율법"과 "은혜" 사이에 둔 구분을 논의할 때, AIC 보고서는 (맥로린과 달리) "그러나 어떤 사람들[세대주의자들]은 스코필드 박사가 '율법'과 '은혜' 사이에 둔 구분에서 그를 따르지 않고, 모든 사람이 은혜로 구원받는다는 것을 견지한다"는 점을 명확히 한다.

맥로린이 작성한 내용 중 어떤 것은 AIC 보고서에서 다시 조직되었지만, 요지는 대체로 바뀌지 않았다. 맥로린이 인용한 인용문들은 그 위원회의 작업을 위한 준거 틀이 되었는데, 두세 곳에서는, 찰스 파인버그(Charles Feinberg)와 아르노 C. 개벌라인의 인용문들이 추가되었다. AIC 보고서는 근본주의자 윌리엄 벨 라일리와 제임스 그레이(James Gray, 무디 성경 연구소 소장)의 모든 인용문뿐 아니라, 더욱 덜 알려진 콘퍼런스 강사, 해리슨 그렉(Harrison Gregg)의 인용문까지 제거했다.

그러나 배제되는 인용문에서 **지지가** 되는 **요점들**은 제거되지 **않았다**. 그 인용문들은 그 위원회가 동일한 요지들에 대한 **더 분명한** 세대주의적 표현이라고 생각한 것으로 **대체되었다**. 만약 맥로린이 애초에 작성한 초안과 그 위원회의 최종 버전 사이에 나타나는 차이에 하나의 패턴이 있다면, 그 이유는 분명히, 묘사된 견해들이 세대주의자들에게 **광범위하게** 지지된 반면, AIC 보고서는 그 견해를 **분명히** 거부된 것으로 제시하는 데 더 관심이 있었다는 사실을 입증하고자 하는 맥로린의 더 큰 관심 때문이다.

이것은 체이퍼와 스코필드에게 좋지 않았다. 사실, 그 보고서에 대한 체이퍼의 불평 가운데 하나는 이런 내용이었다. "세대주의적인 해석의 옹호자들로 [AIC가] 말한 여덟 사람 중 여섯 사람은 인용되지만 한 번 간략하게만 인용된다. 인용문 대부분은 고 C.I. 스코필드 박사의 것과 비블리오테카 사크라(BIBLIOTHECA SACRA)의 편집자[즉, 체이퍼 자신]의 글들(대부분 이 저널에서 발견되는 글들)이다. 그리고 후자가 전자보다 더 많이 인용된다." 체이퍼는 분명히 그 보고서를 개인적인 공격으로 받아들였다.

하지만 체이퍼는 집중된 이 관심 중 일부를 존 머레이와 오스왈드 T. 앨리스의 주장에 대한 반응으로 1936년에 쓴 아티클을 통해, 자기 자신에게 돌리게 했다. AIC 보고서의 서론은 체이퍼의 견해가 은혜 언약의 전통적인 개혁주의적 표현과 다르므로 머레이와 앨리스의 견해와도 다르다는 체이퍼 자신의 폭로를 인용했다. 계속해서 AIC는 이것이 웨스트민스터 표준에 분명히 담겨 있는 교리라고 지적했다.

그러나 논쟁이 고조됨에 따라 체이퍼의 논평은 교회의 교리 표준에 대해 훨씬 더 무신경해졌다. AIC의 1943년 보고서에 대한 편집적 반응을 통해, 체이퍼는 다음과 같이 말했다.

"총회의 임시위원회의 이 도전으로 말미암아, 신성한 본문을 오랫동안 끈기 있게 연구해 세대주의 교리를 성경의 바른 이해를 위한 핵심으로 받아들이는 수많은 성경 강해자들과 논증에서 "이와 같이 여호와께서 말씀하셨느니라"에서 벗어나 인간이 만든 신조들로 돌아가는 신학 이론가들 사이에 선이 그어진다. 여기에 현상 하나가 있다. 참으로, 신조가 실제적인 용도에서 성경 자체만큼 권위적인 것으로 여겨질 정도로 신조를 과도하게 높이는 이 찬양 아래에 깔린 근본적인 것은 무엇인가? 분명히 신조는 그것이 오류가 없다는 관념 때문에 그토록 찬양받는 것이 아니다. 왜냐하면, 세대주의의 특별함을 나중에 불신하는 총회 위원회의 바로 이 보고서의 처음 부분이 "신앙고백과 교리문답에 변경"을 권고하기 때문이다."

체이퍼는 고백적인 서약의 관념 일반을 도전하는 것이 마치 충분하지 않기라도 한 것처럼, 계속해서 이렇게 상정했다. 즉, AIC 소견서가 나오게 된 진정한 동기는 아마도 매우 설득력 있는 세대주의자 논증에 맞닥뜨려 AIC가 겁을 집어먹는다는 느낌과 더불어 그 위원회의 성경적인 무능력이었을 것이라고 말이다. 그는 이렇게 말했다.

> "성경에 관한 자세한 연구를 하지 못했다고 개인적으로 의식하면서, 자기 스스로가 성경적 근거에 대해 세대주의자가 개진한 건설적인 가르침을 직면할 수 없다는 사실을 알고, 그러므로 신조가 교의적이고, 자신들처럼 피신을 위해 똑같은 그림자를 찾는 다른 많은 사람이 있기 때문에 자신들의 방어벽이 뚫리지 않는다고 믿으면서, 신조 뒤에 숨는 사람들이 있다는 것이 가능하지 않겠는가?
> 심지어 성경을 잠깐이라도 생각해 본 적이 아예 없는 사람조차 신조를 받아들이는 것은 상당히 가능한 일이다."

체이퍼는 그토록 분노를 유발하는 발언 때문에 자신의 견해를 조사하는 AIC 회원들에게 더 호의적인 말을 들을 것이라고는 거의 생각하지 않았을 것이다. 우리는 다음과 같은 두 가지 중 하나만을 추정해 볼 수 있다.

(1) 그는 AIC의 1943년 보고서에 너무 격분한 나머지 순간적인 경솔한 행동으로, 자신의 말이 초래할 후폭풍을 전혀 고려하지 않고, 지면에 분노를 폭발시켰다. 아니면,
(2) 그는 AIC가 그의 견해를 신앙고백과 일치하지 않은 것으로 **올바로** 결론 내렸음을 인정했지만, 그런 소견서가 성경의 가르침을 "더 많이 공부한" 사람들에게는 사소한 것으로 생각되어야 한다고 믿었다.

그럴 때, 그의 발언은 그의 지지자들이 필연적인 결과에 대비하도록 의도된 것이었고, 더 많은 서약주의자 장로교인들에 맞서는 공격적인 전략을 대표한 것이었을 것이다.

그의 동기가 무엇이었든지 관계없이, 장로교 교리 표준과 장로교 리더들을 업신여기는 표현들은 세대주의자의 영향력이 PCUS의 권위, 노력, 지도자들, 조직들, 기관들에 해롭기만 할 뿐이라는 인식을 악화시키기만 했을 것이다. 1943년 AIC 보고서는 어떤 교리적 차이가 제시되었는지는 별개로 하더라도, PCUS가 그런 반역을 관용할 의향은 없었다는 사실을 분명히 했다. 당시 보고서에는 다음과 같이 기록되어 있다.

"우리는 많은 사역자와 평신도가 세대주의의 특징적 가르침과 강조점에 대해 알지 못한다고 생각한다. 세대주의 교리가 우리 표준에 나타나는 가르침과 다른 분명한 논리적 차이보다 훨씬 더 심각한 것은 교회에서 일으키는 세대주의의 분열적 효과다. 그런 가르침을 성도들에게 주입하게 된 많은 교회에서는, 우리 자체의 집행 위원회가 편집하고 출판한 주일학교 자료들이 평가절하 되고 사용되지 않는다. 그래서 여러 교단에 공통된 주일학교 자료로 대체된다. 마찬가지로, 우리 자체의 장로교 기독교 교육 기관, 청년 컨퍼런스, 그리고 교회의 다른 기관들도 평가절하 되고, 세대주의자 가르침과 세대주의자 성경 해석 방법에 맞춰 '진리의 말씀을 올바르게 쪼개지' 않기 때문에 때로는 '현대주의적,' 또는 '무신론적'이라는 꼬리표가 붙는다. 따라서 그들 자체 단체들과 기관들에 대한 장로교인들의 충성심은 약해지며, 우리 자체 교회가 수행하는 일에 사용될 수 있는 자금도 소위 '믿음 선교'와 '교단 상호간의 초교파적인 성경 기관들'이라 불리는 것에 전용된다. 많은 경우에, 세대주의의 이슈는 노회 측에서 과감한 조치를 취해야 할 만큼 지역 회중들에 날카로운 분열을 초래하게 되었지만, 그런 조치들이 너무 늦게 취해져서 회중이 뿔뿔이 흩어지는 것을 막을 수 없었다."

AIC는 세대주의가 **신앙고백** 및 **교리문답**과 일치하지 않는지의 여부를 분별하도록 총회의 위임을 받았다. 그렇지 않았다면, 그들은 당시 세대주의의 주창자로 가장 잘 알려진 남장로교 교인인 그 자신이 언제 공개적으로 그 정도로 인정했는지를 어떻게 알 수 있었겠는가?

그러나 1943년 총회에서, 이 질문들은 아직 완전히 답하지 않았다. 1943년 AIC 보고서의 결론은 "[PCUS]에 소속된 신학교 네 개의 교수진들을 대표하는 것은 연구된 그런 질문들에 대한 '세대주의'의 가르침과 신앙고백의 가르침이 양립할 수 없다는 것이었다." 그러나 위에서 언급한 바와 같이, 그 위원회의 전천년주의자 한 사람은 그 보고서에 서명하기를 거부했고, 고백적인 보수주의자인 다른 전천년주의자들 역시 그 보고서를 들으면서, 그 보고서가 전천년주의자들 일반을 신학적으로 혐의 있는 자들로 만들었다고 우려했다. 세대주의 보고서에는 다음과 같은 내용이 있다.

"그 보고서가 제출된 이후에 속개된 토론에서, 과거 의료 선교사였던 L. 넬슨 벨 박사는 보고한 위원회가 그것에 대한 전천년주의적 견해들 가운데 하나도 없었다고, 또한 그 보고서는 그 견해를 옹호하지만 세대주의자들이 아닌 사람들에게 무심코 심각한 부당 행위를 한다고 말했다. 그는 그 위원회의 소견서에 반대했다. … [그리고] 이 보고서를 다시 회부하고, 모든 사람에게 수용될 수 있는 보고서를 제출하도록 전천년주의 견해를 가진 회원 두 명을 추가적으로 더 포함시키라는 동의안을 냈다."

심지어 또 다른 회원은 "그 보고서를 상정하기 위해 대체 동의서"를 제출했지만, 실패했다.

그 점에서, 두어 사람들은 총회에 더 큰 연합을 하라고 촉구했고, 한 사람은 "모든 논쟁적인 문제들이 이 세대에는 맞지 않는다"고 진술했다. 판사 시블리가 왜 그 보고서에 서명하지 않았는지에 대해 그의 설명을 들은 후, "전천년주의자 두 명을 추가함과 아울러 그 문제를 다시 회부하라는 벨 박사의 건의가 채택되었다." 총회는 테네시주 채터누가 소재의 맥컬리 소년 학교(The MaCallie School for Boys)의 설립자이자 교장인 J.P. 맥컬리와 더불어 벨이 이 책임을 져야 할 논리적인 선택임을 깨달았다.

그러나 이것은 불평을 제대로 끝내지 못했다. 분명히, 프랭크 콜드웰은 그 보고서가 불충분하다는 주장에 기분이 상했다. 벨의 동의안이 통과된 후, 콜드웰은 "그 보고서가 '네 신학교의 협력을 나타내며 심지어 두 명의 전천년주의자들을 추가한다고 해서 그것을 개선하지 못한다'고 말하면서 사직서를 제출했다." 그에 뒤이어, 레이시 역시 "그 보고서가 모든 신학교 교수진의 태도를 대표한다는 사실에서 콜드웰 박사에게 동의한다고 말하면서, 사직서를 제출했다." "약간의 논쟁 후, 이 사람들이 그들의 계승자들의 이름을 지어주어야 한다는 규정과 함께 이 두 사직서는 수락되었다."

그들의 사직서에 이어 어떤 토론이 있었는지, 또는 총회는 무엇 때문에 콜드웰과 레이시가 그들의 계승자들에게 이름을 지어주도록 허락했는지를 상세하게 기록한 보고서는 하나도 없다. 그러나 다양한 여러 보고서를 수집 분석해 보면, 어떤 상호 작용이 뒤따랐을 것인지에 대한 단서를 얻을 수 있다. 「남부의 장로교인」이라는 저널은 "모든 사람에게 수용될 수 있는 보고서를 제출하도록" 전천년주의자 회원 두 명을 그 위원회에 추가해 달라는 벨의 동의안을 다시 언급했다.

「남장로교 저널」(*Southern Presbyterian Journal*)에 실린 벨과 헨리 B. 덴디의 기사는 이 점을 다음과 같이 더 정확히 표현했다.

"뒤따른 토론에서, 이 보고서를 다시 회부하고, 극단적인 세대주의를 정죄하는 반면 우리 교회의 다양한 천년주의 견해를 가진 사람들에게 수용되는 보고서를 제출하도록 전천년주의적 견해를 가진 두 명의 회원을 추가로 포함하라는 동의안이 제출되었다."

그러나 콜드웰은 그 보고서를 있는 그대로 옹호했다. 덴디와 벨은 왜 그런지 다음과 같이 말한다.

"그 보고서는 다음과 같이 진술했다. "그것은 결코 천년왕국에 관련된 논쟁이 아니다. 왜냐하면, 우리 교단은 천년주의자들, 무천년주의자들, 후천년주의자들, 그리고 전천년주의자들을 위한 여지가 항상 있었고, 지금도 있기 때문이다. 강조해 보자면, 이슈가 되는 주요 포인트는 세대주의로 알려진 성경 해석 시스템이 웨스트민스터 표준에 나타나 있는 장로교 교리와 조화를 이루는가의 여부다."

「남장로인」(*Presbyterian of the South*)이라는 저널은 그때 칼빈 리드(Calvin Reid)가 제기한 우려 사항을 다음과 같이 언급한다.

"조지아주 콜럼버스의 J. 칼빈 리드 박사는 아침 토론 대부분이 신앙고백과 그 가르침을 묵살했다고 지적하면서, 그 위원회가 세대주의 가르침과 신앙고백의 가르침을 비교하도록 예전처럼 지시받아야 하는지의 여부에 관해 물었다. 의장은 총회의 다른 지시사항 없이 이전 위원단이 한 말을 반복했다."

이 모든 것을 종합하면, 콜드웰과 레이시의 사임 이후에 이어진 논쟁은 그 보고서가 추가적인 연구를 위해 다시 송부될 필요가 있는지에 대한 여부를 중심으로 일어난 것 같다. 비록 전천년주의자들이 분명히 관련될 것 같지만, 그 보고서는 전천년주의를 그 자체로 정죄하지 않고, 신앙고백을 거스르는 세대주의적 견해를 정죄한 것이라고 강조했다.

더욱이, 벨이 "극단적인 세대주의"에 대한 그 보고서의 정죄를 보존하기 위해 신속히 드러낸 의도는 그 위원회의 계속되는 숙의의 필요성에 심지어 더 많은 의문을 던진 것 같다. "심지어 두 명의 전천년주의자들을 추가한다고 해서 그것을 개선하지 못한다"는 콜드웰의 주장이 이것을 암시한다.

그러나 총회는 공격, 또는 불공평을 지나치다 싶을 정도로 피했다. 설령 그렇게 하는 것이 계속적이고 잠정적으로 불필요한 숙의를 해야 한다는 것을 의미할지라도 말이다. 그 보고서는 개편된 위원회에 다시 송부되었다.

콜드웰과 레이시에게 그들의 후계자들을 선택하라고 한 요구는 아마 신임 투표로 의도되었을 것이다. 그것은 확실히 그 위원회에 대한 그들의 관점을 보증해서 영구화시키겠다는 것이었다. 참으로, 전천년주의자 두 명을 추가해서 세대주의 견해가 AIC에서 아무리 동정을 얻을 수 있었다 하더라도, 그 어떤 동정도 콜드웰과 레이시가 자신들의 후계자를 선택함으로써 상쇄되고 말았다.

콜드웰이 선택한 후계자는 펠릭스 베이야드 기어(Felix Bayard Gear)였다.

기어는 아주 인상적인 교육 경력이 있었으며, 세대주의에 대한 그의 연구는 분명히 콜드웰에게 알려졌을 것이다. 기어는 AIC 위원들 가운데 가장 어렸음에도(당시 44세), 그리고 그 당시 이미 저명한 인물이라기보다 "장래가 유망한" 사람에 불과했음에도, AIC의 위원장에 임명되었다. 그는 분명히 AIC에서 그의 동료들의 존경을 받았을 것이다.

세대주의에 대한 그의 태도가 무엇이었을지에 대해서는, 의문의 여지가 없을 것이다. 그의 강의 노트에 언급된 존 칼빈의 『기독교 강요』에 대한 방대한 내용들, 그리고 충실한 남장로교 교인 로버트 뎁니에 대한 신학적 글들을 보면, 남장로교회가 포용한 개혁주의 전통에 대한 경외심이 잘 드러난다. 한편, 기어는 AIC 조사 이후, 세대주의에 대해 다음과 같이 말했다고 한다.

> "우리는 정말로 매우 무지한 사람들을 향해 자신이 우월한 지식을 가졌다고 오만하게 주장하는 교의적 독단에 부딪친다. … 그들의 시스템을 성경에 '구겨' 넣거나, 성경에서 '짜' 내려는 노력을 하는 가운데 성경에 모든 왜곡을 가하면서도, 그들은 실수할 수 있는 가능성이 있음을 좀처럼 인정하지 않는다. 어쩌면 그들은 만약 스코필드 주석 성경을 안다면 그들이 그들의 모든 교사보다도 그것을 더 잘 이해한다고 느끼는 것 같다. 그들은 손에 쉽게 넣을 수 있는 이 피상적인 시스템으로 오류를 범할 수 없다."

그는 교회를 분열시키고 교회 목사들에 대한 성도들의 확신을 약화시킨 하나의 파괴적인 세력으로 본 것에 대해 좌절감을 느끼고, 교회에서 세대주의를 제거하기 위한 노력에 동참하고자 하는 열의를 보였을 것이다.

기어는 제임스 베어를 제외하고(아래를 보라) AIC에서 그 위원회에 합류하기 전에 세대주의를 조사한 유일한 사람이었던 것 같다(아마도 바로 이런 이유 때문에 콜드웰이 그를 선택했을 것임). 베어와 마찬가지로, 베어 역시 "주의 재림에 대한 견해에서 모든 세대주의자는 전천년주의자이지만, 모든 전천년주의자들이 다 세대주의자들인 것은 아니다"라고 진술하면서, 일반적으로 전천년주의자들과 **세대주의적** 전천년주의자들 사이의 차이를 인식했다. 세대주의를 조사한 다른 모든 남장로교 교인처럼, 기어 역시 베어의 아티클을 인용했다.

그러나 기어는 자신의 결론에 독립적으로 도달한 것 같다. 기어는 플리머스 형제단을 통해 세대주의자 시스템에 대한 아주 독특한 역사적이고 신학적인 분석을 제시했다. 이것 덕분에 그는 플리머스 형제단을 반대하는 로버트 뎁니의 19세기 글들을 사용할 수 있게 되었다. 필요한 부분만 약간 수정하면, 플리머스 형제단은 "현대의 세대주의 이론으로 이어져 온 그 운동의 독특한 특징"을 반대했다. 따라서 그 위원회에 기어가 추가된 것은 세대주의를 철저히 알 뿐 아니라, 그 가르침을 절대적으로 반대하고 그것이 PCUS에 가한 위협을 경계하기도 하는 관점이 추가되었다는 것을 의미한다.

레이시는 제임스 에드윈 베어(James Edwin Bear)를 그의 후계자로 선택했다. 베어는 리치몬드에 있는 유니온신학교(레이시가 이곳의 총장이었음)의 성경 문헌과 신약 해석의 헨리 영 교수(Henry Young Professor)였다. 베어는 남부에서 세대주의와 전천년주의와 **웨스트민스터 신앙고백** 사이의 관계에 대해 가장 널리 알려진 전문가였다. 그는 그 주제에 대해 1938년에 글을 쓰기 시작했는데, 그 해는 분명히 그가 루이스 스페리 체이퍼와 오스왈드 T. 앨리스 사이의 논쟁을 읽을 후 자기 자신의 아티클을 쓰겠다고 바로 결정을 내린 해였을 것이다.

앨리스와 머레이처럼, 베어는 무천년주의를 지지했다. 그는 또한 무천년주의자들과 전천년주의자들 사이에 있었던 북장로교인 논쟁 역사를 상당히 잘 알고 있었다. 베어의 논증은 버스웰이 두려워한 것과 그가 OPC의 동료 전천년주의자들에게 분명히 경고한 것을 정확히 발생시켰다는 점에서, 어떤 의미에서, J. 올리버 버스웰은 베어의 논증을 통해 옳음이 입증된 것이다. 베어는 성경장로교회가 **신앙고백**에 가한 변경을, "세대주의적 전천년주의"(성경장로교회가 인정한 견해에 대해 그가 붙인 용어)는 오직 그것을 바꿈을 통해서만 **신앙고백**에 수용될 수 있었다는 증거로 지적했다. 베어의 말을 직접 들어보자.

"따라서 오늘날 여러 견해 가운데 진정한 대조는 전천년주의자들의 견해와 무천년주의자들의 견해 사이의 대조다. 전천년주의자들은 그리스도가 지상의 천년왕국을 세우기 위해 재림한다고 믿는 반면(오늘날 이것은 주로 회복된 유대의 전제군주정일 것이라고 주장됨), 무천년주의자들은 그리스도가 그의 영원한 하늘 왕국을 세우기 위해 재림한다고 믿는다. 이 후자, 즉 무천년주의자들의 견해는 교회의 신조를 통해 입증되는 바와 같이 언제나 교회의 지배적인 견해였다. 그것은 우리 자신의 **신앙고백**과 **교리문답**에서 가르치는 견해다. 만약 어느 누구라도 그 증거를 원한다면, **성경장로교회**(이 교회는 남장로교회의 사역자들과 출판물인 <**불빛**>(*The Beacon*)을 좋아해 온 전천년주의 그룹임)가 그들의 전천년주의적 신념을 위한 신조적 기초를 가지기 위해 **웨스트민스터 신앙고백**과 **교리문답**에 가한 급진적 수정에서 그 증거를 찾을 수 있을 것이다. 무천년주의는 우리가 받은 우리의 표준에서 가르치는 견해다."

그럼에도 베어는 PCUS 교리 표준의 척도가 제공한 것으로 이해되는 전통적인 자유재량을 고려할 때, "세대주의적 전천년주의"와는 달리 "역사적 전천년주의"는 신앙고백적 측면에서 수용 가능하다는 논문에 아티클 하나(그리고 다른 여러 아티클에 있는 여러 섹션)를 기고했다. 베어는 유대 민족의 부흥에 대한 세대주의의 기대를 우연히 발견했는데, 그런 기대는 수용할 수 없는 전천년주의의 핵심적 내용이었다. 그의 주장에 따르면, 이런 독특한 내용은 거침없이 더 심각한 일탈로 이어졌다.

예를 들어, 예수의 "나라"(kingdom)는 성격상 명백히 유대적이고, 미래에 완전히 성취된다는 내용이다. 그는 이런 "세대주의자들"의 가르침이 현재 지상에서 우리가 해야 할 그리스도인의 (나라) 책임을 감당하지 못하도록 하는 것이라고 주장했다. 그는 계속해서 주장하기를, 우리가 수용할 수 있는 전천년주의는 (교회의 교리적 표준과 함께) 그리스도의 현재 왕권이 논리적으로 그의 현재 백성에 대한 지상의 사회 - 정치적 책임을 필요로 한다는 사실을 제대로 인식한다고 했다.

AIC가 만든 이슈 프레임이 "제대로 개진된 것이 아니다"라는 체이퍼의 주장은 어떠한가?

총회 앞에서 개진된 바와 같이, 그 이슈는 세대주의의 가르침과 신앙고백 사이의 조화를 문제 삼지만, … 세대주의의 가르침과 신성한 본문 그 자체 사이에는 조화가 있는지의 여부여야 하는 것이 아닌가?

베어는 그런 반대에 대해 다음과 같이 생각했다.

"세대주의와 은혜언약에 대해 토론할 때, 은혜 언약을 성경에서 **입증하는** 것은 … 우리의 목적이 **아닐** 것이다. 그런 증거는 위대한 개혁 신학자들이 만든 표준적인 신학 작업에 나타나 있다. 이 교리는 또한 우리 교회의 표준에 포함되어 있다. [**신앙고백** 제7장; **대요리문답** 30 - 36번을 인용] 그리고 우리는 우리의 **신앙고백에** "성경이 가르치는 교리 체계"가 담겨 있다는 우리의 의견을 바꿀 이유가 없다. [정치 형태, 섹션 2, 단락 115를 인용]."

그러므로 체이퍼는 그의 반대자들을 "세대주의자들이 개진한 건설적인 가르침을 성경적 근거를 기반으로 직면할 수 없는 것으로 스스로를 아는" 사람들로 단순히 치부했을 때, 또는 "성경 그 자체를 잠깐이라도 생각한 적이 없는" 베어와 같은 사람에게 "신조를 받아들이도록" 했다고 생각할 때, 그의 반대자들을 심각히 평가절하했던 것 같다. 베어는 그런 말을 크게 분노해서 받아들였으며, 그런 비방이 "선택을 강요"한다고 대꾸했다. 그는 이렇게 말했다.

"오랫동안, [세대주의]는 확산하였지만, 인식하는 사람들이 거의 없었다. 많은 목사는 세대주의 원리들에 대해 익숙하지 못했고, 스코필드 성경에서 무엇이 가르쳐지고 있는지 알아내려고 시도하지 않았다. 세대주의자들은 자신들을 전천년주의자들이라고 불렀고, 만약 누군가라도 그들의 가르침을 비판하거나 의문시하면, 의문을 제기하는 그 사람에게 오히려 성경에 대해 무지하거나 성경에 충실하지 않은 자라고 재빨리 대꾸했다. 재림에 대한 세대주의적 계획을 지지하지 않는 것은 성경에 대한 무지의 증거이거나 그리스도의 재림을 거부한다는 증거였다."

베어는 위에 언급된 체이퍼의 논평을 세대주의자들의 "전형적인 태도"를 나타낸 것으로 인용하면서, "주도적인 세대주의자인 남부의 한 장로교인에게 나온 이와 같은 말은 그 이슈가 얼마나 초미의 관심사인지를 보여 준다"고 선언했다.

"세대주의적 전천년주의"와 "역사적 전천년주의" 사이에 베어가 말한 이념적이고 주해적인 차이는 상당히 중요하다. 1943년 AIC는 대체로 이런 점들에 대한 베어의 논증을 따랐다. 그러나 이 논증이 1944년 보고서에서 **탈락되었다는** 것을 볼 때(비록 베어가 당시 그 위원회에 있었지만), 우리는 과연 베어가 말한 차이점이 본질적인 차이점을 성공적으로 제기했었는지 의아스럽다.

그러나 우리는 북장로교인들의 여러 논쟁이 베어의 분석에 끼친 영향이 얼마나 컸는지에 대해서 의아해할 필요가 없다. AIC가 세대주의에 대한 조사를 착수하기 직전에(1940년), 베어가 남장로교인 "세대주의자들"에게 한 도전은 그의 관점이 북장로교의 역사에서 얼마나 깊은 영향을 받았는지를 매우 분명히 보여준다. 베어의 말을 들어보자.

"그런 사실은 **성경장로교회가** 일어나게 된 역사적 배경 중 일부이며, 어떤 표현들은 타당해 보인다. 그들이 탈퇴한 주요 요인 중 하나는 그리스도의 재림에 대한 자신들의 견해가 근본적으로 중요하다는 그들의 고집이었다. 그들은 총회에 계속 남아 있을 수도, 전천년주의자들로 남아 있을 수도 있었다. 그들은 전천년주의적 입장을 근본적인 교리로 만들기 원했고, 세대주의적 가르침을 수용할 자유를 원했으며(그들이 개인적으로 선택하는 그만큼), 그래서 그들은 유일하게 정직한 일을 했다.

그들은 탈퇴했고, 그들의 견해에 맞추기 위해 **신앙고백**을 개정했다. 우리는 그들의 견해에 동의하지 않지만, 그들 자신의 교회를 만들고 그들 자신의 양심에 따라 행동할 권리에 대해 의문을 제기하지 않는다. 그러나 우리는 정말로 이렇게 주장한다. 즉, 그들은 그리스도가 재림할 때 무슨 일이 일어날지에 대한 그들의 견해가 **근본적으로 중요하다고** 고집스럽게 주장한 것, 또한 그들이 이 교리를 만들 때 참조한 성경 해석에서, 역사적 장로교회의 믿음과 가르침에 이탈해 있다는 사실이다. 설령 그들이 이것과 조화를 이루지 않고 있다는 사실을 인식할 만큼 개혁주의 성경 해석에 아주 익숙하지 않다고 하더라도, 그들은 적어도 "그들의 열매로 그들을 알리라"는 사실만큼은 깨달아야 한다. 만약 이 세대주의적 전천년주의가 교회의 역사적 해석과 조화를 이루고 있었다면, 이 가르침이 소개된 곳이 어디이든지 우리가 발견할 수 있는 이런 교리적 분열과 분리는 없었을 것이다."

그 후, 베어는 세대주의적 전천년주의 자들이 이제 그들 자신의 성직자들 사이에 산재되어 있다는 사실을 인식하면서, 아주 짧은 기간에 총회 전체의 "마지노선"으로 입증될 것을 제출했다. 아래 인용문은 그때 그가 한 말이다.

"전천년주의자는 남장로교회에서 사역자 또는 직원이 될 수 있는가?
물론 그렇다. 그 사람의 견해가 자격 미달이 아니라면 말이다. 만약 그가 성경이 전천년주의를 가르친다고 믿지 않는 그의 형제들을 향해 그리스도인의 관용과 적극적인 선한 뜻을 보여줄 수 있다면, 그리고 성경에 대한 그들의 신실성이나 학문성에 의문을 제기하지 않는다면 말이다. 만약 하나님이 인간을 다루시는 것에 대한 그의 견해가 수 세기 동안 견지되어 온 것, 그리고 은혜 언약, 즉 하나님은 **한** 백성인 그의 백성에 대해 구원의 한 계획을 세우고 계신다는 내용으로 널리 알려진 것(구약 예언은 교회에서 성취된다는 것)과 조화를 이룬다면, 그는 우리 교회의 자산이며, 우리는 하나님이 그리스도의 재림 때 하실 일에 대해 의견을 달리할 수 있다는 사실에 동의할 수 있으며, 그리스도가 위해서 죽은 하나님의 백성, 즉 교회를 세우기 위해 함께 힘써 일할 것이다."

베어가 체이퍼에게 "우리 **신앙고백**을 이 '세대주의적 진리'의 가르침에 맞게 개정하라"고 하면서 미끼를 던진 것은 해로운 제안이었다. 베어는 그런 도전의 결과가 어떻게 나타날 것인지를 잘 알고 있었다. 그는 자기 자신의 반응이 어떨 것인지 확실히 알고 있었다.

그럼에도, 베어가 그 위원회에 참여한 1943년에, 체이퍼는 "일단의 좋은 사람들이 신앙고백을 만들었기 때문에 신학적으로 세상의 변화에 놀라는 사람이라면 누구든지 교리적으로 발전한 것을 깨달아 인식해야 한다"고 도전하면서, 그 미끼를 물었다. 더욱이, 그는 다음과 같이 질문했다.

> "우리는 단지 3세기 전 훌륭한 사람들이 알지 못했던 많은 중대한 진리를 발견해 제시한다는 이유만으로 신성한 본문에 대한 성숙한 이해가 처벌을 받아야 할 때에 도달한 것인가?
> 현재 수용된 자유를 고려해서 교회의 표준을 개정해, 자유 재량이 오직 세대주의 신학만을 수용할 수 있는 많은 사람에게 부합되도록 하여 그들에게 그들 형제와 계속해서 교제하도록 허락하는 본문을 재구성하는 것이 더 현명한 과정이 아니겠는가?"

이렇게 주사위는 던져졌다. 체이퍼의 직접적인 도전을 고려해, 베어와 그 위원회가 체이퍼의 견해를 PCUS의 교리 표준의 가르침에 반대되는 것으로 설득력 있게 기술하는 것이 가능해졌다. (그러나 **체이퍼의** 견해에 대한 이 기술이 **신앙고백**, 또는 언약신학과 관련해, **세대주의** 그 자체에 대한 보다 정확한 이해를 도출해 냈는지의 여부는 여전히 의문으로 남아 있다.)

비록 베어는 1943년이 되어서야 비로소 그 위원회에 합류했지만, 조사 기간 내내 AIC가 논지로 사용한 것은 대체로 그의 글이었다. 맥로린이 원래 작성한 초안이 1943년 AIC 보고서의 기초 역할을 할 수도 있었지만, 베어의 글이 모두에게 판단 기준이었다. 따라서 우리는 비록 그의 공식적인 임명 전에 예상할 수 있던 것이기는 하지만, AIC의 가장 영향력 있는 인물은 베어였다고 정확히 말할 수 있다.

L. 넬슨 벨은 1943년에 AIC에 추가된 두 명의 전천년주의자들 가운데 한 사람이었다. 만약 그가 AIC 보고서에 자신의 서명 외에 다른 아무것도 남기지 않았더라면, 오로지 그의 이름만으로도 보고서 그 자체 **안에** 들어 있는 그 어떤 것보다도 남장로교 보수주의자들 사이에서 신뢰성을 촉진했을 것이다. 심지어 그의 사위 빌리 그래함(Billy Graham)이 유명해지기 전에도(그래함은 1943년 8월 13일에 벨이 딸 룻과 결혼했음), 남장로교의 견고한 보수주의의 간판은 르무엘 넬슨 벨이었다.

벨은 자신의 보수적인 신뢰성을 일찍이 구축했으며, 아주 일관적으로 유지시켰다. 버지니아주에서 태어나 자라고 교육을 받은 그는 신학이 아닌 의학을 공부하는 학생이었으며, 그의 고향이 속한 주에 있는 PCUS 신학 기관들을 좌지우지한다는 소문이 돌고 있던 "자유주의"에 절대로 휘둘리지 않았다. 벨은 미국의 한 저명한 의료기관에서 사임한 후, "그 당시 PCUS의 세계선교위원회에 속해 있던 중국의 가장 큰 병원인 칭키안굽 병원(380개의 병상이 있었음)의 외과 수장"이 되었다. 거기에서 그는 일본이 중국을 침략할 때까지, 25년간(1916 - 1941) 의료 선교사로 섬겼고, 정치적 혼란이 가중되어 다시 미국으로 돌아올 수밖에 없었다.

벨은 보수적인 경종을 울리면서 미국으로 돌아왔다. 그는 PCUS에서 모든 보수적인 대의의 최전방에 있었다. 벨은 중국에서 다시 돌아온 그 이듬해인 1942년에, 헨리 B. 덴디와 함께, 20세기 말까지 남장로교 보수주의의 목소리를 변한 「남장로교 저널」을 창간했다.

그러나 벨과 같은 남장로교인이 옹호한 보수주의에는 체이퍼의 세대주의가 골칫거리로 자리 잡았다. PCUS의 보수주의자들에게는, **신앙고백에** 대한 충성은 신성불가침이었다. 그래서 고백적인 서약을 강화하는 일은 보수주의자들이 그들의 교회를 선동적인 이념 세력에서 보호하는 **사법적인** 수단이었다. 따라서 교회에서 수용할 수 없는 견해를 축출하라고 요구하는 보수주의적인 주장이 발견되는 곳에서는 또한 성직자 안수식에서 선서하는 고백적인 서약을 강화하라는 요구도 언제나 발견된다.

어번 **선언에** 대한 L. 넬슨 벨의 반대는 이 전략을 명백히 보여 주는 사례다. 벨은 신앙고백에 있는 "다섯 개의 근본적 교리"를 옹호하고 이 "근본적 교리"를 어번 선언의 구체적인 진술들과 대조할 능력이 있었다. 결과적으로, 벨은 「남장로교 저널」의 초판들 가운데 하나에서 로빈슨이 대략적으로 서술한 것처럼, 적절한 사법적 강화를 해야 한다고 요구했다. PCUS에서, 벨과 로빈슨은 거짓 가르침이 교회의 교리 표준과 불협화음을 낸다는 사실을 증명해, 그 가르침을 찾아내 축출해야 한다고 주장했다. 이것은 남장로교 보수주의자들이 신학적인 자유주의와 싸우는 전투에서, 그들에게 토대적인 부분이었다.

따라서 고백적 서약을 '누군가가 자신의 성경적 무지를 숨기기 위해 찾는 피난처'로 폄하한 체이퍼의 비난보다 더 보수주의자들에게 소외감을 느끼게 만들 수 있는 것은 그 어떤 것도 상상하기 어렵다. 사실, 체이퍼는 **신앙고백을** 과도한 우려 없이 조정될 수 있는 "인간이 만든 신조"일 뿐이라고 치부할 때, "자유주의자들"과 동의하는 것 같다. 체이퍼가 앞장서 말한 "표준을 개정할 수 있는 자유"는 교회에서 오로지 **자유주의자들만** 가진 자유였다. 이런 사실을 고려하면, 체이퍼의 견해가 L. 넬슨 벨과 같은 PCUS의 충직한 보수적인 전천년주의자로 구성된 위원회에서 이구동성으로 반대를 당했다는 사실이 이해된다.

만약 그렇지 않았다면 우리는 벨과 체이퍼가 자연스런 동맹이라고 생각했을 것이다. 그들은 유사한 종말론적 견해를 공유했다. 그들은 둘 다 기독교 리더십의 핵심적 위치에 있었으며, 그 위치는 둘 다 공식적인 신학 훈련 없이 성취한 것이었다. 그들은 둘 다 신학 교육 학위와 경력이 없는 것을, 상아탑에서 성행한 자유주의와 다른 거짓된 가르침들을 피할 수 있는 길을 선택한 지표로, 또한, 그들에게 "벨트웨이 외곽의"(outside - the - Beltway; 역주: 벨트웨이는 워싱턴 D.C. 주변의 외곽 순환도로) 우월한 관점을 갖게 한 것으로 내세우면서, 이 사실을 역설적인 자긍심으로 여겼다. 복음주의자들 사이에서 흔한 일로 앞서 언급했듯이, 그들은 또한 그들 교단 외부의 보수주의자들과 매우 밀접한 관계를 맺어, 무교단적인 조직들에 참여하고 모험을 시작하는 패턴을 공유하는 일에도 비슷했다.

1940년대 초에, 무교단적인 인사들과 친분을 유지한 이런 밀접한 관계는 분명히 벨보다 체이퍼에게 더 맞는 것이었지만, 때로는 벨 역시 "무교단적인" 활동에 지나치게 관여한다는 비난을 받았다. 벨은 심지어 1944년에도(즉, 그가 『오늘날의 기독교』(Christianity Today) 저널과 빌리 그래함 전도협회 설립을 도우기 전), "독립적인" 보수주의 운동들과 조직들, 아마도 심지어 독립적인 학교들에까지 동정적이었던 것 같다. 이런 동정심이 동기가 되어, 벨은 세대주의가 "분열적인 영향"을 미치고 "장로교인의 충성심을 약화한다"고 정죄 당한 1943년의 보고서에서 그 모든 진술이 삭제되어야 한다고 주장했을 것이다. 그런 진술들은 1944년 보고서에는 없다. 이런 것들은 새롭게 단장된 보고서에 남은 벨의 지문인가?

1944년 보고서는 또한 왜 **세대주의적** 전천년주의가 **신앙고백의** 한도 밖에 있는 것인지, 반면 다른 형태의 전천년주의는 그런 한도 내에서 안전히 수용될 수 있는 것인지를 더욱 자세히 구체적으로 언급했다. 1944년 보고서는 "차이의 근원"에 대한 부문을 집중적으로 다루었지만, 그런 차이에 대한 설명도 확대했다. 그래서 이 차이를 설명하는 부분은 **신앙고백**에서 벗어난 세대주의의 네 가지 분명한 "일탈"을 구체화하고 설명한 네 개의 개별적인 섹션으로 구성되었다. 네 개의 섹션은 다음과 같다.

(1) 하나님의 백성 연합을 거부함
(2) 구원의 한길을 거부함
(3) 하나님의 모든 백성에게 한 운명이 있다는 것을 거부함
(4) 성경을 하나님이 그의 한 백성에게 주신 한 계시라는 것을 거부함

그러나 1944년 보고서에서 두드러지게 **빠진** 것은 1943년 보고서에서 "나라"와 "그리스도의 왕의 직무"에 대한 섹션이다.

비록 심지어 1943년 보고서도 "그것은 천년왕국에 관련한 논쟁이 전혀 아니다. 왜냐하면, 우리 교단은 천년주의자들, 무천년주의자들, 후천년주의자들, 그리고 전천년주의자들을 위한 여지가 항상 있었고, 지금도 있기 때문이다"라고 선언했지만, 이 보고서가 실제로 허용한 **유형의** 전천년주의는 크게 제한되었다. 이 제한은 또한 그것이 포함한 역사적 일탈의 도움을 받지도 못했다. 1943년 보고서에는 다음과 같이 기록되어 있다.

"초기 천년주의자들은 (그리고 여러 세대 동안 살았던 그들과 같은 다른 사람들은) 그리스도의 현재의 나라가 그의 재림 후에 영광스러운 **지상의** 단계를 가질 것이라고 믿었지만, 그들은 이 나라의 지상의 단계에 **교회가** 복을 누릴 것이라고 주장했으며, 유대 민족이 구약에서 하나님의 백성에게 약속된

복을 받을 것이라는 개념을 명백히 거부한다. [1941년 베어의 아티클, "초대 교회 교부들에 따른 하나님의 백성" 인용]."

1944년 보고서는 전천년주의 가운데서도 오직 자격이 충분하고 대체론자가 지지하는 버전만 관용될 수 있다는 모든 암시를 삭제했다. 구체적으로 위 단락에 있는 언어는 상당히 약화하였다. 유대 민족이 하나님의 백성으로 다시 회복될 것이라는 어떤 종말론적 기대에 대해서도 전면적으로 비난한 정죄의 자리에, 다음과 같은 문장이 삽입되었다.

"유대 민족의 국가적 운명이 무엇이든지 관계없이, 신앙고백에 따르면, 그들이 세상과 교회에 영적인 복이 될 것인지 아닌지는 그들이 예수를 메시아로 받아들이고, 그리하여 교회 일부가 되느냐의 조건에 따라 달라질 것이다."

더욱이, 1944년 보고서는 전천년주의를 그 자체로 정죄하는 것은 **아니라**고 다음과 같이 훨씬 더 강력히 주장했다.

"위에서 정의하고 제시한 그대로 세대주의는 신앙고백에 제시된 교리 시스템과 조화를 이루지 않는데, 그 이유는 주로 또는 단순히 종말론의 분야에서가 아니라, 그것이 의심할 여지 없이 은혜 언약신학인 우리 교회의 신학의 핵심을 공격하기 때문이라는 것이 여러분 위원회의 만장일치 의견이다. … 여러분의 위원회는 또한 다음과 같이 해명하는 진술을 하고자 한다. 이 보고서에서 다룬 세대주의 지지자들은 전부는 아니라 하더라도 대부분이 우리 주의 재림에 대한 전천년주의적 견해를 견지하지만, 모든 전천년주의자가 다 이런 종류의 세대주의를 수용하는 것은 아니다. 그러므로 위원회는 오로지 위에서 규정하고, 세대주의로 알려진 특별한 성경 해석만을 고려하려고 노력했다는 사실과 총회의 과제를 이 직무에만 한정하는 것으로 이해했다는 사실을 명확히 하고자 한다. 이 사실을 고려할 때, 이 보고서는 어떤 의미에서도 전천년주의에 대한 비판으로 고려되어서는 안 된다."

AIC 토론을 기록한 회의록은 존재하지 않는다. 그래서 1943년 보고서와 1944년 보고서 사이에 있었던 벨의 역할을 알아내는 것은 불가능하다. 그런데도, 우리는 다음과 같은 두 가지 점을 알아채지 않을 수 없다.

첫째, 이런 변화들 각각은 1943년 보고서가 방대하게 인용한 저널 아티클에서 제임스 베어가 사용한 논증의 흐름에서 **이탈했음을** 나타낸다(비록 베어는 그때 그 위원회에 있었지만).

둘째, 이런 변화들 각각은 벨이 그 위원회에 합류하기 전에 분명히 표현한 우려, 즉 1943년 보고서가 특별하고 수용 불가능한 유형의 전천년주의가 아닌, 전천년주의 일반을 비판한 것을 직접적으로 완화한다. 우리에게는 명백한 설명이 주어져 있다. 그것은 벨이 그 위원회에 영향을 미쳐, 그것이 그 보고서를 수정했다는 것이다.

만약 그렇다면, 벨의 영향력은 사실상 중요했을 것이다. 1944년 보고서에 포함된 변경 내용들은 체이퍼가 1943년 보고서에 대해 제기한 반대들을 효과적으로 무력화시켰는데, 그 1943년 보고서에는 일반적으로 전천년주의자들을, 또한 심지어 일반적으로 보수주의자들까지 체이퍼 편으로 끌어들이는 엄청난 잠재력이 있었다(여기에는 그 위원회가 성경을 믿는 보수적인 신자들을 교회에서 몰아낼 구실을 찾는 "자유주의자들"로 구성되었다는 주장, 또는 그 위원회가 성경에 무지하거나 인간이 만든 신조들에 얼이 빠져 있는 사람들로 구성되었다는 주장, 또는 1943년 AIC 보고서의 논증이 자유주의자 그리고/또는 무천년주의자의 기반에 근거했다는 주장 등이 포함되었음). 1944년 보고서의 표현은 비세대주의적 보수주의자들과 PCUS 전천년주의자들에 대한 항의를 약화했으며, 체이퍼의 특별한 세대주의적 견해가 PCUS에 의해 맹렬한 비난을 당하게 하면서 그 견해를 효과적으로 고립시켰다.

세대주의가 보수적인 남장로교인들에게 배척당했다는 인상에 벨과 제임스 파크 맥컬리(그의 친구들에게는 "J.P. 박사로 알려진 인물)의 서명이 추가되었다. 맥컬리는 비록 벨만큼 널리 알려진 인물은 아니었을 것이지만, 누구 못지않게 강직한 남장로교 보수주의자였다. 평신도였던 맥컬리는 버지니아대학교에서 천문학으로 Ph.D. 학위를 획득했다. 그는 이런 방대한 과학적 훈련을 받았기 때문에, 진화론적인 우주 기원 이론이 성립될 수 없다는 확신이 있었다.

맥컬리는 자신의 집에서 100마일도 떨어지지 않은 곳에서 있었던 그 악명 높은 스콥스 재판에도 불구하고(역주: 미국의 테네시주는 공립학교에서 진화론을 가르치지 못하도록 법률로 정하고 있었는데, 이 법을 어기고 수업시간에 진화론을 가르친 과학교사 존 스콥스에 대해 1925년 벌금형을 선고한 유명한 재판. 일명 '원숭이 재판'으로도 알려져 있으며, 이 판결 이후 근본주의와 자유주의 사이에 격렬한 논쟁이 일어났음), 죽는 날까지 성경적 창조론의 열렬한 옹호자로 살았다.

맥컬리의 엄격성과 개인적 훈련은 그가 자신의 형제 스펜서 재니건 맥컬리(Spencer Jarnigan McCallie)와 함께 설립한 학교에서 분명히 나타났다. J.P. 맥컬리가 거의 반세기 동안 운영한 맥커리 소년 학교는 군사 대학에 입학할 수 있도록 완벽한 준비를 해주는 학교였다. 그래서 그 학교는 남부에서 가장 저명한 소년 학교 가운데 하나였고, 남부에서 가장 부유한 집안의 아들들이 그곳에 다녔다.

보수주의 운동의 옹호자였던 맥컬리는 또한 PCUS가 '교회연방협의회'(FCC)에 가입해 있는 것을 격렬히 반대하는 로비를 하면서, 교단 지도자들에게 PCUS가 국가적 복음주의자 협회(NAE)에 가입해야 한다고 주장했다. 그는 반 FCC 운동에 결부되어 있어서, 결국에는 1947년에 PCUS "자유주의자들"과 흥미로운 논쟁에 휘말리게 되었다. "사우스캐롤라이나주 그린빌에서 개최된 반 FCC 회의"에서, 맥컬리와 벨, 그리고 다른 보수주의자들은 FCC 지도자들이 가증스런 개념들을 퍼뜨리고 있다고 주장했다. 「장로교 전망」이란 저널의 편집자는 특히 맥컬리의 발표에 격분했고, 그를 혹독한 비판으로 고립시켰다. AIC에서 맥컬리가 세대주의에 대한 판결에 참여한 것에 비추어, 「장로교 전망」이 제기한 이 비판의 특별한 점이 특히 흥미롭다. 내용은 아래와 같다.

"협의회의 '거짓된' 가르침에 대한 맥컬리 박사의 이유 제시를 좀 더 자세히 살펴볼 때, 우리는 표면으로 드러나지 않는 그의 개인적 반대에 대해 상당히 많이 이해할 수 있다. 그는 협의회의 이런 정책이 그리스도의 재림에 대한 잘못된 견해의 결과라고 말한다! (이제 우리는 약간 진전을 보인다!) 그런 다음에 그는 "하나님 나라를 이 땅에 들어오게 하는 것이 협의회의 의도다!"라고 선언한다. 정말 대단하다! 맥컬리 박사는 그의 독자들에게 기독교 세계에 공통된 기도이자, 그의 모든 독자가 수천 번 한 기도를 상기시키지 못한 것이 분명하다. 그는 "나라가 임하시오며 뜻이 하늘에서 이루어진 것 같이 땅에서도 이루어지이다"라고 반복해 기도하는 것을 등한시했거나, 그의 독자들에게 이렇게 기도하도록 유도하는 것을 등한시했다. 그는 분명히 그들에게 그런 간구에 대한 대요리문답의 설명(Q. 191 - 192)

을 읽어주지 않았을 것이다. 맥컬리 박사에 따르면, 협의회의 문제는 그것이 이 땅에서 이기는 것을 그리스도 나라의 승리를 추구하는 데에 너무 큰 관심을 기울인다는 것이다. 이는 정말로 잘못된 판단이다!

그러나 맥컬리 박사가 이 관심 있는 평신도들에게 알리지 않는 것은 그가 협의회가 견지한다고 믿고, 그리스도 재림 교리의 '잘못된 견해'라고 부르는 것에 관련되어 있다. 맥컬리 박사는 이 문제에 대한 자신의 견해가 기독교 교회의 그 어떤 신조에도 담겨 있지 않다는 사실을 평신도들에게 알리지 않고 등한시한 것이 분명하다. 그것은 신앙고백에 들어 있지 않고, 우리 교리문답에도 들어 있지 않다. 사실, 이 특별한 점에 대한 그의 견해는 기본적으로 세대주의자들의 견해와 같은 것으로 이해되며, 우리 총회는 세대주의에 대해 분명히 말했다."

따라서 맥컬리와 벨은 자신들이 섬겼고, 스스로 서명했던 바로 그 위원회의 결정을 그들의 면전에 내던졌다. 아이러니는 피할 수 없다. 그러나 「장로교 전망」의 편집자는 맥컬리의 견해와 세대주의 사이의 유사성을 알아챘다.

맥컬리는 전천년주의와 환난 전 휴거 모두를 인정했으며, 이 종말론적 견해는 그가 체이퍼의 세대주의를 확고히 동의하는 동지라는 사실을 쉽게 확인시켜줄 수 있었다.

그렇다면 왜 그는 그런 밀접한 관련성을 느끼지 못했는가?

논쟁이 고조됨에 따라, 또한 아마도 이보다 더 관련성 있을 것으로 보이는데, 체이퍼의 말이 더 공격적인 어조를 띠게 됨에 따라, 그 이유는 우리에게 교훈적이고, (남부) 전천년주의자 장로교인들 사이에 있는 패턴에 대해 경각심을 갖게 한다.

맥컬리는 1943년 AIC에 임명되었다. 평신도였기 때문에, "분명히 그 위원회의 모임에서 이루어진 신학적 토론에서 그의 동료들에게서 겉돌면서 위화감을 느낀 그는 초교파적인 근본주의자에게 조언을 구했다." 그 "초교파적인 근본주의자"는 그의 동료 장로교인으로서, 사우스캐롤라이나주 컬럼비아 소재의 컬럼비아 성경 대학의 총장인 로버트 C. 맥퀼킨(Robert C. Mc-Quilkin)이었다. 아래에 인용하는 글래스의 개괄적 설명은 유용할 것이다.

"맥퀼킨의 참여는 설명이 필요하다. 먼저 그는 세대주의가 성경을 왜곡한 사상이라고 믿었다. 체이퍼가 웨스트민스터 신학교의 교수들과 논쟁하던 1937 - 38년에 맥퀼킨은 선데이 스쿨 타임즈(Sunday School Times)의 편집자인 찰스 G. 트럼불(Charles G. Trumble)에게 세대주의에 대해 교육하면서 유사한 역할을 했다. RCM 페이퍼에 있는 세대주의 파일에서, 로버트 C. 맥퀼킨(R C. M)에서 찰스 G. 트럼불, 1937년 2월 20일, 1938년 5월 6일, 그리고 1938년 8월 3일자 기사 등을 보라. 더욱이, 그는 자기의 대학과 야영 전도 집회지를 지원하기 위해 조심스럽게 쌓아올린 남장로교단 교회들과의 관계를 영향력 있는 맥컬리를 통해 보호할 수 있었다고 믿었다. 그는 장로교 지도자들이 자신의 노력을 '교단의 방침에 반대되는 것'이라고, 또한 '교회 일에 관계 없이 지원을 이끌어낸다'고 비판했다고 설명했다. … 이제 이런 것들을 세대주의와 신앙고백에 대한 논의와 연결하는 것은 사태를 매우 혼란스럽게 한다."

따라서 맥컬리 (그리고 트럼불)에게 "세대주의"에서 떠나도록 미친 영향력은 때때로 "세대주의자"라고 "오인된" 사람에게서 온 것이었다! 체이퍼의 견해가 장로교단의 여러 교회에서 점점 더 많은 조사를 받게 되자, 실제로 일어났을 법한 일은 많은 "세대주의적" 전천년주의자들이 점점 더 체이퍼의 독특한 견해에서 멀어지게 되었다는 것이다. 물론 이것은 AIC 조사에서 체이퍼의 견해에 치명적이었다. 그것은 심지어 J. P. 맥컬리와 같은 충실한 보수주의자, 전천년주의자, 환난전 휴거론자, 보수적인 독립 기관들의 지원자도 체이퍼의 특이한 반고백적인 입장에서 멀어졌다는 것을 의미한다.

맥컬리는 AIC에 단지 1년만 있었다. 그는 자신이 해야 할 과제에 결부된 신학적 이슈들을 분별하려고 노력할 때 "자신의 동료들과 어울리지 않는다"고 느꼈을 것이다. 그는 심지어 맥퀼킨에게 "이 문제에서 내가 느끼는 유일한 무능의 감정은 우리가 체이퍼 박사의 말도 들어보지 않은 채 그를 힘들게 하고 있다는 것입니다"라고 말하면서, 그 과정에 대한 의구심을 (시블리의 의구심과 유사한) 표현하기까지 했다. 그런데도, 그는 그 결정에 대한 서명으로 세대주의의 교리에 반대해 세간의 이목을 끄는 보수주의적 투표를 하나 더 추가했다.

1944년, AIC는 총회에 "세대주의로 알려진 성경 해석이 우리의 신앙고백과 조화를 이루는지의 여부"에 대해 그 소견서를 제시했다. 그들의 답변은 만장일치로 "아니다"라는 것이었다.

5. 3 위원회의 최종 보고서에 대한 만장일치 소견서와 총회 채택

확대된 AIC가 만장일치의 결론에 이르게 되기까지는 채 1년이 걸리지 않았다. 겨우 세 페이지로만 구성되어 있으며, 저널 기사들이 한 페이지에 요약한 1944년 보고서는 1943년 보고서에서 나온 것으로 좁혀 조사를 집중했다. 내용이 짧고 협소하긴 하지만, 그 중요성에 있어서만큼은 결코,

뒤떨어지지 않는다.

　1943년 보고서는 제한적으로 "오직 중요한 교리들"만을 고려했지만, 1944년 보고서는 그 포커스를 훨씬 더 좁혀 오직 두 개의 폭넓은 교리적 불일치에만 집중했다. 이 요지들 가운데 후자는 "높아지신 그리스도의 사역에 대한 고백적 해석에서 벗어난 세대주의적 일탈"로서, 이것은 반 페이지가 조금 넘는 분량으로 기록되었다. 이는 1944년 보고서 대부분이 "장로교회의 언약신학에서 벗어난 세대주의의 근본적 일탈"이라는 고백적 일탈의 첫 번째 내용을 분명히 하는 데에 할애되었음을 의미한다.

　1944년 보고서 역시 세대주의적 입장을 알아내려면 어떤 자료들과 어떤 방법론을 사용하는 것이 좋은지에 대해 더 신경 썼다. 1943년 보고서 중 "질문에 답하는 데이터"라는 섹션은 제거되었는데, 그 섹션은 어떤 교리가 조사해야 할 만큼 "중요한"지를 알아내기 위해 사용된 기준을 설명한 섹션이었다. 또한, 다양한 세대주의 작가들을 인용하는 방대한 각주도 삭제되었다.

　1944년 보고서의 방법론을 고려할 때, 이 모든 것은 불필요했다. 1944년 보고서는 "세대"와 "세대주의"라는 용어를 정의하는(스코필드와 체이퍼의 인용문을 사용해) 간략한 섹션 뒤에, 다음과 같이 단도직입적으로 진술했다.

　　　"그런 세대주의적 가르침은 오늘날 많은 사람이 상세히 설명하지만, 우리는 인용문을 세대주의자 가운데 가장 저명한 두 명의 글만으로 한정할 것이다. 그 두 사람은 C.I. 스코필드 박사(특히 스코필드 주석 성경에 있는 특정한 각주들에서 발견되는 스코필드)와 이 주제에 대해 방대한 글을 쓴 L.S. 체이퍼 박사다."

　그래서 1944년 보고서는 간간이 스코필드 주석 성경을 언급했지만, 거의 주로는 체이퍼의 아티클의 내용을 인용하면서, "세대주의"가 **웨스트민스터 신앙고백**과 **교리문답**의 언약신학에서 벗어난 일탈을 기술했다. 이와 유사하게, 1944년 보고서의 결론은 체이퍼가 자신에 대해 반박하는 그 자신의 말을 사용했다. 그 내용은 아래와 같다.

> "체이퍼 박사가 명확히 인지하듯이, 여기에서 대표로 나타나는 해석 학파는 두 개다. 체이퍼는 그것을 '세대주의'와 '언약주의'라고 제대로 말한다 (*Bibliotheca Sacra*, Vol. 100, No. 399, [즉, '도전받는 세대주의 특징,' 1943], p. 338). 사실, 우리 교회의 언약신학에서 벗어난 세대주의의 일탈이 체이퍼 박사에게는 너무나 분명해서, 그는 언약신학의 개혁주의 전통을 더 이상 옹호하지 않는 사람들에게 운신의 폭을 주기 위해 교회의 표준에 대한 개정을 제안한다(*Ibid*, p. 345)."

앞서 수용한 것을 쓸모없게 한 1943년 보고서의 요점은 1944년 보고서에서 제거되었으며, 그래서 이 버전은 총회에서 보다 쉽게 채택되었다. 자리에서 물러나는 의장, "[도널드 W.] 리차드슨 박사는 그 보고서가 승인되고 채택되도록 제안했다."

분명히 할 필요가 있는 것은 단 하나로, 만약 있다면, AIC 보고서에서 요구하는 조치는 무엇이었을까?

하는 점이다. 그 보고서에는 다음과 같은 해명이 실려 있었다.

"위에서 정의하고 제시한 그대로 세대주의는 신앙고백에 제시된 교리 시스템과 조화를 이루지 않는데, 그 이유는 주로 또는 단순히 종말론의 분야에서가 아니라, 그것이 의심할 여지 없이 은혜언약 신학인 우리 교회의 신학의 핵심을 공격하기 때문이라는 것이 여러분 위원회의 만장일치 의견이다."

그것은 또한 그 소견서에 어떤 **사법적인** 함축성이 있을 것인지에 대한 그 위원회의 이해를 분명히 설명했다. 그 위원회는 지나치게 공격적인 총회가 그 보고서를 남용하지 않기를 특별히 우려하기라도 하는 것처럼, 다음과 같이 진술했다.

"그런 보고서의 위상과 사용에 관해 약간의 의견 차이가 있으므로, 여러분의 위원회는 총회가 교회의 헌법에 있는 어떤 교리적 진술, 또는 거기에 있는 어떤 부분도 대체할 수 있는 교리의 진술, 또는 개정안을 제공하라고 지시한 것을 이해하지 못한다는 점을 진술하고 싶다. 또한, 이 보고서가 만약 총회의 승인을 받는다면, 사역자들, 장로들, 또는 집사들의 안수 서약 개정안으로 고려되어야 한다는 것도 이해하지 못한다. 그것은 단순히 노회들이 현명한 것으로 생각해 사용할 수 있는 해석적 진술에 불과하다."

아마도 우리는 교회의 자유주의 진영이 보수주의 진영보다 그런 해명에 더 행복할 것이라는 점을 지적해야 할 것 같다. 자유주의자들은 세대주의적 전천년주의를 옹호하는 데 관심이 없었지만, 로빈슨의 다음과 같은 요지를 인식하는 것 같았다. 로빈슨은 이렇게 말했다. 만약 세대주의가 총회에서 교회의 교리 표준에 어긋난다는 것으로 판명 나고, 이에 기초해 강제로 쫓겨나야 한다면, 다른 교리적 견해들도 다른 총회에서 불리하게 간주할 것이다.

따라서 이 보고서에 대한 자유주의 반응을 대표한 어니스트 트라이스 톰슨은 그 위원회에 "균형과 억제"를 가지라고 권면했으며, 사법적 효과의 한계에 대한 AIC의 설명을 "자유를 위해 싸우는 것"으로 간주했다. 아래에 그의 말을 인용한다.

"우리의 웨스트민스터 표준과 관련해 세대주의적 시스템을 연구하게 할 목적으로 작년에 임명된 그 위원회는 체이퍼 박사 같은 사람들이 지지하고 스코필드 성경의 각주에서 가르치는 세대주의가 근본적인 점에서 우리의 신앙고백에 어긋난다는 사실 및, 우리 교회 신학의 '핵심을 공격한다'는 사실을 발견한다. 총회에 보고하는 이런 소견서는 대놓고 말하거나 실효 없는 타격을 가하지 않는다. 그러나 거기까지 간 그 위원회는 현명하게도 더 이상 가지 않는다. 그 위원회는 우리 교회에서 세대주의자들에게 어떤 조치를 취해야 하는지에 대해 총회에 어떤 제안도 하지 않는데, 건전하고 단순한 이유 때문에 그렇게 한다. 그 위원회는 총회가 세대주의자들에 불리한 그 어떤 조치를 착수하거나, 심지어 노회들이 그들에 대해 해야 하는 것을 노회들에게 말할 권리가 없다는 점을 잘 안다. 왜냐하면, 우리 교회법에서는, 사역자가 담배를 피워도 괜찮은지의 여부를 말할 권리가 노회에 없는 것처럼, 우리 교회법에서는, 어떤 사람이나 노회가 세대주의자이면서 동시에 장로교인이 될 수 있는지의 여부를 말할 권리가 총회에 없기 때문이다. 이 위원회의 보고서를 채택하거나, 그것을 정보로 받아들이는 총회의 조치와 상관없이, 만약 권징 조치가 있다면, 그것이 무엇이든지 관계없이, 다음과 같은 사실의 결과로 받아들여진다. 즉, 만약 그것이 법적 조치라면, 그것은 오직 개별적인 노회들만 받아들여야 할 것이라는 사실이다."

그러한 '제약'이 왜 교회의 자유주의 진영에게만 그렇게 인정받는 것으로 여겨지는지, 그 이유는 톰슨의 다음과 같은 말에 잘 드러나 있다.

"누누이 말하지만, 이 원리를 잊어버리고 제1심 재판 법정인 노회의 권위를 빼앗고 싶은 유혹이 들 때마다, 우리 총회는 현명하게 그런 짓을 거부해

왔다. 지금도 그렇지만, 과거에도 역시, 특정 총회는 그 자체의 견해로, 어떤 특정 믿음 또는 교리(예컨대 진화론 같은 신념)가 우리 표준에 어긋난다고 강력히 선언했다. 그러나 진화론, 세대주의, 바르트주의, 사회주의, 또는 다른 어떤 종류의 ' - 주의'(ism)를 믿는 어떤 사람이 장로교회에 맞는지, 그렇지 않은지의 여부는 각 노회가 그 양심과 지혜에 따라 각자 결정해야 할 문제다."

톰슨은 어느 누구라도 자신의 요지를 오해하지 않도록, 또는 남장로교 보수주의자들이 그 함축적 의미를 놓치지 않도록, 자신의 견해로 볼 때, 이것은 북장로교 보수주의자들이 1910년과 1923년에 한 **실수**였고, 1924년 어번 **선언**이 보여준 **미덕**이었다는 사실을 명확히 밝혔다. 구체적으로 그는 다음과 같이 말했다.

"누구나 주지하는 바와 같이, 북장로교 총회가 이 원리를 위반한 것에 대한 항의 차원에서, 어번 선언이 나오게 되었다. 그 선언이 무엇이었든지 상관없이, 그리고 우리는 그 교리적 장점이나 단점을 여기에서 다루지 않겠지만, 그것은 근본적으로 장로교인의 자유를 지키고자 하는 행동이었으며, 총회가 장로교주의의 '다섯 가지 근본적 교리'라고 부른 것에 관해 그 어떤 근거도 없이 노회들을 속박하려고 시도한 것에 대한 반역이었다."

1944년 AIC 보고서에 나타나는 사법적 해명은 교회 자유주의자들의 우려를 불식시켰을 것이지만, 보수적인 전천년주의자들에게는 전혀 다른 우려가 있었다. 보수주의자들은 **신앙고백에** 어긋난다고 생각되는 견해라 할지라도 그 고백적 불일치를 기꺼이 견디고자 하는 개별적인 노회가 관용할 수 있다고 생각한다는 그 보고서의 주장(자유주의자들이 앞장서 말한 주장)

을 당연히 반대했을 것이다.

반면, **전천년주의** 보수주의자들은 그들 이전의 북부 전천년주의 보수주의자들과 마찬가지로, **세대주의적** 전천년주의에 나타나는 교리 표준에 어긋난다고 생각되는 것은 무엇이든지 일반적인 전천년주의에 투영되지 않을 것을 확실히 하고자 했다. 1944년 보고서는 현재 그리스도의 통치와 왕권에 대한 신앙고백의 가르침과 관련한 1943년 보고서의 반전천년주의 섹션을 상당히 축소하고 약화시켰다.

그러나 이 섹션이 완전히 제거된 것은 아니다. 적어도 총회의 한 전천년주의자는 그 보고서의 마지막 섹션에 나타난 반전천년주의적 함축성으로 불편해졌다. 그 보고서에 대한 벨과 맥컬리와 시블리의 서명에도 불구하고, "개스턴 보일(Gaston Boyle)은 의미를 분명히 하기 위해 그 마지막 단락을 개정할 것을 제안했다."

총회는 1943년 보고서를 좌절시킨 1944년 보고서의 수용을 가로막는 똑같은 걸림돌에 부딪힐 것이라는 생각에 틀림없이 지쳤을 것이며, 그래서 재빨리 개정안을 제시했다. 내용은 다음과 같다.

> "여러분의 위원회는 또한 다음과 같이 해명하는 진술을 하고자 한다. 이 보고서에서 다룬 세대주의 지지자들은 전부는 아니라 하더라도 대부분이 우리 주의 재림에 대한 전천년주의적 견해를 견지하지만, 모든 전천년주의자들이 다 이런 종류의 세대주의를 수용하는 것은 아니다. 그러므로 위원회는 오로지 위에서 규정하고, 세대주의로 알려진 특별한 성경 해석만을 고려하려고 노력했다는 사실 및, 총회의 과제를 이 직무에만 한정하는 것으로 이해했다는 사실을 명확히 하고자 한다. 이 사실을 고려할 때, 이 보고서는 어떤 의미에서도 전천년주의에 대한 비판으로 고려되어서는 안 된다."

체이퍼는 1944년 AIC 보고서에 대해 아래와 같이 특별한 방식으로 반응하기 시작했다.

> "먼저, 위원회는 비판이 **전천년주의가** 아닌, **세대주의**를 향한 것이라고 주장한다. 이런 주장은 사실적 기초가 부족한 것은 무조건 환상으로 분류되어야 한다는 식이다. 역시 태양은 아침에 떠오르지만 그 전에 어두워지는 것도 아니고, 태양이 떠오른 후에 빛이 새롭게 생겨나는 것도 아니라고 주장할 수도 있다. 틀림없이 그리스도의 나라가 이 땅에 세워지기 전에 그의 재림이 있을 것이라는 일반적인 개념에 피상적으로 동의하는 것이 가능하며, 또한 그들의 논리적이고 성경적인 결론에 결부되는 그 어떤 이슈를 가지지 않은 것도 가능하다."

50년 이상이 지난 오늘날, 체이퍼와 AIC 중 누가 옳았는가에 대해, 또한 세대주의와 전천년주의가 타당하게 구별되었는가에 대해, 논쟁이 아직도 계속되고 있다. 1944년에 누가 옳았는지에 무관하게, 또한 그 구별에 대한 체이퍼의 격렬한 반대에도 불구하고, 총회는 AIC 보고서에 행해진 이 개정안을 쉽게 수락했다. 총회는 이렇게 발표했다. "개정된 보고서는 전체적으로 채택되었다." 그런 다음 그 보고서는 개별적인 사역자들과 여러 노회로 송달되었는데, 노회는 이 위원회의 판결의 진정한 취지가 효력을 발생하는 곳이다.

총회 위원회의 보고서가 여러 노회에 조언을 받기 위해 송달되는 것이 그렇게 특별한 일은 아니었다. 일반적으로 위원회의 **결정을** 정보 제공 차원에서 여러 노회에 보내는 관례는 그리 흔치는 않지만, 전적으로 유별한 것도 아니었다. 참으로 유별한 것은 총회의 법령이나 포고령을 보여 주면서, 교리적 결정을 여러 노회에 **팜플렛** 형식으로 보내는 일이었다.

세대주의에 대한 AIC 보고서의 경우에 발생한 일이 바로 이것이었다. 그 팜플렛의 제목은 <세대주의와 신앙고백>이었다. 그 문서 전체는 이것이 총회의 공식적인 전달통로라는 사실을 전했다. 그리고 심지어 AIC가 여러 노회에 행동 방침을 규정하지 **않음**에 있어 "균형과 억제"를 잘 한 것이라고 칭찬한 사람들조차도 그것을 그렇게 취급했다.

그러나 심지어 AIC 보고서 그 자체도 그 결과물을 "그것은 단순히 노회들이 현명한 것으로 생각해 사용할 수 있는 해석적 진술에 불과하다"고 묘사하지 않았는가?

AIC 보고서는 그것이 "교회의 헌법에 있는 어떤 교리적 진술, 또는 거기에 있는 어떤 부분도 대체할 수 있는 교리의 진술, 또는 개정안"이라는 사실을 단호히 **부인하지** 않았는가?

이것은 모두 사실이다. 그런데도, 총회는 AIC 보고서의 채택과 배포에 있어서 불성실하지 않았다. 또한, 그 보고서를 교회의 권위적인 내용 전달 수단으로 사용한 사람들도 그것을 그렇게 사용함에서 기만적이지 않았다. 그 이유는 남장로교회의 전통적인 연맹 (여러 주[states]의 권리) 성향 때문이다. PCUS 총회는 소속 노회들에 사법적 행동 방침을 규정하거나, 총회의 교리적 판단을 노회들에 강제적으로 따르게 해야 한다고 주장하는 일에 있어, 북부 총회보다 훨씬 더 주저했다. PCUS는 일반적으로 교리적으로 더 보수적이었지만, 그 남부의 성격은 PCUS 역시 개별적인 노회들의 불가침적인 주권과 자율을 매우 소중히 여기는 것이었다.

이 점을 고려할 때, AIC의 보고서가 "단순히 노회들이 현명한 것으로 생각해 사용할 수 있는 해석적 진술에 불과하다"고 한 해당 위원회의 주장은 참으로 과장된 제약 선언이 아니었다. 반대로, 만약 AIC가 그런 경계선을 넘어가려고 했다면, 이는 깜짝 놀랄 만한 일이 되었을 것이다.

오히려, AIC는 PCUS 총회가 다른 이단들과 교리적 변칙들을 일관되게 지적할 때 이용한 행동방침을 추천했다. 이 이단들과 교리적 변칙들에는 다음과 같은 것들이 포함되어 있었다. 즉, "기독교 교회의 교리들"과 다른 고백적 일탈, '하나님의 성회'(Assembly of God)에 속한 교회들의 교리들 (즉, 카리스마적인 가르침들), 그리고 제7일 "재림 교회"의 가르침들 등이다. 1981년에서 1932년까지의 과거 경우들에서도, 총회의 규정은 동일했다. 그 내용은 아래와 같다.

> "우리의 신앙고백과 교리문답에 나타나 있는 기독교 진리의 명확성과 깊이 때문에, … 총회는 우리의 신앙고백과 교리문답에 제시되어 있는 바와 같은 우리 교회의 위대한 핵심 교리들에 대한 믿음을 단순히 재확인할 뿐이며, 또한 교리에 대한 추가적인 선언을 거부한다. … 이 문제는 지역적인 상황에 있는 목사들과 여러 당회가 가장 잘 결정할 수 있다고 느껴진다."

이 역사가 분명히 나타내고자 하는 것처럼 보이는 것은 더욱 높고 중앙으로 쏠린 권위에서 더욱 낮고 지역화된 권위로 이동하는 법적인 결정을 하지 못하게 하려는 남부의 자세다. 남부 사람들에게는, 지역 권위가 어울린다고 생각되는 만큼 골칫거리인 파당들을 최선을 다해 다루도록 허용하는 정책이 훨씬 더 나았다. 남부 권력 구조가 무정부 상태를 조장한 것은 아니었고, 그들의 권위를 미묘하게 행사하는 것에 더 관심이 있었던 것 같다.

AIC 보고서를 총회가 어떻게 채택하고 배포했는지, 또한 지역의 여러 노회가 그 보고서를 어떻게 "집행"했는지는 PCUS의 권위가 어떻게 효과적으로 행사되었는지에 관련된 사례를 제공한다. AIC 보고서가 교회의 모든 사람이 따라야 할 행동 방침을 구체적으로 규명하는 법률상의 선언은 아니었다는 것이 사실이긴 하지만, 그럼에도 그 보고서는 교회의 사실상 통치로 취급되었다.

몇 안 되는 두어 노회는 AIC의 소견서에 분명히 동의하지 않고, 세대주의자들을 자신들의 강단과 교회에 받아들였다. 그렇게 하는 것은 PCUS의 그 권위 구조에 대한 전통적인 이해를 통해 그들에게 제공된 권리였다. 그러나 그것은 예외적인 것이었다.

세대주의자들은 오직 몇 안 되는 이 교회들의 지지만을 받으면서 PCUS에서 오랫동안 생존할 것을 기대할 수 없었다. 1944년 결정 이후 세대주의자들이 PCUS 관내 어디에서 들어맞을 수 있었겠는가? 결국, 자유주의 교회들은 고백적인 서약에 대해 바짝 경계하지 않았을 것이지만, 수많은 다른 이슈들에 대해 세대주의자들이 동의하지 않은 것을 고려해서, 그들에게 우호적인 자세를 유지하기는 어려웠을 것이다. 반면, 보수주의자들은 교리적이고 사회 – 정치적인 입장이 몇 가지든 관계없이 그런 입장에 대해 세대주의자들의 견해에 동의할 수 있었지만, 교리적 표준과 어긋나는 부조화를 하찮은 것으로 생각하지 않았다. 심지어 체이퍼의 견해를 옹호한 글을 쓴 스테픈 윌리엄스(Stephen Williams)조차도 이렇게 말했다.

> "만약 세대주의 신학이 명백히 우리 교회의 표준과 조화를 이루지 않는다는 것이 … 사실이라면, … 그런 교리를 가르치는 사람들은 가능한 한 빨리 그들의 노회에서 재판을 받아야 한다."

세대주의가 오직 보수주의 집단에 속한 PCUS에서 생존할 희망을 품을 수 있었다는 점을 고려할 때, 또한 보수적인 장로교인들이 PCUS 총회에서 세대주의를 가장 심각하게 정죄한 것을 사실상 받아들였다는 사실을 고려할 때, 왜 "자문 기능을 하는" 이 보고서가 PCUS에서 세대주의의 영향력을 그토록 효과적으로 제거했는지를 설명하는 것은 어렵지 않다. 이 결과는 정확히 대여섯 명의 역사가들이 지켜본 것이다.

"[AIC 보고서]가 나온 지 대략 2년 이내에 세대주의는 교회에서 불안감을 주는 요인이 더 이상 아니었다."

"총회의 조치는 세대주의자들을 숙청하는 토대를 놓았다. … 체이퍼는 그 보고서가 그를 파문하기 위해 사용하는 달라스노회의 공격이라고 믿었다. 그 노회는 아무런 조치도 취하지 않았지만, 체이퍼는 그 모임에서 따돌림을 받고 말았다."

더욱이, 체이퍼가 이끈 달라스신학교는 "개혁주의 전통 가운데 그 교회의 정박지에서 갑자기 분리되었다."

4. 세대주의에 반대하는 미국 장로교 결정에 담긴 중요한 의미들

북부에 있었던 1930년대 논쟁과 남부에 있었던 1940년대 논쟁 사이의 관계를 고려할 때, AIC 보고서는 정확히 세대주의에 대한 개혁주의 - 언약주의자들의 반대로 결론이 나고, 세대주의에 불리한 판결을 선언했을 것이다. 1944년 이후 세대주의에 대한 많은 개혁주의 - 언약주의자의 비판은 이 보고서를 기준으로 사용했다. 또한, 다른 사람들은 AIC 보고서의 논증을 단순히 세대주의에 대한 표준적인 개혁주의의 반대로 보존한다.

PCUS 논쟁은 세대주의에 대한 그 영향력에서 결코, 사소하지 않았다. "개혁주의 전통 가운데 그 정박지에서 갑자기 분리된" 세대주의는 개혁주의에서 멀어지고, 때로는 심지어 반개혁적인 자세로 반응했다.

우리는 세대주의 신학의 "중심"인 달라스신학교에 대한 이 논쟁의 효과를 조사할 때, 이 점이 설명되는 것을 본다. 그 기관의 등록과 배정 기록들에 대한 설문조사는 하나의 전형이 될 수 있는 패턴을 드러낸다. 구체적으로 이런 기록들은 그 학교의 주된 지원 그룹이 개혁주의 - 장로교에서 독립적이거나 침례교 교단 쪽으로 바뀌었다는 점을 드러낸다. 개혁주의 - 장로교 지원이 약간 흔들린 것은 1930년대 말에 있었던 것으로 볼 수 있지만, 그 지원이 1940년대 말에 갑자기 뚝 떨어진 것은 분명하다(위의 도표 1을 보라). 교수진의 변화는 졸업생들의 변화보다 약 5년 뒤에 일어났지만, 매우 극적이었다(위의 도표 2를 보라). 이 도표에 나타나는 바와 같이 구성원들의 이런 깜짝 놀랄 만한 변화는 세대주의자 이념에 대한 PCUS 논쟁의 사회학적 효과를 생생히 예증한다.

글래스의 연구조사는 PCUS 내에서 안수를 받고자 했던 세대주의자들에 대한 1944년 AIC 보고서의 효과에 관련된 내 자신의 연구조사와 일치한다. 그가 언급하는 사례 하나는 달라스 신학교 졸업생에 관한 것인데, 노회는 그에게 시험 칠 기회도 주지 않고 그의 지원서를 거부해버렸다. 노회는 그의 지원서를 거부한 이유를 이렇게 나열했다.

"그가 노회 관활 권 밖에 있는 초교파적 학교에 재직하고 있는 점[그는 사우스이스턴 성경 학교의 학장이었다], 그가 교단적으로 승인받지 못한 신학교[즉, 달라스신학교]에 출석한 점, 그리고 그의 세대주의."

이 사례는 이 노회가 심지어 지원자의 견해를 조사할 신경조차 쓰지 않았다는 점에서 유별났다. 그러나 안수식 청문과 시험 기간에 밝혀진 바와 같이, 지원자의 세대주의적 견해가 지원자가 거부당한 이유 중 하나로 나열되었다는 것은 그렇게 유별난 것도 아니었다.

AIC 보고서는 이런 식으로 "세대주의자들을 숙청하는 토대를 놓았다." 글래스는 다음과 같이 명확히 말한다.

"노회들이 그 보고서를 이미 장로교회에 있는 세대주의자들에게 불리하게 사용한 것도 아닌 것 같다. 오히려 노회들은 그 보고서를 다른 사람들이 장로교 강단에 서지 못하게 하려고 사용했다."

글래스의 이 말은 체이퍼가 어떻게 PCUS 결정에 따라 "대부가 되었는지"(그는 1952년에 죽을 때까지 PCUS 멤버십을 가지고 있었음)를 잘 설명하며, PCUS 노회들이 AIC 보고서를 어떻게 사용했는지에 대한 톰슨의 진술과도 일관된다.

이는 또한 그 당시 살아 있었으며, 인터뷰를 할 수 있는 세대주의자들의 기억과도 거의 일치한다. S. 루이스 존슨(Lewis Johnson)은 1946년 달라스신학교를 졸업하고, 그곳에서 30년 이상 신약과 조직신학을 가르쳤다. 그가 회상하기로는, 1944년 이전까지 장로교 교회에 속한 사람들은 종종 "우리는 달라스신학교를 장로교 학교로 생각한다"고 애정 섞인 마음으로 말했다고 한다. 그는 이렇게 애정이 담긴 발언들이 이 논쟁 이후, 어느 날 갑자기 뚝 끊어졌다고 회상한다.

존슨은 약 6 - 7년 동안 달라스의 제일장로교회에서 주일학교 교사로 가르쳤지만, 1946년에 이 사역을 더 이상 하지 못하도록 금지당했다. 이유는 그가 달라스신학교와 밀접히 연관되어 있다는 것이었다. 존슨에 따르면, 이 교회는 남장로교회들에서 세대주의적인 영향력을 제거하기 위해 1944년 AIC 판결을 공식적인 결정(official sanction)으로 사용했다.

다른 사람들도 이와 비슷한 이야기를 한다. 텍사스주 포트워스에 있는 로우슨 하이츠장로교회의 목사로 있던 졸 월부어드(John Walvoord)는 1951년에 달라스신학교의 정교수가 되기 위해 달라스로 전근을 갔는데, 그때 뜻밖의 곤란한 일에 부딪혔다. 그런 전근이 허락된 것은 보통 일상적인 일이었다고 월부어드는 회상했다. 그러나 그의 경우에 달라스노회는 달라스신학교 교수의 전근을 그들의 관할권으로 받아들이길 거부했다. 그 결과, 월부어드는 그 대신에 '미국독립근본주의교회'(Independent Fundamental Churches of America)로 강제로 전근되었다.

그리고 그는 포트워스노회에서 그가 그 노회를 정상적으로 떠났다고 진술하는 편지를 받았지만, 월부어드가 기억하기로는, 달라스에서 발행된 교단 신문은 그가 "스코필드 주석 성경의 가르침에 충성하는 지저분한 사람 중 하나"로 인식되어 쫓겨났다고 보고했다고 한다. 다시 말하지만, 1944년 총회의 조치는 그의 축출을 인가하는 것으로 인용되었다.

그 당시 달라스신학교와 연관된 사람 중에 심지어 장로교인이 아닌 사람들까지도 AIC의 결정이 그 학교를 위해 매우 중요했다고 기억한다. '연합형제교회'(United Brethren Church)에서 목사 안수를 받은 존 위트머(John Witmer)는 달라스신학교가 지배적인 장로교 영향력에서 멀어지는 것을 보는 것이 기쁘지 않았다. 그는 1947년에 퍼블릭 릴레이션스(Public Relations)의 신학교 원장으로 고용되었다. 그의 관점에서, 만약 1944년의 PCUS 결정으로 퍼블릭 릴레이션스에 그런 잠정적 낭패가 실제로 일어나야 했다면, "그것은 그때보다 더 나을 때 일어날 수 있었을 것이다."

1945년에 제2차 세계 대전이 끝나고 병사들은 집으로 돌아왔다. 이에

학생 부족 현상은 끝났고, 달라스신학교는 단순히 장로교인이 아닌 학생들 가운데서도 엄청나게 많은 신입생을 모집할 수 있었다. 이와 더불어 구성원의 변화는 완료되었다.

설령 세대주의는 그 전까지 본질적으로 비개혁주의가 아니었다 할지라도, 우리는 단지 1944년 이후 달라스신학교에서 새롭고 비개혁적인 구성원으로 모집된 학생들과 교수진이 그들의 비개혁적인 견해를 가지고 왔을 것으로 생각해 볼 수만 있을 뿐이다. 따라서 우리가 방금 살펴본 사회학적이고 교회적인 영향력은 1940년대와 50년대에 기록된 세대주의자들의 작품에 나타나는 어조와 내용에 나타나듯이, 언약신학에 대한 변화에서 분리될 수 없다.

이 변화에 나타나 있는 하나 이상의 요소를 언급할 필요가 있다. 체이퍼가 개혁주의 - 언약주의자들에게 매우 혹독한 비판을 받던 당시, 중앙아메리카 선교 현장에서 달라스신학교에 온 독립적이고 스코필드적인 세대주의자인 C. 프레드 링컨(Fred Lincoln)은 언약신학에 대해 매우 영향력 있는 세대주의자 처방이 될 수 있는 글을 썼다.

PCUS가 세대주의자들의 정통성에 대해 조사를 시작한 1년 후(1942), 링컨은 체이퍼의 지도 아래 언약신학에 대한 역사적 설명과 비평적 평가를 다룬 "언약"(The Covenants)이라는 논문을 완성했다. 체이퍼가 AIC의 조사에 대해 「비블리오테카 사크라」에 반응하는 글을 올린 바로 그때 링컨은 그의 논문 가운데 핵심적인 내용인 언약신학에 대한 아티클을 출판했다.

링컨의 논증은 체이퍼가 언약신학에 대해 비우호적인 태도를 보이도록 영향을 미친 것 같다. 체이퍼는 링컨의 작품을 참조했고, 그의 교단과 논쟁을 한창 벌이고 있던 때에 그 자신의 아티클에 링컨의 작품에 나타난 논증을 채용했다. 언약신학에 관한 비난을 하면서 체이퍼를 따른 일련의 세대주의자들과 마찬가지로, 체이퍼는 링컨의 작품을 그들의 "세대주의"에 반대한 견해를 이해하는 데 도움을 주는 진정한 가이드로 사용했던 것 같다.

체이퍼가 죽기 직전인 1952년에, 링컨은 달라스신학교의 교리적 진술을 개정한 위원회를 이끌었다. 여러 개정 사항 가운데 이것이 있었는데, 이는 실제적인 목적 때문에, 언약신학에 대한 세대주의의 반대를 공식적으로 확인했다.

"우리는 세대주의에서 말하는 세대가 구원의 길도 아니고, 소위 은혜언약으로 불리는 것을 집행하는 다른 방법도 아니라는 사실을 믿는다."

그래서 유명한 세대주의자들은(적어도, 달라스신학교에 있던) 언약신학자들과의 논쟁에서 가장 중대한 이 단계에 여러 이슈의 틀을 짜는 데 있어, 그들에게 좋은 가이드를 제공해 주는 링컨의 작품을 크게 의지했다. 그러나 스테픈 R. 스펜서가 관찰한 바와 같이, 링컨이 "언약신학을 다룬 것은 불행히도 많은 면에서 부정확하고, 그래서 신뢰할 만한 가이드가 아니다."

그러나 그것이 제공한 가이드가 아무리 흠이 있었다 하더라도, 그것은 세대주의자들이 사용한 가이드였다. 더욱이, 언약신학에 대한 세대주의자들의 반응(이런 반작용을 촉발한 세대주의에 대한 부정적인 평가뿐 아니라)은 작가들이 이념적이고 사회학적인 생존을 위한 투쟁에 관여한다고 느꼈을 때, 자기 - 방어 가운데 기록된 논쟁적 논문이었다. 전투의 열기로 단단해진 세대주의와 언약신학 사이의 여러 이슈는 중대한 부정확성과 오해들을 논쟁의 진정한 이슈들과 융합시켰다.

그러나 그 여러 이슈의 틀은 그 이후 양측 모두의 추종자들에게 전달되었을 것이다. 이 모든 것은 1940년대 세대주의자 - 언약주의자 갈등이 남긴 유산 일부였다. 오늘날 우리는 미국 복음주의에 불명예스럽게 남겨진 이 유산에 담긴 오류에서 이제 막 진리를 가려내기 시작하고 있다.

제6장

1930~1940년대에 벌어진 세대주의와 언약신학에 대한 논쟁의 결론적 분석

1. 쟁점이 되는 내용들

만약 1930 - 1940년 대에 있었던 세대주의와 언약신학 사이의 논쟁에서 무언가 분명한 것이 있다면, 그것은 그들 사이에서 쟁점이 되었던 내용이 실제 참여자들에게는 **명확하지 않았다**는 점이다. 루이스 스페리 체이퍼는 언약신학자들이 고집스럽게 주장한 이슈의 틀을 끝까지 받아들이지 않았다. 그의 생각에, 핵심적인 이슈는 언제나 전천년주의였다. 그는 이렇게 주장했다. 즉, 성경의 전천년주의적 종말론에 대한 인식을 표면화시킨 것과 동일하게 노골적인 해석학적 방법론은 또한 다른 세대주의의 특징들을 불가피하게 인식할 수 있게 했을 것이라고 말이다.

반대로, 언약신학자들은 소위 "세대주의"에 대한 그들의 반대가 세대주의의 전천년적 종말론과 거의 또는 아무런 관계가 없다고 단호하면서도 일관되게 주장했다. 오히려 그들의 관심사는 스코필드 - 체이퍼 구원론에 초점이 맞춰졌다. 이들의 구원론은 "두 가지 구원의 길"을 명백히 옹호한 것으로서, 구약에 한 길이 있고, 신약에 한 길이 있다고 했다.

언약신학자들의 생각에, 구약과 신약을 비합법적으로 나눈 "세대주의"의 분리는 이 분리와 더불어 도덕 폐기론, 또한 현대의 사회적 책임성과 관련된 나태, 또한 교단적 부정 등을 포함해, 다른 수많은 심각한 오류를 초래했다.

실제로 쟁점이 된 것에 대해 동의도 하지 못한 양측의 무능함은 여러 오해를 더욱 악화시켰다. 사회학적 양극화는 어쨌든 원심력이다. 그래서 일단 두 "측"이 1940년대 말경에 명확히 구분되자(비록 그들을 분리한 신학적이고 이념적인 내용은 구분되지 않았지만), 화해의 기회는 감소하였다. 이것은 그들의 오해에 대한 해명 역시 시연되었음을 의미했고, 왜 그런 해명이 심지어 오늘날까지도 이루어지지 않고 있는지를 보여준다.

오늘날, 양측은 자신들의 진영이 다른 진영에 의해 옹호되는 중대한 오류들을 반대한다는 개념을 중심으로 강력한 지지층을 확보하고 있다. 이것은 오늘날 오해를 해명하는 일이 더욱더 중요하면서도 더욱더 어려울 수 있음을 의미한다.

2. 심각한 오해와 실수들

1) 세대주의자들

북부와 남부 모두의 전천년주의자는 언약신학자들의 반대가 세대주의자들의 종말론에 대한 것이 아니라는 그들의 반복된 주장을 들어본 적도 없고, 믿은 적도 없다. 언약 무천년주의자들이 세대주의적 전천년주의에 동의하지 않은 것, 또한 언약 무천년주의자들이 세대주의적 전천년주의에 맞서 1세기 이상 논쟁한 것은 확실히 사실이다.

세대주의에 대한 가장 단호한 비평가 중 일부가 처음부터 언약 무천년주의자들이었다는 것도 사실이다. 그런데도 세대주의자들이 세대주의에 대한 언약주의자들의 반대를 순전히 전천년적 종말론에 대한 무천년적 반대로 받아들였을 때, 그들은 기껏해야 **절반의** 진리만을 믿고 싶었던 것이었다.

우리의 중대한 조사 기간에 세대주의를 비평한 대다수의 언약주의자 비평가들은 그들의 (주된) 반대가 세대주의의 종말론적 연대에 대한 것이 **아니라**, 독특하게 이교적이고 반신앙고백적인 세대주의 구원론의 핵심 교리 및 신약과 구약(특히 모세 율법)을 날카롭게 대조해 상호 모순이 있는 것처럼 만든 세대주의의 해석학에 대한 것이었음을 명백히, 그리고 반복해서 밝혔다. 특히 지난 역사를 돌이켜 볼 때, 이런 해명이 얼마나 분명하고 얼마나 많았는지는 참으로 놀랄 정도다.

루이스 스페리 체이퍼는 그의 신학적 개념에 대한 주된 반대를 정면으로 직면한 적이 한 번도 없었다. 체이퍼는 그가 "두 가지 구원의 길"을 가르쳤다고 비난한 사람들에 대해 격노했다. 그럼에도, 심지어 그런 공격에서 벗어나고자 한 그의 가장 애절한 노력마저도 실제로는 비난을 정당화시켜 주는 것 같다. 그는 다음과 같이 말했다.

"그들[세대주의자들]이 가르치는 것은, 설령 있다 하더라도, 유대교는 모세 율법의 행위로 요약된 의무사항을 가지고 있었고, 그 시스템 또는 종교는 오늘날 효력이 없다는 것, 또한 기독교는 믿음에서 요약되는 의무사항을 가지고 있으며, 하나님 앞에서 수용되는 오직 유일한 기초라는 것이다. 이런 내용이 성경의 명확한 가르침이지만, 사람들은 거기에 항상 신실한

주의를 기울이지 않는 것 같다."

구주는 한 개인에게, 그리고 잃어버린 사람들에 대한 현재 구원에 관해 말씀하실 때, 니고데모에게 다음과 같이 이르셨다.

하나님이 세상을 이처럼 사랑하사 독생자를 주셨으니, 이는 그를 믿는 자마다 멸망하지 않고 영생을 얻게 하려 하심이라(요 3:16).

이와 유사하게, 그리스도는 유대 나라의 기대에서 약속된 바와 같은 영생을 얻는 것에 관해 어떤 개인에게 말씀하실 때, 율법사(즉, 모세 시스템의 교사)와 다음과 같은 대화를 나누셨다.

어떤 율법 교사가 일어나 예수를 시험하여 이르되,
선생님, 내가 무엇을 하여야 영생을 얻으리이까?
예수께서 이르시되, 율법에 무엇이라 기록되었으며, 네가 어떻게 읽느냐?
대답하여 이르되, 네 마음을 다하며 목숨을 다하며 힘을 다하며 뜻을 다하여 주 너의 하나님을 사랑하고, 또한 네 이웃을 네 자신 같이 사랑하라. 하였나이다. 예수께서 이르시되, 네 대답이 옳도다. 이를 행하라. 그러면 살리라 하시니(눅 10:25-28).

이 말씀들, 또는 그 말씀들의 정확한 의미에 대해 제기해야 하는 의문은 없다.

"이를 행하라. 그러면 살리라."

이 말씀은 요한복음 3장 16절, 또는 심지어 "죄의 삯은 사망이요, 하나님의 은사는 그리스도 예수 우리 주 안에 있는 영생이니라"는 로마서 6장 23절에서 발견되는 말씀과 거리가 너무나 멀다.

그렇다면, 오늘날 구원받는 길은 두 가지인가?

세대주의자들은 이에 대해 '아니오'라고 말한다. 왜냐하면, 그는 유대교가 오늘날에는 일시적으로 중단된 것으로 인식하기 때문이며, **유대교의 요한복음 3장 16절**로 불릴 수 있는 누가복음 10장에 나오는 이 본문은 오늘날 신자들에게 적용되지 않기 때문이다. 그러나 자신의 가르침의 시스템에 거의 모든 것을 포함 시켜야 하는 언약신학자는 그리스도의 입술에서 나온 두 진술 모두를 알아야 한다."

아티클은 이렇게 끝난다.

우리는 몇 가지 점에 주목하게 된다.

마지막 단락을 시작하는 질문에서 **"오늘날"**이라는 단어를 추가한 이유가 궁금하다. 그 단어는 다음과 같은 사실을 암시한다. 즉, 체이퍼는 PCUS의 공격이 **오늘날** "다양한 구원 계획"을 주장하는 고전적인 세대주의의 옹호에 대한 것이라고 믿는다는 사실이다(그런 공격에 대해 체이퍼는 잘못된 표현이라고 쉽게 반박함). 그러나 위원회의 보고서는 다음과 같이 구체적으로 명확히 말했다.

"율법과 은혜(**세대주의자들이 상호 배타적인 것이라고 믿는 두 가지** - Chafer, *Grace*, p. 231 ff.) 사이에서 만들어지는 차이를 더욱 확대하는 세대주의는 사람들이 지금은 은혜를 인하여 믿음으로 말미암아 구원을 받는다는 것에 동의하지만, 다른 세대에서는 '율법적인 순종'으로 구원받았다고 가르친다."

그러므로 **오늘날** 효력 있는 구원의 계획은 오직 하나밖에 없다는 체이퍼의 논증은 **이그노라치오 엘렌키**(*ignoratio elenchi*, 논점 상위의 허위)에 해당한다. 다시 말해서, 그는 이슈가 되는 진정한 내용을 잘못 표현하고 있든지, 잘못 이해하고 있다.

아마도 훨씬 더 놀랄만한 것은 체이퍼가 "모세" 시대와 "그리스도인의" 시대, 이 두 가지 다른 시대에 성경이 서로 다르고 상호 배타적인 구원의 두 가지 다른 방법을 제시한다고 하는 것(사실상, **예수가** 제시한다고 하는 것)에 관해, "제기해야 하는 의문은 없다"(그의 용어)고 할 만큼 "명확한"(그의 언어) 사례 하나를 드러내면서 주는 인상이다. 그는 인용하는 두 본문이 양립할 수 없는 본문이라고 매우 확신해서, 이 점에 대한 아티클을 다음과 같은 암시로 끝낸다. 즉, 언약신학은 분명히 양립하기 불가능한 본문들의 조화를 요구하기 때문에 옹호할 수 없다는 암시다.

체이퍼의 생각으로, 이것은 성경의 무지에서 나온 옹호할 수 없는 신학을 지지하는 언약신학자들의 고집을 보여 주는 사례인가?

체이퍼의 논문에는 "분명한," "의심할 여지 없는," 그리고 "어떤 논쟁도 제기할 수 없는" 등과 같은 용어가 부족하지 않지만, 우리는 여기저기에서 심지어 체이퍼조차도 자신이 불안정한 위치에 있다는 사실을 인식하는 것 같다는 암시를 찾을 수 있다. 그는 "세대주의자들이" 자신의 견해를 "설령 ~이라 할지라도"라는 어구로 "가르친다"고 주장한다. 어쩌면 무엇보다도, 그는 자신의 분명한 논증에도 불구하고, 성경의 구약과 신약이 서로 배타적인 두 가지 다른 구원의 길을 제시한다고 믿는다는 다른 사람들의 공격을 솔직히 용인하기를 단호히 거부한다.

여기에 양측이 이 논쟁에서 일관되게 서로가 이해할 수 없는 방식으로 말한 것 같은 예가 하나 있다. 체이퍼의 생각에는 자신이 "구원의 두 가지 길"을 가르친 전혀 없었다. 그가 자신의 용어를 사용하도록, 그리고 자신의 이슈 프레임을 제시하도록 허락받았을 때, "구원의 두 가지 길"이라는 어구는 나타나지 않았다. 그것은 그가 심지어 인정하지도 않은 어구였다. 그는 이 어구와 그의 견해를 묘사하기 위해 사용된 비슷한 다른 어구들을 격렬하게 반대했다.

그런데도 격렬한 반대의 기습공격 그 이면을 보면, 부인에 의문을 제기하는 이유를 알 수 있다(때때로 심지어 그러한 부인에 채용된 바로 그 논증에서도). 즉, 그의 가르침에는 PCUS 위원회가 정확히 반신앙고백적이라고 생각한 교리 같은 요소들이 있다. **그들은** 그것을 "구원의 한 가지 길에 대한 거부"로 묘사했다.

물론, 이것은 그 견해의 주창자가 반대한 용어를 **그들이** 사용하도록 허락받았어야만 했는지에 대해 의문을 제기한다. 이 의문과 더불어 다른 어려운 질문도 몇 가지 있다.

AIC 보고서가 묘사한 핵심 교리들을 체이퍼가 정말로 옹호했지만, 그런데도 그가 그의 견해를 묘사하기 위해 사용된 **용어를** 진실로 반대했다면 어찌 되는가?

어떤 용어가 적절한지를 결정하는 합법적인 최종 발언은 누가 하는 것인가?

만약 PCUS 위원회가 체이퍼의 견해를 잘못 대변했다면, 물론 체이퍼는 합법적인 불평을 했을 것이다. 그러나 만약 PCUS 위원회는 체이퍼의 견해를 **정확히** 대변했지만, 반대로 체이퍼는 그들이 그 (정확한) 설명에 첨가한 달갑지 않은 **용어**와 **꼬리표**를 싫어했다면, 그의 불평은 더욱 약간 달랐어야 했을 것이다. 그럴 때, 체이퍼는 그 **용어**에 반대할 수 있었을 것이다. 그리고 그는 더 어울리는 용어 사용을 제안할 수 있었을 것이다. **용어**에 대한 반대가 비난 그 자체에 대한 **논박**으로 오인되지 **않는** 한, 이 모든 것은 타당할 것이다.

PCUS 위원회의 보고서에 대한 체이퍼의 반응을 자세히 분석해 보면, 이것이 사실은 그가 한 실수였다는 것을 짐작할 수 있다. 그는 "다양한 그룹을 위한 여러 가지 다양한 구원 계획"이라는 묘사의 어감을 분명히 싫어했으며, 이런 어감을 명예훼손으로 생각했다.

(1) 체이퍼의 생각에, "다양한 구원 계획"은 구원이 (구약까지 포함해서) 항상 은혜로 말미암는다는 것을 그가 부인한 것처럼 보이게 했다는 것이다.
(2) 이와 비슷하게, 그것은 그리스도의 피가 (구약의 성도들의 경우를 포함해서) 항상 신적 속죄의 효과적인 수단이라는 것을 그가 부인한 것처럼 보이게 했다는 것이다. 체이퍼는 이런 핵심 교리 중 그 어느 것도 부인한 적이 **없다는** 것을 분명히 밝힌다.

그런데도, 의문은 남는다. 즉, AIC는 그가 **이런** 입장들을 부인했다고 비난했는가?

아니면, 그들의 비판은 체이퍼가 실제로 **가르친** 어떤 **다른**것, 즉 **그들의** 생각에 "다른 여러 시대의 다양한 그룹을 위한 여러 가지 다양한 구원 계획"이라는 어구에 대한 것이었는가?

이것은 매우 중요한 질문이다.

토론의 두 당사자는 구원에 관련해 두 가지 다른 **종류의 원인**에 대해 말하고 있었을 가능성이 있다. 우리는 구원의 '공로적 원인'(*meritorious cause*)과 구원의 '도구적 원인'(*instrumental cause*) 사이에서 (개혁주의적) 스콜라주의가 제공한 용어의 차이로 도움을 받는다. 예를 들어, 신약 구원과 관련된 이 명명법을 사용하면, 공로적 원인은 그리스도가 과거 십자가에서 제공한 속죄의 피이며(이 공로는 성부 하나님이 그의 아들 예수를 죽은 자 가운데서 부활시켜 확인된 공로임), 도구적 원인은 하나님이 그 공로를 각 개인에게 효력 있게 하려고 실제로 사용하시는 원인인 믿음이다. 고전적인 세대주의와 언약신학은 모두 신약 구원에 관련된 이 점들에 동의한다.

그러나 모세 시대의(그리고 미래 천년 왕국 시대의) '도구적 원인'과 관련해서는, 상당한 의견 대립이 있는 것 같다. 언약신학자들은 도구적 원인이 (공로적 원인뿐 아니라) 언제나 일관적이라고 주장한다. 즉, 구원은 항상 '솔라 피데'(*sola fide*, 오직 믿음으로)다. 대부분, 이 일관성은 그들의 모델을 '타락에서 역사의 종결까지' 하나의 은혜 언약으로 삼는 것 기저에 깔린 것이다. 그러나 체이퍼에게는, 도구적 원인이 세대마다 다르게, 율법 준수(때때로 그가 명확히 밝히듯이 믿음으로 가능해질 수 있는 것)와 오직 믿음 사이에서 변화를 거듭한다.

구체적으로, 체이퍼는 스콜라주의자들이 "도구적 원인"이라고 명명한 것 대신에 "구원의 인간적 조건"이라는 어구를 사용하는 것 같다. 만약 이 상관관계가 옳다면, 체이퍼가 그의 아티클 "오해를 통해 이단자들을 만들어내기"(PCUS 판결에 대한 반응으로 쓴 아티클)에서 한 아래와 같은 주장은 상당히 흥미로운 점을 보여 준다.

구원받을 수 있는 길은 두 가지인가?

하나님은 인간 구원을 위해 그리스도의 십자가가 확보한 의로운 자유가 아닌 다른 그 어떤 근거로도 사람을 구원하신 적이 결코 없다. 그러므로 구원의 길은 오직 하나이며, 그것은 그리스도의 희생을 통해 하나님의 능력으로 가능해지는 것이다.

인간이 구원받을 수 있는 정확한 인간적 조건에 대해 훨씬 더 사소한 질문은 상당히 다른 이슈다. … 성경은 인간이 과거에 구원받았거나, 현재에 구원받을 수 있는 인간적 조건으로 다음과 같은 세 가지 다른 요구사항을 지적한다.

첫째, 하나님은 아브라함에게 의를 전가하셨으며, 그 의는 아브라함이 하나님을 믿거나 아멘이라고 한 유일한 근거에서 볼 때, 가장 중요한 하나님의 구원 특징이다. 아브라함은 자신이 직접 낳을 아들에 관해 하나님을 믿었다. 창세기 15장 2 - 6절은 주목할 만한 가치가 있다. 신적인 계획에 따라, 아브라함은 은혜로 말미암는 구원의 패턴이었으며, 위대한 사도는 은혜에 관련된 사례를 구약에 나타나는 이 한 사람의 삶에서만 거의 전적으로 끌어낸다.

둘째, 하나님은 이 시대에 믿는 자들에게 의를 전가하시는데, 그 의는 그들이 **믿는** 일과 관련해, 가장 중요한 구원의 특징이다. 그러나 이 믿음은 아브라함의 경우와 달리, 각 개인이 낳을 아들을 중심으로 하지 않고, 하나님이 잃어버린 세상에 주신 아들(the Son), 세상을 위해 죽으신 아들, 하나님이 죽은 자 가운데서 일으켜 믿는 자들의 구주로 삼으신 아들에 대한 것이다.

셋째, 이스라엘의 구원은 모든 면에서 독특하다. 비록 이스라엘 민족의 구원의 정확한 성격이 완전히 드러난 것은 아니지만, 그 구원은 모든 개인에게 확장된다는 것을 알 수 있다. 장차 올 대환난 때에 완성될 시대인 모세 시대에 살았던 이스라엘 사람의 구원은 언약으로 보증되었음이 드러난다. 그러나 그 사람은 모세 율법에 들어 있는 하나님의 계시 된 뜻을 실천하지 않아, 장차 올 나라에서 그의 자리를 희생할 것이며, 그의 백성 가운데서 끊어질 것이다(참조. 눅 10:25 - 28; 18:18 - 21; 마 8:11,12; 24:50,51; 25:29,30).

이스라엘에 대한 여호와의 구원은 그리스도의 죽음에 근거할 것이다. 그들의 구원에 관련된 언약의 약속 때문에, 인간의 조건은 아브라함에게 요구된 것, 또는 유대인이든 이방인이든 이 시대의 어떤 개인에게 요구된 것과 같지 않다.

만약 쟁점이 되는 내용이 '도구적' 원인이 세대마다 변할 수 있는지의 여부였다면, '공로적 원인'의 단일성과 일관성에 대한 체이퍼의 단호한 주장은 요점을 빗나간다. 또한, 이 단일한 공로적 원인에 대한 그의 열렬한 변호도 그가 생각하는 것과 달리 그의 견해가 "두 가지 구원의 길"을 가르쳤다는 공격에서 벗어나게 하지 못한다. 반면, 도구적 원인이 세대마다 달라진다는 그의 명백한 단언은 그를 비난하는 사람들의 반대가 타당함을 입증해 준다.

체이퍼가 자기 교단(PCUS)의 사회학적이고 이념적인 다이내믹에 익숙하지 못한 점도 그의 신학에 대한 언약주의자들의 반대를 오해한 것에 영향을 미쳤다. 그는 자신의 보수적인 성경적이고 신학적인 견해에 대해 그에게 불리하게 형성된 방대한 현재주의자 - 자유주의자 음모를 상상했다. 체이퍼가 이 관점을 그의 동지들과 후계자들에게 넘겨주었다는 것은 보수적인 세대주의자들과 보수적인 언약신학자들 사이의 대화가 20세기 대부분에 독이 되었을 것을 의미했다.

이 "독이 되는" 효과는 훗날 세대주의자들과 언약신학자들 사이에서 진행된 토론에서 체이퍼 신학의 "두 가지 구원의 길"이라는 측면이 관여한 방식에 영향을 미쳤다. 체이퍼의 구성이 그를 따른 세대주의자들에게 얼마나 철저히 버림받았는지는 참으로 놀라운 일이다. 심지어 체이퍼의 모세 시대 구원론(즉, 은혜의 신약 시대에 "율법"의 어떤 측면도 전부 부인한 그의 신학) 배후에 존재하는 추진력을 쌍수 들어 인정하는 세대주의자 조차 모세 시대에 관련된 그의 구원론을 옹호하기를 거부했다.

오히려, 훗날 세대주의자들은 그 점에 관한 체이퍼의 가르침을 완전히 뒤집어버리기 위해 "그 자신의 해명"을 사용했다. 세대주의자들은 체이퍼와 스코필드가 그 점에서 (사소한) 실수를 했다고 인정했다. 이스라엘 민족이 "예외 없이 공로적 기초하에서" 구원을 얻었다고 주장하는 체이퍼의 모세 시대 구원론적 구성에 대한 세대주의자의 주장은 체이퍼가 사망한 1952년 이후에는 확인하기 어렵다.

이 반전은 특히 1967년의 **새 스코필드 주석 성경**의 (개정된) 각주에 명백히 나타난다. 요한복음 1장 17절에 대한 스코필드의 원래 주석은 1944년 PCUS 보고서에서 비판의 핵심 포인트였다. 그것은 또한 체이퍼가 강력히 옹호한 각주이기도 했다. 다시 말해서, 그것은 고전적 세대주의와 언약신학의 본질이 밝혀진 결정적 순간에 이 두 신학을 명확히 대조시킨 포인트였다.

놀랍게도, 이 각주는 1967년 스코필드 성경에서 제대로 점검받는다. 더욱이, 새 스코필드 성경 편집 위원장, E. 스퀼러 잉글리쉬(Schuyler English)는 이 각주에 나타난 변화를 다음과 같이 설명했다.

"요한복음 1장 17절에 있는 은혜에 대한 스코필드의 각주는 해명이 필요하다. 스코필드는 자신의 글의 다른 어떤 곳에서도 그런 것을 암시하지 않지만, 이 각주 내용은 이렇다.

[교회 시대에] 구원의 조건으로서의 핵심은 율법적인 순종이 아닌, 구원의 열매인 선행과 더불어 그리스도를 수용하는가, 아니면 거부하는가, 하는 것이다. 이 오도된 진술은 올바로 정정되었다. 창세기 1장 28절에 대한 각주에 나타난 바와 같이, … 시대나 세대와 관계없이, 구원은 과거에도 언제나, 또한 앞으로도 늘, 그리스도와 그의 희생 죽음에 나타난 하나님의 구속적인 공급하심에 대한 믿음을 통해 은혜로 말미암아 가능하다는 사실이 강조되었다."

새 각주 내용은 다음과 같다.

은혜, 요약

(1) 은혜는 "우리의 행한 바 의로운 행위로 말미암지 않고, … 그의 은혜로 의롭다 하심을 입은 … 사람을 향하신 우리 구주 하나님의 자비와 사랑이다"(딛 3:4,5,7). 그러므로 하나의 원리로서, 은혜는 하나님이 인간에게 의를 요구하시는 율법과 대조를 이룬다. 하나님은 은혜 아래에서 인간에게 의를 주신다(롬 3:21 - 24; 8:3 - 4; 갈 2:16; 빌 3:9). 율법은 모세와 행위에 연결되어 있는 반면, 은혜는 그리스도와 믿음에 연결되어 있다(요 1:17; 롬 10:4 - 10). 율법하에서 축복은 순종에 뒤따르지만(신 28:1 - 6), 은혜는 축복을 값없는 선물로 준다(롬 4:3 - 5; 엡 2:8).

(2) 그리스도는 죄인들을 위해 죽으러 오셨기 때문에, 그때가 찼을 때, 은혜는 그리스도의 죽음과 부활을 포함한 그의 사역으로 시작되었다(요 1:17; 마 11:28 - 30; 16:21; 20:28; 롬 3:24 - 26; 4:24 - 25). 이전 세대에서, 율

법은 죄악 된 인류에게 의와 생명을 확보해 주기에는 무력한 것으로 드러났다(갈 3:21 - 22). 십자가 사건 이전에 인간의 구원은 하나님이 예비적으로 보여 주신 그리스도의 속죄 희생을 바탕으로(롬 3:25; 또한 창 1:28의 각주에서 세 번째 단락을 보라), 믿음을 통해 이루어졌다(창 15:6; 롬 4:3). 그런데 이제는 구원과 의가 십자가에 죽고 부활하신 구주에 대한 믿음으로 말미암아 주어지며(요 1:12 - 13; 5:24; 요일 5:11 - 13), 이와 더불어 구원의 열매로 거룩한 삶과 선행이 뒤따른다는 것이 명확히 드러난다(요 15:16; 롬 8:2 - 4; 엡 2:8 - 10; 딛 2:11 - 14).

(3) 죄인들을 위해 제공된 희생 제사를 통해서 입증된 바와 같이, 그리스도가 오기 이전에도 은혜는 있었다(출 20:24 - 26; 레 5:17 - 18; 17:11). 그러므로 이전 시대와 현시대의 차이는 은혜가 **전혀 없고, 약간 있는** 문제가 아니라, 죄인들을 심판하는 권리가 있는 분이(요 5:22) 세상의 죄를 그들에게 돌리지 아니하시고(고후 5:19), 은혜의 보좌에 앉아 계신다는 의미에서(히 4:14 - 16), 오늘날 은혜가 왕 노릇한다는 문제다(롬 5:21)."

이것은 세대주의가 언약신학을 단순히 인정하거나 거기에 굴복한 경우인가?

그렇지 않다. 요한복음 1장 17절에 대한 스코필드의 각주에 나타난 변화는 스코필드의 원래 각주 가운데 많은 것을 뒤집어버린다. 언약 주의자들이 가한 원래 비판 가운데 많은 것은 이런 변화를 통해 누그러졌을 것이다. 이와 동시에, 여러 세대 사이의 차이들은 심지어 새로운 각주에서도 여전히 강조되고 있다.

이와 유사하게, 초기 세대주의적 구성에 대한 몇몇 세대주의자들의 비평은 초기 언약신학자들의 비평과 상당히 비슷하다. 그런데도, "본질주의자 - 세대주의" 시대에 있었던 양 진영 사이의 적대감은 여전하고 불같이 뜨겁다.

왜 그런가?

이에 대한 설명은 1965년 찰스 라이리의 작품 『오늘날의 세대주의』(*Dispensationalism Today*)에서 이슈를 제시하는 방식에 나타나 있다. 라이리는 초기 세대주의자들이 구약과 신약의 구원의 조건 차이에 관련해 몇 가지 부주의한 허위진술을 했다고 인정한다(이는 우리가 관찰한 바와 같음). 그런 다음, 계속해서 그는 오랜 시간에 걸친 구원의 문제에서 무엇이 변동되고 무엇이 그대로인가에 관련해, "오늘날" 세대주의자들의 입장이 무엇인지를 분명히 말한다. 그 문제에 대한 "세대주의자들의 답변은 이렇다. 즉, 구원의 **기초**는 모든 시대에 그리스도의 죽음이고, 구원을 위한 **필요조건**은 모든 시대에 믿음이고, 믿음의 **대상**은 모든 시대에 하나님이며, 믿음의 **내용**은 여러 세대에 바뀐다."

라이리가 여기에서 보여 주는 내용은 고전적인 세대주의 구성을 상당히 "개선한 것"이라는 데에는 의문의 여지가 없다. 또한, 이런 개선이 세대주의를 언약신학과 더욱더 양립 가능한 견해로 만들었다는 데에도 의문의 여지가 없다. 아래의 도표를 참고하라.

(1) 라이리가 이슈를 제시하는 방식
(2) 루이스 스페리 체이퍼의 견해
(3) 언약신학 사이에 존재하는 의견의 일치와 불일치를 규명한다.

라이리의 입장	체이퍼의 입장(동의하는가/동의하지 않는가?)	언약신학의 입장(동의하는가/동의하지 않는가?)
구원의 **기초**는 모든 시대에 그리스도의 죽음이다.	동의	동의
구원을 위한 **필요조건**은 모든 시대에 믿음이다.	부동의	동의
믿음의 **대상**은 모든 시대에 하나님이다.	동의	동의
믿음의 **내용**은 여러 세대에 바뀐다.	동의	모호함(아래를 보라)

우리가 가장 먼저 알 수 있는 것은 세대주의에 대한 PCUS의 조사에서 규명된 바와 같이, 세대주의와 언약신학의 신학적 시스템 사이에서 분수령이 되는 차이였던 것에 대해, 라이리는 세대주의의 입장을 언약신학과 부동의에서 동의로(그리고 체이퍼의 입장과는 동의에서 부동의로) 이동시켰다는 것이다.

우리가 위에서 간략히 관찰한 바와 같이, 그 논쟁에서의 이슈는 도구적 원인(또는, 라이리의 용어를 빌리자면, '구원을 위한 필요조건')에서 세대마다 바뀌는 고전적인 세대주의자의 변동이었다. 라이리는 이 점에서 자신의 "본질주의자 - 세대주의"를 언약신학과 일관되게 함으로써, 이 변동을 제거한다.

그러므로 더욱더 기이한 점은 라이리가 자신의 사중 프레임(기초/필요조건/대상/내용)에 이어지는 행에서 말하는 내용이다. 그는 이렇게 말했다.

"물론, 세대주의를 언약신학에서 구별시켜 주는 것은 이 마지막 포인트지만, 그것은 두 가지 구원의 길을 가르치는 것에 대한 비난을 가할 수 있는 포인트는 아니다."

이 진술에서 문제는 라이리가 의견 불일치의 핵심으로 지목하는 것이 실제로 그때까지는 전혀 이슈가 되는 내용이 **아니었다는** 것이다. 그때까지, 구약 성도들에게 요구된 "믿음의 내용"이 무엇이었는지에 대한 질문은 언약신학자들이 제기한 질문이 아니었다. 또한, 이것은 "두 가지 구원의 길"에 대한 비난의 이유도 아니었다. 그러므로 이 문맥에서 드러나는 바와 같이, 라이리의 요지는 또 다른 논점 상위의 허위(*ignoratio elenchi*)의 경우에 해당한다.

만약 라이리가 토론의 핵심을 의도적으로 바꾸고자 했다면, 그의 전략은 성공했을 것이다. 사실, 이렇게 핵심이 바뀌어(의도적이건 비의도적이건), 라이리와 여러 다른 세대주의자들은 언약신학과의 토론에서 세대주의를 보다 유리한 입장에 둠으로써, "믿음의 내용"의 문제를 보다 충분히 설명할 수 있었다. 그러면서 그들은 세대주의자 시스템에서 골치 아픈 구김살을 폈다.

예를 들어, 이런 구김살 중 하나는 구약 시대의 동물 희생제사의 역할에 대한 세대주의의 이해였다. 세대주의자들은 언약신학과 싸움의 전선 뒤에 안전장치를 마련하고, 그들의 시스템에서 이 점을 개선했다. 동물 희생제사가 효과적인 속죄를 **어떻게** 가능하게 했는지에 대한 고전적인 세대주의자들의 설명은 황소와 염소의 피가 '**엑스 오페레 오페라토**'(*ex opere operato*, 역주: 문자적으로 '이행된 행위에 의해'라는 뜻의 라틴어로서, 성례의 효과가 사제나 성도의 신실성이 아닌, 성례에 사용되는 성체 자체에서 나온다는 것을 의미함. 로마 가톨릭에서는 이를 '사효론'이라 칭함), 즉 **임시적이지만** 진정한 화목제물(propitiation, 원뜻: 신의 진노를 달램)인 것처럼 보이게 했는데, 다만 이런 희생 제사가 단지 영원성을 결여했기 때문에 한 가지 중대한 약점을 지녔을 뿐이었다.

만약 우리가 구원의 혜택을 주는 그리스도의 공로와 도구적 원인을 연결하는 명목론자의 시도를 기꺼이 인정한다면(사실, 고전적인 세대주의가 이렇게 인정하는 것 같이), 그런 구성은 가능하다. 그런 명목론자의 연결 역시 마찬가지로, 구원을 율법적이고 예외 없이 공로적 기초 위에 두는 도구적 원인을 포함해, 변동하는 도구적 원인을 모세 시대의 구원의 원인이었던 것으로 참작할 것이며, 이는 체이퍼가 상상한 바와 같다.

그러나 언뜻 보기에, 그런 설명에서 다음과 같은 점은 간과되는 것 같다. 즉, 만약 구약의 희생제사가 임시적으로 효과를 발휘하는 '**엑스 오페레 오페라토**'였다면(또는, 라이리의 표현을 빌리자면, 만약 구약의 희생제사가 "단순히 드려졌기 때문에 … 죄에 대해 진정한 속죄를" 제공했다면), 그런 경우에 구원의 도구적 원인은 의식법(the ceremonial law)이었을 것이다. 그것은 믿음으로 말미암는('솔라 피데') 구원이 아닌, 의식법의 **행위**로 말미암는 구원이었을 것이다. 그러나 그런 구성은 시대에 무관하게 어떤 세대든지 구원의 필요조건은 항상 똑같은 것(즉, 믿음)이어야 한다는 개정된 세대주의자 주장과 일치하지 않았다. 라이리 자신은 이것을 적어도 희미하게나마 인식하는 것 같다.

그가 다음과 같이 말할 때, 우리는 그의 논증이 완전한 결론에 이른다고 생각해 움찔할 수도 있다.

> "제물은 … 믿는 예배자에게 결국 모든 죄 문제를 해결할 더 나은 희생제사를 내다보게 할 수 있었다. 이것은 희생제사에 담긴 이면의 효과라고 부를 수 있는 것으로서, 이 효과는 희생제물 그 자체에 속한 것이 아니라, 죄를 최종적으로 해결하는 것을 미리 보여 주는 예표에 속했다."

이런 우유부단에 "구김살"이 분명히 있으며, 그렇기 때문에 이 구김살은 세대주의에서 점차로 펴지고 있다. 이는 라이리와 여러 다른 세대주의 작가들이 모든 세대에서 요구되는 구원의 필요조건을 '**솔라 피데**'로 생각하는 바와 같다.

라이리는 『오늘날의 세대주의』(1965)에서처럼, 『세대주의』(*Dispensationalism*, 1995)에서도, 구약 희생 제사의 효과의 문제는 영원한 생명과 율법하에서의 일시적 생명 사이의 차이로 해결될 수 있다고 주장한다. 그는 이렇게 말한다.

"그러므로 영원한 구원의 수단은 은혜이고, 일시적인 생명의 수단은 율법이었다고 말하는 것은 전적으로 조화롭다. … 이것이 비록 어떤 사람들에게는 모순처럼 보이겠지만, 이것이 사실이다. 율법은 사람을 구원할 수 없었지만, 그 당시 하나님의 계시였다."

체이퍼가 ("새로운 땅" 위에서) 확장된 "일시적 생명"은 "이 땅의 사람들"(이스라엘 자손)이 소망할 수 있었던 모든 것이었다고 주장한 점을 고려할 때, 이것은 체이퍼의 견해를 수정한다. 라이리 이전의 세대주의자들은 체이퍼의 구성을 다르게 개선할 것을 주장했고, 라이리는 이것을 바탕으로 자신의 견해를 세우는 것 같다. 예를 들어, **희생제사**(언약신학자들이 "의식법"으로 생각한 것)는 "율법"으로 조금도 고려되어서는 안 된다는 것이다. 체이퍼의 고전적인 세대주의와 언약신학 사이에서 이것은, 비록 다소 불안정하기는 하겠지만, 중재적인 입장에 기여했다.

따라서 체이퍼의 구성은 본질주의자 - 세대주의자들이 분명히 개선하고 있었는데, 그렇게 개선된 내용은 또다시 훗날 세대주의자들이 개선했다. 다시 말해, 적어도 약간의 세대주의자들의 경우에는, 20세기까지 모세 시대의 율법과 교회 시대의 은혜 사이에 존재한 날카로운 세대의 대조에서 떠나, 언약신학과 같이, 구원이 '**솔라 피데**'의 은혜로 말미암아 시행된 방식에서 차이를 인정한 구성 쪽으로 점차적이지만 확실하게 움직인 이동이 있었다. 그러나 그들은 그럼에도 어느 시대이든지 구원이 '**솔라 그라치아**,' '**솔라 피데**,' '**솔리 크리스토**'(각각, 오직 은혜, 오직 믿음, 오직 그리스도)라고 주장했다. 이와 유사하게, 이 세대주의자들이 제시한 이 점의 단서와 해명의 숫자는 시간이 흐르면서 점차로, 주도면밀히, 그러면서도 끊임없이 감소하는 것 같았다.

동물 희생 제사의 일시적인, '**엑스 오페레 오페라토**' 효과에 대한 고전적인 세대주의자들의 견해는 결국 개정된 세대주의자 시대에, 동물 희생 제사 드리는 일을 하나님의 자비에 대한 개별적인 이스라엘 사람들의 믿음 표현으로 만든 견해에 밀리고 말았는데, 여기에서 그렇게 표현된 이 믿음은 구원의 실제적인 도구적 수단이었다.

이런 개정은 모세 시대에 관련된 세대주의자의 구원론적 견해를 전통적인 언약주의자의 견해와 똑같이 만들지는 못했지만, 아마 두 견해를 훨씬 더 양립할 수 있게 만든 것은 분명했을 것이다. 그런가 하면, 라이리와 본질주의자 - 세대주의자들은 문제시되는 "믿음의 내용"에 집중함으로써, 모호한 언약신학의 측면에 관한 토론의 포인트에 초점을 맞췄다.

어떤 언약신학자들은 구약 시대에 구원받은 사람에게 구원하는 믿음이 효과를 발휘하기 위해 무엇이 필요했는지를 이해하는 문제에서 어떤 차이도 인정하기를 혐오했던 것 같다. 어떤 언약신학자들은 라이리가 『오늘날의 세대주의』에서 이슈를 만들면서 제시한 "미끼를 물었을" 것이며, 마치 구원하는 믿음에 대한 이해의 폭이 커졌다는 것을 기꺼이 인정하는가, 아니면 마지못해 인정하는가 하는 것이 사실 그들 사이의 근본적인 차이기나 한 것처럼, 이 점에서 세대주의와 관련되었을 것이다.

그러나 사실상, 이 점에 관련해 언약신학자들이 요구한 만장일치는 결코 없었다. 어쨌든, 라이리가 여기의 논의에 초점을 맞추기 전에, 언약신학자들은 두 신학 시스템 사이에 존재하는 근본적인 불일치의 영역인 이 점(*this* point)을 세대주의에 불리하게 이용하지 않았다.

이 점의 중요한 의미는 S. 루이스 존슨(Lewis Johnson)을 위한 기념 논문집인 「연속성과 불연속성: 구약과 신약의 관계에 대한 여러 관점」이라는 대화 형식의 작품에서 쉽게 관찰할 수 있다. 이 논문은 명백히 격론을 벌일 목적이 없는 세대주의자들과 언약신학자들 사이의 토론 포럼으로 처음 출판되었다(1988). 여러 소논문이 실려 있는 이 논문집에서, 작가들은 서로를 대적해서(against) 말하지 않고, 서로**에게**(*to*) 말했다.

언약주의자인 프레드 H. 클루스터(Fred H. Klooster)는 구약과 신약 사이에 존재하는 구원의 연속성에 대한 자신의 소논문에서, 믿음의 내용 증가가 세대주의자들의 시스템과 자신의 시스템을 구분시키는 것이라는 세대주의자의 주장에 정말로 어리둥절해야 하는 것 같다. 클루스터는 구약 성도들에게 과연 어느 정도의 이해력이 요구되었는지에 관련해, 이렇게 말한다.

"그것은 마치 이제 유명한 질문이 된, '그는 무엇을 알았는가?

그리고 그는 그것을 언제 알았는가?'

이런 질문의 바뀐 버전인 것처럼 보인다. 이것은 대답하기 어려운 질문이다."

클루스터는 "라이리와 [존] 파인버그["구약에서의 구원"]가 언약신학자들이 아담과 하와의 개인적 이해력을(구약의 다른 성도들의 이해력뿐 아니라) 과대평가한다고 주장한다"는 점을 인식하며, 세대주의자들이 이것을 세대주의와 언약신학 사이의 차이에서 결정적인 점으로 만들려고 한다는 점도 인식한다. 그러나 클루스터는 다음과 같이 생각한다.

"그들[아담과 하와, 기타 등등]은 어머니 약속(역주: 창 3:15에 있는 약속)을 분명히 나사렛 예수를 가리키는 약속으로 이해했을까?

물론 아니다. 그리고 나는 어떤 언약신학자도 그렇게 생각했다고 여기지 않는다. 성경은 의심할 여지 없이 훨씬 더 충만한 원래 계시에서 뽑은 영감 된 선택이지만, 이 초기 역사에 대한 우리의 지식은 성경이 계시하는 것에만 제한된다. 하나님이 우리의 첫 부모에게 가죽옷을 지어 입히셨을 때(창 3:21), 동물 희생 제사를 알려주었을 수도 있겠지만, 우리는 정말로 알지 못한다. 가인이 태어났을 때, 하와는 "내가 여호와로 말미암아 득남하였다"고 말했는데(4:1), 이때 하와는 창세기 3장 15절에 있는 하나님의 은혜로운 약속을 염두에 두고 있었을 수도 있겠지만, 우리는 확실한 것을 알 수 없다. 그들의 개인적인 지식의 구체적 내용은 우리에게 계시 되지 않았다. 성경이 구체적인 단서를 제공하지 않는 이상, 우리는 특정 신자에게 얼마나 많은 이해력이 있었는지 결코 알 수 없다. 아마도 우리는 구약 신자들이 이해한 것을 과소평가하는 경향이 있는 것 같다. 반면, 우리는 베드로가 하나님의 계시로 예수를 그리스도로 고백했을 때 그 고백의 의미를 거의 이해하지 못했다는 점에 충격을 받는다(마 16:13 - 28)."

만약 클루스터의 반응이 전형적이라면(나는 그렇다고 생각하고 싶음), 라이리는 언약신학에서 모호한 점에 초점을 맞췄을 것이지만, 그는 언약신학과 세대주의 사이에서 쟁점이 되는 점이 정말로 무엇인지에 대해 초점을 맞추지 않았다(즉, **이그노라치오 엘렌키**). 하지만 이 특별한 오해에서 아주 기쁜 결과가 하나 나왔다. 믿음의 내용이라는 질문은 두 진영이 함께 생각할 수 있는 건강한 토론의 포인트임이 밝혀졌다. 이와 관련해 클루스터는 다음과 같이 말한다.

"내가 핫지(Hodge)의 두 인용문[파인버그와 라이리가 인용한 것들]을 그 문맥에서 읽었을 때, 그 인용문들은 파인버그[그리고 라이리]에게 모호했던 것과 달리 내게는 모호하지 않았다. 다시 말해, 나는 핫지가 아담과 하와에게 구속자의 이름이 계시 된 것, 또는 그 구속자의 정체성에 대한 그들의 지식을 언급하고 있었다고 믿지 않는다. 오히려, 나는 그가 처음부터 '세상의 소망으로 세워진' 구속자, 지금 우리가 나사렛 예수, 예수 그리스도라고 알고 있는 존재에 대해 말한다고 이해한다. 그렇기는 하지만, 만약 핫지가 아담과 하와는 약속된 분이 구체적으로 나사렛 예수였다는 사실을 알 수 있거나, 알았다고 생각했다면, 나는 동의하지 않을 것이다. 그러나 파인버그[그리고 라이리]는 구속 계시의 구체적인 각각의 기간에 계시 된 것과 알려질 수 있었던 것을 날카롭게 구분함으로써, 오해를 피하는 데 도움이 되는 논의에 가치 있는 기여를 했다."

이 논의에서, 우리는 세대주의자들과 언약신학자들 사이의 역사적 토론에 공통적인 것으로 보인 패턴 하나를 관찰할 수 있다. 어딘가에서, 이슈가 되는 것이 바뀌고 혼동되었으며, 그래서 대화의 파트너들은 논쟁의 이슈를 만들 때 결국 서로가 알아듣지 못하는 방식으로 말하고 말았다.

특히, 1944년에 세대주의자들과 언약신학자들 사이에 사회학적 구분선이 명확히 그어지자, 체이퍼의 오해는 비전천년주의에 대한 나이아가라 근본주의자들의 의심과 융합되는 것 같았다. 언약신학에 대한 세대주의자들의 논증은 세대주의가 성경적 권위에 대한 솔직한 의존에서 말미암은 반면, 언약 (무천년적) 신학은 자유주의, 또는 반(semi) 자유주의의 풍유화(allegorizing) 또는 영화(spiritualizing)에서 말미암는다고 일관되게 암시했다.

이렇게 매우 편파적인 평가는 세대주의자들이 언약신학을 이해하는 공인된 표준이 되었다. 결과적으로, 체이퍼 이후 시대의 세대주의자들은 오직 그들의 신학적 시스템만이 자유주의에 맞서 효과적인 방어를 제공했다는 자신들의 주장에 점점 더 확고해진 것 같다. 세대주의를 언약신학에서 확실히 구별해 준다고 주장되는 세대주의자의 필수조건에 대한 라이리의 고전적인 틀짜기에는 언약신학자들이 언약신학을 세대주의에서 구별해 준다고 주장한 그들의 실제적인 반대 중 그 어떤 점도 포함되어 있지 않았다.

세대주의자들이 그들의 해석학적 입장을 연마해 언약신학과 "일관되게" 구별되는 지점에 위치시키기까지 상당 기간이 걸렸다. 이렇게 한다는 것은 (라이리 시대의) "개정된/본질주의자 - 세대주의자들"이 (스코필드와 체이퍼와 같은) 이전의 세대주의자들이 채용했던 정교한 유형화를 제거한 후, 그것에서 멀리 떨어져야 했다는 것을 의미했다. 이렇게 할 때, 그들은 자신들이 물려받은 이상적인 신학적 시스템을 더욱 일관되게 개발하고 있는 것이라고 주장했다. 그들이 옹호한 해석학은 확실히 "더 평평하고," 비유법을 제대로 인식하지 않는 경향이 있었다. 이 "평평함"은 확실히 개정된 - 본질주의자 해석학을 언약신학자들의 해석학과 구분시켜주었지만, 그것은 또한 세대주의자 자신들을 과거의 고전적인 세대주의자들과 구분해 주기도 했다. 이 더 평평하고, "자유주의적인" 해석학에 대한 옹호는 또한 언약신학이 주장하는 문법적이고 역사적인 해석과도 일치하지 않는다.

격론을 벌이는 이런 해석학적 비난과 언쟁으로 촉발된 오해는 자세히 살펴보고 명확히 하는 데에 오랜 시간이 걸렸으며, 심지어 오늘날까지도 완전히 해결되지 않고 있다. 더욱이, 이러한 오해들은 아마 다른 어떤 것들보다도, 20세기 말까지 세대주의와 언약신학 관계의 특징이 되어 오고 있는 두 신학 사이에 오고 간 험악한 담화에 대한 책임을 져야 할 것이다.

2) 언약신학자들

아마도 1930 - 1940년대에 있었던 여러 논쟁에서 언약신학자들이 범한 가장 큰 실수는 루이스 스페리 체이퍼가 되풀이하고 확장한 C.I. 스코필드 신학의 특이성을 " - 주의"(- ism, 즉, "세대주의")로 규정한 데 있을 것이다. 사실, 스코필드와 체이퍼의 신학의 독특성은 참으로 특이했을 것이다. 언약신학자들은 결전을 밀어붙임으로써, 만약 그들이 스코필드와 체이퍼의 신학에서 일련의 부정확하지만 고립된 관점들로 여겨 불쾌하다고 생각한 견해들을 비평했다면, 어쩌면 피할 수도 있었을 "운동들" 사이의 논쟁을 촉발했을 것이다.

논쟁에 불을 붙인 것은 오스왈드 T. 앨리스(Oswald T. Allis)의 아티클, "현대의 세대주의와 성경 통일성의 교리"였던 것 같다. 이 아티클은 매우 저명한 학자가 쓴 세대주의에 대한 첫 번째 비평 글이었기 때문에, "세대주의"에 대한 비평을 위한 원형(prototype) 기능을 하게 되었다. 훗날 "세대주의"의 비평 글로 영향을 미친 사람들 대부분은 이 아티클을 인용했으며, 그 논리의 상당 부분을 채용했다.

공통된 패턴 하나는 "세대주의"가 무엇인가를 규정하기 위해 스코필드 성경을 사용한 것이었다. 앨리스의 아티클의 제목 그 자체는 사실 스코필드 주석 성경(스코필드의 책, 『진리의 말씀을 올바로 나누기』에 교차 참조가 되는 것과 더불어)이 한 인용구만 제외하고 실제로 인용될 때, "현대의 세대주의"가 비평의 핵심이라고 선언한다. 그 외의 다른 세대주의 저자들은 그 어느 누구도 "현대의 세대주의"에 대한 앨리스의 여러 아티클에서 언급되지 않는다.

시간이 지날수록 더욱 문제가 된 현상 하나가 여기에서 시작된 것 같다.

제6장 1930~1940년대에 벌어진 세대주의와 언약신학에 대한 논쟁의 결론적 분석 241

처음에는, 세대주의자들에 대한 언약주의자 비평가들은 스코필드 성경이 **하나의** 세대주의적 관점을 대표하기는 하지만, **모든** "세대주의자들"의 견해를 전적으로, 또는 일관되게 대표하지는 않는다고 생각한 것 같다. 그러나 점차, 스코필드가 대표하는 견해들이 어느 지점에서 독특하며, 그 견해들이 거의 모든 세대주의자들의 표준적이고 공유된 견해를 어느 지점에서 대표하는지를 구분하고자 하는 노력과 더불어, 좌절감이 자라난 것 같다. 따라서 언약신학자들은 더욱더, 단순히 예외를 무시하고 스코필드 성경을 세대주의자들의 사실상의 고백적 표준으로 사용하는 데에 만족한 것 같았다.

의심할 여지 없이, 그런 언약신학자들은 스코필드 성경의 영향력과 그 깃과 관련된 문제를 그린 조처하기 위한 충분한 근거로 보았다. 하지만, 여기에서 큰 문제는 심지어 자칭 "세대주의자들"이라고 하는 사람들 사이에서도, 스코필드의 가르침에서 "예외"를 받아들이는 사람들의 숫자가 그렇지 않은 사람들의 숫자보다 더 많았을 것이다. 이와 관련해 앨런 A. 맥래는 "나는 공격당하는 비성경적[스코필드적] 견해를 지지한다고 말하는 사람을 만나본 적이 없다"고 말했다.

결국, 1930년대 말에 "대다수의 세대주의자들"이 무엇을 믿었는지에 대해 누가 옳았는지를 정말로 아는 사람은 아무도 없다. 그러나 우리는 단순히 세대주의를 스코필드 주석과 동일시한, 그리고 비평가들이 허락한 예외가 더 많았다는 것을 확실히 알고 있다. 그러므로 언약신학자들 사이에서 행해진 이런 흔한 관행으로 아주 심각한 오해가 조장되었다.

세대주의가 분명히 정의되는데도, 우리는 비평을 당하는 견해들의 약칭으로 "세대주의"와 같은 용어를 사용하는 AIC와 같은 위원회에 도대체 무슨 문제가 있는 것인지를 물을 수 있다. 결국, AIC 보고서의 결론은 다음과 같이 분명히 진술한다.

"위에서 정의되고 제시된 세대주의는 신앙고백에서 제시된 교리 시스템에 어긋난다는 것은 여러분 위원회의 만장일치 의견이다."

문제는 명확성의 부족이 아니라, 그 용어가 전부 아니면 아무것도 아닌 (all - or - nothing) 본질이다. 그런 용어는 윌버 스미스(Wilbur Smith)처럼, "스코필드 성경은 잘못된 것보다 옳은 것이 더 많다"고 믿은 사람들에게 심지어 최후통첩으로까지 생각될 수 있었다. 스미스와 같은 사람들은 다음과 같은 두 가지 사이에서 선택하는 일에 매우 제한되어 있었다.

첫째 비록 여기저기에 사소한 의견의 불일치가 있긴 하지만, 전반적으로 동의한 교리에서 자신을 완전히 멀리하는 일,

둘째 그들의 "진영"에 부여된 꼬리표를 고려할 때, 그들이 지지하지 않았지만, 그런데도 그들에게 연결된 구체적인 견해들을 지지한 것이라는 가정으로, 도매금으로 그 "진영"에 배치되는 일.

우리는 또한 제임스 베어가 "오늘날 많은 전천년주의자들이 세대주의자들로 규정되는 것을 거부한다"고 주장했을 때, 그가 진정으로 의미한 것이 무엇이었는지, 또는 그의 연구조사가 얼마나 방대했는지, 정확히 알기 어렵다. 사실, 1936년 이전에는 "세대주의자로 규정되는 것"을 원하는 사람이 **아무도 없었다**. 세대주의자라는 용어는 필립 마우로(Philip Mauro)가 새롭게 만들어낸 경멸적인 용어였기 때문이다. 롤린 체이퍼는 1936년 초에 그 용어 사용을 전적으로 반대했다. 그해 말, 그의 형제 루이스는 그 용어를 다만 "마지못해" 받아들이는 "고통"을 감내하기로 했다. 그 이유는 "토론의 대상이 되는 이슈가 다른 사람들이 이 주제에 관해 쓴 다양한 아티클과의 관련성 속에서 규정되기를" 바랐기 때문이다. 이 사실을 염두

제6장 1930~1940년대에 벌어진 세대주의와 언약신학에 대한 논쟁의 결론적 분석   243

에 둘 때, 베어의 주장에 대한 롤린의 아래와 같은 반응은 타당한 것 같다. 그는 이렇게 말했다.

"세대주의자들로 규정되는 것을 거부하는 전천년주의자들이 많다는 매우 의심할 만한 진술을 반복한 사람 중 대다수가 무천년주의자이었다는 것은 내게 시사하는 바가 큰 것 같다.
이 '많은' 사람은 어디에 있는가?
그들은 어디에 살고 번창하는가?
그들은 어떤 문학을 생산해 냈는가?
그들은 목소리를 내지 않고 무천년주의자들이 그들의 대변인이라는 것이 어떻게 가능하단 말인가?"

"세대주의자" 꼬리표를 주저하고, 망설임을 공개적으로 드러낸 바로 그 전천년주의자 중 일부가 어쨌든 베어를 통해 "세대주의자들"로 규정되었다는 사실이 인식되면, 롤린 체이퍼의 요지는 훨씬 더 날카롭게 된다.

입증되지 않은 베어의 일반화는 우리가 관찰한바 양측 모두가 제출한 많은 것 중 단지 하나에 불과하다. 세대주의자 편에서 베어의 상대방으로, 우리는 루이스 체이퍼의 주장을 회상한다. 그에 따르면, 세대주의적 견해는 "전 세계에서" "엄청나게 많은" 전천년주의적 성경 강해자가 지지한 견해였다.

의도적으로 오도되는 사람이 있었다는 것은 믿기 힘들다. 사람들은 자연스럽게 자기 자신의 교제 영역에 관계된다. 이 경우에, 관심 있는 모든 사람은 단순히 그들 자신의 경험이 "흔하고," "정상적인" 경험이라고 추정하는 것 같다. 그래서 "예외"를 만드는 사람들은 자기 자신의 경험 밖에 있는 사람들이다. 그러나 지난 역사를 뒤돌아볼 때, 이것은 다양한 입장을 주장하는 사람들 사이에서 경계선이 실제로 어디에 있었는지를 분간하는 것을 어렵게 만든다.

내 생각에, "세대주의"를 스코필드 성경의 특이한 관점과 관련해 정의하기를 고집한 언약주의자들의 주장에서 시작된 오해는 "경계선"에 대한 오인을 실제로 이야기하지 않았다 하더라도, 악화시켰다. 만약 스코필드 성경에 대한 언약주의자 비평가들이 그들의 비평의 초점을 단순히 특정 세대주의자들의 개별적인 관점에만, 또는 심지어 대중적인 스코필드 성경 그 자체에만 제한시켰다면(여기에서 스코필드 성경의 대중성은 그 자체의 "오류들"을 그런 비평가들의 과녁에 꽂히는 만만한 대상으로 만든 것 같음), 아마도 스코필드의 그런 주석을 동의하지 않는 전천년주의자들은 스코필드 신학의 일반적인 옹호에 대한 자신들의 반대를 그렇게까지 강하게 주장하지는 않았을 것이다.

반대로, 실제로 발생한 바와 같이, 언약신학자들은 스코필드 성경이 유용하다고 생각한 사람들이 동참한 "운동"에 대한 과장된 비평에 반복적으로 관여한 것 같다. 아마도 언약신학자들은 그들 자신의 신조적 사고방식을 "세대주의자"로 알려지게 되는 교리적으로 매우 다양한 사람들에게 투사하고 있었을 것이다. 언약주의자 비평가들은 스코필드 주석을 세대주의자 신학의 사실상의 고백적 진술로 오해했기 때문에, "세대주의자" 견해의 광범위한 다양성을 제대로 보지 못했을 것이다.

이런 사실은 그들의 비평이 "어떤 동정심도 보이지 않는 매우 단호한" 어조를 띠었음을 의미하며, 이런 어조는 논쟁의 당사자들을 양극화시키고, 중재적인 입장을 표명한 사람들을 소외시켰다. 더욱이, 이런 전략은 (스코필드적) **전천년주의**를 표명한 사람들, 또는 체이퍼에게 개인적으로 충성한 사람들 사이에서(심지어 이 그룹에서 실제로 체이퍼의 견해에 동의하지 않았을 사람들 사이에서도) 반발을 불러일으켰을 것이다.

이런 "세대주의자들" 가운데 일부는 결국 언약신학자들이 매우 불쾌하게 여긴 스코필드 성경 안의 여러 주석 내용을 제거하고 포기하고 말았다. 1950 - 1960년대의 이 "세대주의자들"은 소위 1930 - 1940년대의 "세대주의"에 맞섰던 여러 이슈를 하나도 남김없이 조용히 철회했다. 이런 사실을 보면, 만약 세대주의 비평가들이 관여를 더 친절하고 더 온화한 방식으로 했더라면, 결과가 얼마나 크게 달라졌을까 하는 생각이 든다.

"세대주의"에 대한 전면적인 공격은 미국 장로교회(PCUS)와 정통장로교회(OPC)가 각각 자기들의 교단에서 반고백적인 견해를 축출하는 것을 가능하게 했다. 그러나 중재적 입장을 거의 허용하지 않았기 때문에, 이 제거는 정밀한 외과적 절제술이라기보다 끌로 내층 파내는 뭉둑한 방식으로 이루어졌다. 진짜 "반고백적이고," "이단적인" "세대주의자" 견해들이 성공적으로 제거되었지만, 완전히 무해 하고, 개혁주의적이고, 고백적으로 일관된 견해들과 사람들도 그들과 함께 제거되었다. 지난 역사를 되돌아볼 때, 우리는 이렇게 되지 말았어야 했음을 안다. 우리는 심지어 그 당시에도 중재적 견해들이 존재했지만, 그 견해들은 이슈들이 처음부터 프레임 된 방식으로 무시되거나 하찮게 취급되었음을 볼 수 있다.

또한, 만약 체이퍼가 자신이 요구한 대로, AIC에 자기 뜻을 제시하도록 허락받았더라면, 무슨 일이 일어났을지, 참으로 궁금하다. PCUS의 반응은 대체로 그의 불평을 알아챈 것 같았지만, 그 주장으로 설득당하거나 마음이 움직이지 않았다. 심지어 체이퍼조차 "세대주의" 내의 '다양성'과 그가 도달한 특별한 결론들에 관련된 '특이성'을 기꺼이 인정하고 있었다. 체이퍼는 위원회 앞에 나설 기회를 번번이 거부당한 것으로 인해, 발끈했을 뿐 아니라, 자신이 오해받고 있다는 주장을 할 수 있는 타당한 근거를 확보할 수 있었다.

결국, 체이퍼는 쟁점이 되는 문제 중 어떤 것들에 대해 때때로 흔들리는 것 같았다(예컨대, 한 점에서는 인간의 공로가 율법의 세대에서 구원을 얻기 위한 진정한 시험이었다고 주장하고, 또 다른 점에서는 인간의 공로 테스트가 동물 희생 제사에서 전형적으로 나타난 바와 같이 인간이 하나님의 자비에 대한 믿음을 갖도록 한 계기였다고 주장함). 사적으로, 그는 구약의 구원에 대한 그의 신학에서 함축적 의미를 완전히 끌어내지 못했다고 기꺼이 인정했다. 아마도 체이퍼는 그 논쟁거리에 대한 개인적 대화가 쟁점이 되는 문제를 관계된 모든 사람의 마음에서 시원하게 해명할 것이라고 진실로 믿었을 것이다.

어쨌든, 체이퍼는 PCUS 위원회가 자신이 논쟁에서 논쟁거리들에 대해 말한 것의 일부만을(설령 그것이 두드러진 부분이었다 하더라도) 인용했다는 점을 지적했는데, 이 지적은 기술적으로 볼 때 옳았다. 체이퍼는 그 위원회의 오해 정도가 얼마나 컸는지에 대해 과장했을 것이며, 자기 뜻에 대한 그들의 오해가 얼마나 광범위한 것인지에 대해서도 과장했을 것이다. 그런데도, 그들은 체이퍼가 자신을 변호할 기회를 얻지 못하도록 거부했을 때, 그런 반대들에 문을 열어놓았던 것 같다. 더욱이, 그들의 보고서는 체이퍼가 문제시되는 이슈에 대해 말한 것 가운데 일부분을 삭제해 버렸다. 그런데 그 부분은 그에 대한 그들의 비난이 초점을 맞추고 있던 그의 가르침 중 가장 불쾌한 측면을 누그러뜨렸을 부분이었다. 따라서 이 점에서 체이퍼의 반대는 타당해 보인다.

마지막으로, 우리는 "개혁주의적 전천년주의"의 정당성이 영향을 받지 않았다는 그들의 주장과 더불어 "세대주의"에 대한 언약신학자들의 공격이 얼마나 전면적이었는지에 대한 문제를 볼 수 있다. 구체적으로, "세대주의자들이 다양한 세대 사이에서, 또는 이스라엘과 교회 사이에서 만드는 차이"(이것은 1943년과 1944년 AIC 보고서 모두에 영향을 미침)에 대한 베어의 반대에 정확히 무엇이 담겨 있었는지 명확하지 않다. 여러 세대 사이에, 또는 구약 시대의 하나님의 백성(즉, 세대주의자들이 "이스라엘"이라고 부르는 사람들)과 신약 시대의 하나님의 백성(즉, 세대주의자들이 "교회"라고 부르는 것) 사이에 **어떤** 구분이든지 하는 것은 본질에서 위험하며, 잠정적으로 반 신앙 고백적이라는 인상이 가끔 만들어졌다.

1943년 AIC 보고서는 이 점에 대한 베어의 프레임에 거의 전적으로 의존한 것 같다. 세 명의 전천년주의자들이 위원으로 있었던 1944년 위원회는 베어의 프레임의 부정확한 내용 가운데 일부를 수정했지만, 흥미롭게도, 이 점에 대한 잠정적 문제를 완전히 제거하지는 않았다. 1944년 보고서가 전천년주의를 그 자체로는 반대하지 않았다는 것이 강조할 만한 사실이지만, 세대주의에 대한 그 보고서의 최종적 반대는 다음과 같았다.

"세대주의는 천 년 이상의 기간에 여러 번의 부활과 심판이 있다고 가르친다. 그러나 신앙고백의 위의 진술[즉, "마지막 날에, 살아 있는 자들은 죽지 않고, 변화될 것이며, 모든 죽은 자들은 동일한 몸으로 일으킴을 받을 것이다. … 또한, **대요리문답**, 질문 88번에서도 인용]은 많은 세대주의자가 가르치는 부활과 심판의 다중성을 인정하지 않는다는 것이 여러분 위원회의 의견이다."

우리는 웨스트민스터 신앙고백이 전천년주의적 종말론을 가로막았는지 아닌지에 대한 논의를 다시 하지 않을 것이다. 그것은 PCUS 위원회가 제기한 질문이 **아니었다**. 그 위원회의 위원들은 그 보고서가 "어떤 의미에서도 전천년주의에 대한 비평"을 구성하지 않았다고 강조해서 주장했다.

여기에서의 관심은 만약 "부활의 다중성"이 허용되지 않았다면, 어떻게 전천년주의적 견해가 허용되었는가, 하는 점이다. 전천년주의 견해는 대부분 요한계시록 20장 4 - 5절에 기초했다.

> "또 내가 보니, 예수를 증언함과 하나님의 말씀 때문에 목 베임을 당한 자들의 영혼들과 또 짐승과 그의 우상에게 경배하지 아니하고 그들의 이마와 손에 그의 표를 받지 아니한 자들이 살아서 그리스도와 더불어 천 년 동안 왕 노릇 하니, (그 나머지 죽은 자들은 그 천 년이 차기까지 살지 못하더라) 이는 첫째 부활이라"(계 20:4-5).

간단히 말해, "그런 전천년주의"는 본질에서 요한계시록 20장 4 - 5절이 "부활의 다중성," 즉 적어도 두 번의 부활을 가르친다는 개념에 기초한다. 어떻게 해서 PCUS 보고서는 그 교리적 표준이 전천년적 견해를 막는다는 것을 **부인**하면서도, 동시에 이 표준이 "부활의 다중성"을 표명하는 견해를 막는다고 **주장**할 수 있는가?

그들은 합법적으로 둘 중 하나만을 할 수 있지, 둘 모두를 하는 것은 불가능하다. 그러나 PCUS 보고서는 "두 가지 모두" 하려고 시도함으로써, 스코필드의 반 신앙 고백적 변칙에 대한 비판을 신앙 고백적으로 일관된 (우리의 판단에 따라) 전천년주의에 대한 비판과 융합시켰던 것 같다.

이 점에 함축된 의미는 상당할 것이다. 만약 구약과 신약의 차이(이는 신앙고백 자체가 명시하는 것)와 같은, 그리고 현시대와 미래의 천년 왕국의 차이(이는 본질에서 전천년주의 종말론의 허용으로 허용되는 것으로 보임)와 같은 여러 세대 사이의 차이가 허용된다면, 신앙 고백적으로 수용 가능한 전천년주의와 신앙 고백적으로 수용 불가능한 전천년주의를 구분하기 위해서는 더 많은 뉘앙스(미묘한 차이)가 필요할 것이다. 여기에서 단지 후자(즉, 신앙고백적으로 수용 불가능한 전천년주의)를 나타내기 위해 모호한 용어(즉, "세대주의")를 사용하면, 더 많은 것을 얻을 수 있다. 우리가 방금 살펴본 바와 같이, PCUS는 단지 그런 전략에 만족함으로써, 적어도 하나의 심각한 오해를 할 수밖에 없을 것이다.

예컨대, 우리는 "성경을 하나님이 그의 한 백성에게 주신 한 계시로 보는 것을 거부함"이라는 제목이 달린 부문 전체가 도대체 무엇을 의미하는지를 확실히 알 수 없다. 이 부문의 두 번째 포인트는 다음과 같이 말한다. "세대주의는 하나님의 계시 통일성을 부인하고, 또한 하나님의 목적이 구약에서보다 신약에서 '보나 충만히 제시된다'(**신앙고백**, 제7장, 여섯 번째 섹션)는 사실도 부인한다. 세대주의는 심지어 신약 내용의 대부분도 교회를 위한 것이 아닌, 유대 민족을 위한 것이라고 주장한다."

이 평가에서 정확히 무엇이 반대되는지 명확하지 않다.

그 위원회는 의심할 여지 없이 고전적인, 스코필드 - 체이퍼의 세대주의를 염두에 두고 있었다. 앞에서 살펴본 대로, 이 "세대주의"는 1940년 이후의 대다수 가구주의 자들이 주장한 것보다 여러 세대 간의 더 큰 불연속성을 주장하고, 또한, 성경의 상당 부분이 현대의 신자들에게 적용되는 것을 더 심하게 부인한 세대주의였다. 아마 그것은 이 반대의 과녁이 된 유일한 형태의 세대주의일 것이다. 반면, (적어도) 그 위원회(의 몇몇 사람들)는 성경에서 세대의 다양성을 인정하는 그 어떤 주장도 막을 의도가 있었다는 것 역시 가능해 보인다. 우리는 그 의도된 적용이 얼마나 방대한지를 단순히 알 수 없다. 설령 그 의도에 대해 합의가 있었다 하더라도 말이다.

우리는 이 두 가능성 사이의 선(line)이 이 결정 이전이나 이후에 언약주의자의 비평에서 항상 분명한 것은 아니었음을 잘 안다. 이런 혼란을 잘 보여 주는 예 하나가 이전 위원회 위원이었던 프랭크 콜드웰(Frank Caldwell)이 편집한 책, 『주의에 직면하는 교회』(The Church Faces the Isms)에서 발견된다. 이 책에 나타나는 "세대주의"에 대한 여러 반대 가운데, 아래와 같은 반대가 있다. 이 책에서 W.D. 체임벌레인(Chamberlain)은 다음과 같이 말한다.

> "다른 것과 구별되는 세대주의의 특징은 일곱 세대다. … 이 일곱 세대의 시스템은 동방 정교회, 로마 가톨릭, 프로테스탄트 등 기독교 전체의 가르침과 근본적으로 다를 뿐 아니라, 성경 자체의 분명한 의미와도 다르다. 세대주의자들은 그들의 교리에 대해 퍼부어진 많은 비난을 잘 알고 있기 때문에, 이제 모든 그리스도인이 세대주의자들이라고 말함으로써 그들의 이름을 변호하는 것이 좋다고 생각한다."

체이퍼는 "세대주의" 391페이지에서, "일곱째 날이 아닌, 주의 첫째 날을 지키는 사람은 누구든지 세대주의자다"라고 말한다. … 확실히, 그리스도인들은 구약과 신약의 차이를 진실로 믿는다. 그 경우에, 그들은 두 세대를 믿는다고 할 수 있을 것이지만, 그렇다고 해서 그들이 일곱 세대 또는 그 이상의 세대를 인정하는 사람들의 범주에 드는 것은 아니다. "세대주의"라는 단어는 평판이 나쁘기 때문에, "만약 당신이 그리스도인이라면, 당신 역시 그런 사람이다"라고 말하는 것으로 그 평판이 깨끗해지는 것은 어려울 것이다.

교회가 일곱 세대를 가르치지 않은 것은 그것이 성경에 없기 때문이다. 주류 프로테스탄트는 불완전한 로마 가톨릭에 대해 신경 쓰지 않고, 일곱 성례가 아닌 두 가지 성례만을 지키는 것처럼, 불완전한 세대주의자들에 대해 신경 쓰지 않고, 일곱 세대가 아닌 두 세대만을 받아들인다. … 체이퍼는 오직 두 세대만을 받아들이는 그리스도인들은 "부분적인" 세대주의자들이라고 말하며, 이들은 오직 세대주의 진영으로 건너와 완전한 일곱 세대 전부를 지켜야만 완전해질 수 있다고 생각한다."

"세대주의"가 본질에서 **일곱** 세대를 표방한다고 하는 주장은 분명히 잘못되었다. 심지어 달라스신학교의 교리 진술도 오직 **세** 세대만을 주장한다. 분명히, 체임벌레인은 스코필드 시스템을 세대주의 그 자체의 고백적 격언으로 잘못 알았다. 이뿐 아니라, 우리는 체임벌레인이 구약과 신약의 차이만 제대로 관찰했을 뿐, 여러 세대에 대한 관찰을 제대로 하지 못한다는 인상을 받는다.

이것이 바로 내가 다음과 같이 말할 때 전달하고사 하는 의미다. 즉, "세대주의"와 "언약신학" 사이의 논쟁이 관련 당사자들을 양극화시킬 때, 쟁점이 되는 점들은 흐려졌다는 것이다. 간단히 표현하자면 이렇다. 즉, 1940년대 이후의 논쟁에서, 세대주의자들은 여러 세대 사이의 연속성을 관찰하기를 더욱 꺼려했다(훨씬 덜 강조했다).

이와 비슷하게, 언약신학자들은 성경의 다양한 세대의 타당한 비연속성, 혹은 독특한 특징을 점점 더 관찰하려고 하지 않은 것 같았다. 그 전에는 이런 일이 없었다. 그래서 우리는 양측 가운데 그 어느 쪽도 극단으로 치닫는 경향을 완화하려고 하지 않는 자세가 두 입장에 상처를 준 것은 아닌지를 생각해 보아야 한다.

오늘날, 우리는 양측 모두에서 그들의 입장을 약간 개선한 것을 명확히 볼 수 있다. 이 가운데 구약과 신약의 "하나님의 백성(들), 즉 이스라엘과 교회"의 경우에서만큼 개선이 분명히 이루어진 것도 없다. 언약주의자들은 일찍이 스코필드와 체이퍼가 주장한 "이스라엘"과 "교회"의 영원하고 존재론적인 분리에 반대했다. 1940년대 이후의 많은 세대주의자는 "하나님의 두 백성'에 대한 스코필드와 체이퍼의 이원론적인 구분이 사실상 과장되었다고 인정했다.

그러나 문제는 여전히 남는다. 즉, 언약신학자들이 구약과 신약의 하나님의 백성 사이에 존재하는 **연속성을** 과장한 것이 아닌가 하는 문제이며, 이 과장은 고전적인 세대주의자의 과장된 진술에 대해 "똑같이, 그리고 정반대로 (과도히) 반응한 것"이다. 이 점에 대한 번 포이스레스(Vern Poythress)의 분석이 유용하다. 포이스레스는 세대주의자들과 언약신학자들 사이의 논쟁 역사에 과장된 진술이 많이 있었음을 인정하면서, 다음과 같이 말한다.

"역사의 여러 시대 사이의 다양성과 비연속성에 대한 세대주의자들의 관심에 비추어 볼 때, 그리스도의 생애, 무엇보다도 그의 죽음과 부활과 승천 사건에서 발생한 역사상의 근본적인 변화를 감안하는 것이 특별히 필요하다. 여기에는 '이전'과 '이후'의 이분법이 존재한다. 그리스도의 사역은 진정하고 영구적인 차이를 만들었다. 인간과 하나님의 관계는 그 이후로 결코 똑같을 수 없다. 왜냐하면, 이제 구속이 이루어졌기 때문이다. 그렇다면, 이스라엘과 교회 사이에는 매우 큰 차이가 있는 것이다."

비록 포이스레스는 고전적인 세대주의가 주장한 이스라엘과 교회 사이의 영원하고 존재론적인 분리에 대해 여전히 비판적이지만, 그런데도 그는 구약과 신약 사이의 연속성을 지나치게 강조하는 것에서 기인하는 '영화'(spiritualization)에 대해 세대주의자들이 올바로 반대했다고 인정한다. 포이스레스는 그런 지나친 강조로 인해 어떤 예언들의 진정한 "물리적"이고, "지상적인" 본질이 제대로 강조되지 않았다고 주장한다.

나는 이 모든 것이 언약신학자들 편에 있었던 초기의 오해를 드러낸다고 생각한다. 그 오해는 구약의 이스라엘과 신약의 교회 사이에 세대주의자들이 부가한 차이가 얼마나 "위험했는가"에 대해 불필요한 우려를 자아내는 비평을 촉발했다. 그리고 이 불필요한 우려를 자아내는 비평은 몇몇 언약주의자들의 논문의 의미도 왜곡시켰다.

이 오해의 파장은 오늘날까지도 나타나고 있다. 세대주의자들이 주장한 "이스라엘과 교회 사이의 구분"은 오늘날 세대주의와 언약신학 사이에서 여전히 이어지고 있는 논쟁에서도 핵심적인 이슈다. 만약 이 점에서 성경적인 가르침과 서로에게 심각한 오해가 있었다면, 파장은 커질 수 있다.

이 오해를 바로잡는 것으로 인해 생기는 파장이 정확히 어떤 것일지를 말하는 것은 아직 너무 이르다. 심지어 구약의 하나님의 백성과 신약의 하나님의 백성 사이의 올바른 관계와 관련한 이 "핵심적"이고, "중심적인" 이슈에 대해서도 세대주의자들과 언약신학자들 사이에 합의가 이루어질 수 있다. 이 점에 대한 J. 레이니어 번스(Lanier Burns)의 다음과 같은 말은 상당한 통찰력을 보여준다.

> "만약 그리스도가 참 이스라엘이라면, 또한 성경의 예언과 의를 완전히 이룬 그의 포괄적인 성취가 그가 그런 전제를 예시한다는 사실을 암시한다면(참조. 눅 24:13 - 45; 계 19:10), 언약신학자들은 이렇게 추론할 것이다. 즉, 이스라엘은 메시아를 거부함으로써 그들의 독특한 특권과 약속을 상실했으며, 그런 것들을 그리스도를 믿는 백성인 교회로 이전시키고 말았다는 것이다. 따라서 로마서 11장에서 이방인들을 '접붙이고', 유대인들을 '다시 접붙이는 것'은 주가 재림하실 때까지 동시에 이루어지는 과정이다.
> 언약신학자들과 세대주의 신학자들은 이 이슈 및 해석학과 천국 등과 같은 주제들에 대해 오랫동안 논쟁했다. … 이러한 통찰력이 중요한 이유는

… 본문에 대한 그들의 질문이 다른 식으로 설명되었을지 모르는 세대주의자들의 선이해(preunderstandings)를 드러내기 때문이다. … 세대주의적 전천년주의자들은 이스라엘과 교회를 다양한 방식으로 구분했다. 오래된 한 접근법은 구약의 언약 본문들을 전적으로 이스라엘에 관계된 것으로 취급하고, 따라서 그런 본문들이 천년왕국에서 성취되는 것으로 그 방향을 바꾸었다. 근본적인 전제는 아브라함의 육체적 후손인 민족적인 이스라엘이 이 땅의 세대 이슈로는 알려질 수 없었던 천국의 신비인 교회에서 영원히 갈라져야 했다는 것이었다. … 최근 몇 년 동안에는 더 온건한 세대주의 입장이 생겨났다. 진보적인 세대주의자들은 신약이 중요한 구약의 본문들을 사용하는 방식에 기초해, 구약 내용 중 상당 부분이 교회에 적용된다고 인정한다.

그렇기는 하지만 이스라엘이 받은 약속의 완전한 성취는 열방 중에서 이루어지는 이스라엘의 메시아 통치와 함께 존재하는 중간 왕국으로서의 천년왕국을 기다린다. 진보주의자들은 이스라엘과 교회 구분을 주장하지만, 이스라엘/교회, 그리고 구약/신약의 관계에서 연속성과 비연속성 모두를 본다. 따라서 메시아에 대한 약속들의 성취는 현시대와 미래 시대뿐 아니라, 메시아의 초림과 재림, "이미 – 그러나 아직"(already – not yet)의 중재적 입장과도 관련된다. 따라서 이 입장은 이스라엘과 교회 사이에서 연속성과 비연속성 모두를 볼 것이다."

번스는 최근의 언약 – 무천년주의자들의 수정과도 소통하면서, (모든 종류의) 세대주의자들과 언약신학자들 사이의 계속된 대화가 전통적으로 논쟁적인 입장을 보이는 모든 진영 가운데서 더 많은 의견합의를 이루어내는 데에 유익할 수 있다고 주장한다.

우리가 본 연구에서 탐구한 바와 같이 만약 논의가 처음부터 그런 오해들로 손상되지 않았다면, 그런 대화(그리고 양측의 그런 수정들)가 더 일찍 제자리를 잡지 않았을까, 하는 아쉬운 생각을 해 본다. 우리가 "진보적인 세대주의"의 잠재적 형태가 처음부터 항상 세대주의자의 구성원들 가운데 있었을 수도 있다고 생각할 때, 우리의 아쉬움은 더 커질 뿐이다.

3) 결론: 오늘날 과거의 단층선 위에 세우는 것은 안전한가?

우리의 연구는 "세대주의자들"과 "언약신학자들" 사이의 오래된 경계선이 부적합하다는 것을 입증했다.

그렇다면 이런 인식으로 이제 무엇을 해야 하는가?

확실히, '세대주의자 – 언약신학의 논쟁은 성경을 "문자적으로" 취하는 사람들과 성경을 "풍유화하거나" "영화하는" 사람들 사이에서 벌어졌다는 초기 세대주의자들의 낭설'을 단순히 흉내 내는 것은 당장 중단되어야 한다. 이와 비슷하게, 언약신학자들은 그들의 "시스템"이 논쟁의 여지가 없이 옳은 시스템으로서, 세대주의를 느리지만, 확실히 포용하는 방향으로 이동했다는 획일적 입장을 대표한다는 생각을 피해야 한다.

사실, 오늘날 양측은 그들의 전통적인 논쟁에서 이루어진 역사의 진보에서 얼마간의 정당성을 주장할 수 있다. 세대주의자는 이스라엘 민족이 거룩한 땅을 회복한 1948년을 가리켜, 그들의 종말론적 주장을 포함해, 그들의 접근법의 어떤 요소들을 다시 고려해 보아야 할 이유로 제시할 수 있다. 한편 주해적 증거와 신학적 증거 때문에 많은 세대주의자는 신구약 사이의 연속성에 대한 언약신학의 강조 및 그 "시작된 나라"(inaugurated kingdom)의 강조를 어쩔 수 없이 다시 고려해 볼 수밖에 없게 되었으며, 하나님의 유대 – 이방 백성의 **하나 됨**(oneness)에 대한 신약의 강조를 정면으로 직면할 수밖에 없게 되었다.

아마도 지금은 양측의 새로운 필수조건을 파악하는 일을 중단해야 할 때인 것 같다. "굴복하지" 않고서는 건널 수 없는 "구분 선"이 어디에 있는지를 보여 주려는 노력은 유용하지 않은 "우리 대 그들"(us - vs. - them)의 사고방식을 분명히 보여 주는 것 같다.

나는 모래에 이런 종류의 선을 긋는 것이 주로 이쪽 아니면 저쪽 구성원에 존재하는 더 강경한 태도를 재확인시키기 위해 이루어지는 것이 아닌가 하는 의심이 든다. 그러나 그런 강경한 태도는 정확히 20세기 복음주의에 막대한 피해를 준 것일 뿐 아니라, 양측을 짜증 나게 한 여러 오해에 크게 영향을 미친 것이기도 하다.

전통적으로 세대주의와 언약신학 사이의 이슈로 생각된 점들에 대한 더 명확한 분석이 양측의 화해를 가져올지, 아니면 단순히 그들의 본질적인 차이에 대한 더 명확한 묘사만을 해 줄 수 있는 것인지 아닌지를 말하기는 아직 너무 이르다. 우리가 진정으로 아는 것은, 20세기의 대부분 기간, 복음주의자들은 세대주의와 언약신학 사이의 틀어진 관계로 인해 촉발된 여러 오해와 와전에 대해 불필요한 아우성을 하며 시간을 보냈다는 것이다.

만약 이런 오해들만 좀 더 일찍 해명되었더라면, 복음주의에는 어떤 진보가 이루어졌겠는가?

21세기에 들어서는 복음주의자들은 더 명확한 판단력이 승리할 것이라는 소망을 품을 충분한 이유가 있다.